Statistiques de l'OCDE sur les assurances 2015

OCDE
DES POLITIQUES MEILLEURES
POUR UNE VIE MEILLEURE

Merci de citer cet ouvrage comme suit :
OCDE (2016), *Statistiques de l'OCDE sur les assurances 2015*, Éditions OCDE.
http://dx.doi.org/10.1787/ins_stats-2015-fr

ISBN 978-92-64-25702-3 (imprimé)
ISBN 978-92-64-25703-0 (PDF)

Annuel : Statistiques de l'OCDE sur les assurances
ISSN 2226-5791 (imprimé)
ISSN 2226-5805 (en ligne)

Les corrigenda des publications de l'OCDE sont disponibles sur : *www.oecd.org/about/publishing/corrigenda.htm*.

Avant-propos

Cette publication annuelle comporte des séries chronologiques de statistiques d'assurance pour les pays membres de l'OCDE. Les statistiques sont issues de sources nationales sur la base d'un questionnaire préparé sous l'égide du Comité des assurances et des pensions privées de l'OCDE et de son Groupe de réflexion sur les statistiques d'assurance.

La présente publication fournit un aperçu sur la performance et la santé globales du secteur des assurances. La version anglaise de cette publication contient en plus un chapitre sur le développement du secteur de l'assurance. Ce chapitre, disponible uniquement en anglais, s'appuie sur la cinquième édition du « Global Insurance Market Trends » qui fournit une perspective plus globale grâce à l'addition d'un large groupe de pays d'Amérique latine, obtenue grâce à la coopération avec l'Association des contrôleurs d'assurance d'Amérique latine (ASSAL). Des pays non membres de l'OCDE d'Afrique, d'Asie et d'Europe contribuent également à ce chapitre.

Cette publication française inclut également des données sur les investissements des compagnies d'assurance, les primes d'assurance, le nombre de compagnies d'assurance et d'employés, les paiements des sinistres bruts, les frais d'exploitation bruts et les commissions. Récemment, des éléments clés du bilan et du compte de résultat ont également été ajoutés au cadre statistique de l'OCDE pour l'assurance. Les données portent sur la période 2007-14 et se décomposent en des sous-catégories détaillées.

Le rapport a été préparé par la Division des affaires financières de la Direction des affaires financières et des entreprises de l'OCDE. Cependant, il n'a pu voir le jour que grâce à la coopération étroite entre l'OCDE et les diverses instances nationales chargées de collecter des données sur l'assurance.

Table des matières

Partie II

Tableaux par pays

Signes conventionnels et abréviations

c	Donnée confidentielle
x	Sans objet
..	Non disponible
|	Rupture de série
-	Nul ou négligeable
.	Point décimal

Codes ISO des pays et abréviations monétaires ISO

	Code ISO du pays	Unité monétaire	Abréviation
	Pays de l'OCDE		
Australie	AUS	dollar	AUD
Autriche	AUT	euro	EUR
Belgique	BEL	euro	EUR
Canada	CAN	dollar	CAD
Chili	CHL	peso	CLP
République tchèque	CZE	couronne	CZK
Danemark	DNK	couronne	DKK
Estonie	EST	euro	EUR
Finlande	FIN	euro	EUR
France	FRA	euro	EUR
Allemagne	DEU	euro	EUR
Grèce	GRC	euro	EUR
Hongrie	HUN	forint	HUF
Islande	ISL	couronne	ISK
Irlande	IRL	euro	EUR
Israël	ISR	shekel	ILS
Italie	ITA	euro	EUR
Japon	JPN	yen	JPY
Corée	KOR	won	KRW
Luxembourg	LUX	euro	EUR
Mexique	MEX	peso	MXN
Pays-Bas	NLD	euro	EUR
Nouvelle-Zélande	NZL	dollar	NZD
Norvège	NOR	couronne	NOK
Pologne	POL	zloty	PLN
Portugal	PRT	euro	EUR
République slovaque	SVK	euro	EUR
Slovénie	SVN	euro	EUR
Espagne	ESP	euro	EUR
Suède	SWE	couronne	SEK
Suisse	CHE	franc	CHF
Turquie	TUR	livre	TRY
Royaume-Uni	GBR	livre sterling	GBP
États-Unis	USA	dollar	USD

Codes ISO des pays et abréviations monétaires ISO *(suite)*

	Code ISO du pays	Unité monétaire	Abréviation
Sélection de pays d'Afrique, d'Asie et d'Europe			
Hong-Kong, Chine	HKG	dollar	HKD
Inde	IND	roupie indienne	INR
Indonésie	IDN	roupiah	IDR
Lettonie	LVA	lats	LVL
Malaisie	MYS	ringitt	MYR
Singapour	SGP	dollar	SGD
Afrique du Sud	ZAF	rand	ZAR
Thaïlande	THA	baht	THB
Sélection de pays d'Amérique latine			
Argentine	ARG	peso	ARS
Bolivie	BOL	boliviano	BOB
Brésil	BRA	real	BRL
Colombie	COL	peso	COP
Costa Rica	CRI	colón	CRC
Cuba	CUB	peso	CUP
El Salvador	SLV	colón	SVC
Guatemala	GTM	quetzal	GTQ
Honduras	HND	lempira	HNL
Nicaragua	NIC	córdoba	NIO
Panama	PAN	balboa	PAB
Paraguay	PRY	guarani	PYG
Pérou	PER	nuevo sol	PEN
Porto Rico	PRI	dollar	USD
Uruguay	URY	peso	UYU

Résumé analytique

L'OCDE collecte des statistiques de l'assurance depuis pratiquement deux décennies, les données concernant ce secteur remontant au début des années 1980. En réponse à la crise financière, un projet de Statistiques des Assurances de l'OCDE au niveau Mondial (GIS) a été lancé dans le cadre des activités de suivi du marché de l'assurance mené par l'OCDE. Ce projet avait pour principaux objectifs d'élargir à l'assurance le champ d'application du dispositif statistique de l'OCDE et d'étendre sa portée générale afin de favoriser la transparence. Ces changements ont amené à collecter des éléments essentiels du bilan et du compte de résultat dans les secteurs de l'assurance directe et de la réassurance, et à élaborer peu à peu la base de données des statistiques des assurances de l'OCDE au niveau mondial.

Cette publication analyse les dernières tendances du marché de l'assurance afin de développer une meilleure compréhension de la performance et la santé globales de l'industrie de l'assurance dans les pays de l'OCDE et dans une sélection d'économies non-membres de l'OCDE. Un certain nombre d'économies d'Afrique, d'Asie et d'Europe, non-membres de l'OCDE – à savoir, Hong Kong (Chine); Inde; Indonésie; Lettonie; Malaisie; Singapour; Afrique du Sud et Thaïlande – contribuaient déjà à l'exercice statistique de l'OCDE. L'inclusion d'un large groupe de pays d'Amérique latine, rendue possible grâce à la coopération avec l'Association des contrôleurs d'assurance d'Amérique latine (ASSAL), a permis d'avoir une perspective davantage mondiale. Le chapitre sur les tendances du marché de l'assurance met en évidence les raisons sous-jacentes des tendances, notamment en matière de croissance des primes brutes, et le développement des sinistres entre 2013 et 2014. Elle présente également des indicateurs clés de performance.

Cette publication comporte également des données historiques détaillées sur le secteur de l'assurance, permettant aux utilisateurs d'avoir une vision plus large de l'évolution du marché de l'assurance dans les pays de l'OCDE au fil des années. Elle couvre les principales données de l'assurance officielles de 2007 à 2014. La publication contient des indicateurs importants du marché des assurances (par exemple, la part de marché dans l'OCDE, la pénétration, la densité, les primes par salarié, etc.), des données sur les activités d'assurance (nombre d'entreprises, nombre de salariés, primes brutes, etc.). La collecte de données porte également sur les paiements des sinistres bruts, les dépenses brutes d'exploitation et les commissions.

Principales conclusions sur les tendances récentes

La reprise de la croissance dans le secteur des assurances a continué en 2014, malgré la faiblesse de l'environnement économique. La majorité des pays a connu une augmentation des primes brutes, en particulier dans le secteur de l'assurance vie entraînée par la croissance des ventes de produits d'investissement et d'épargne. Les plus grands marchés d'assurance ont également réalisé une croissance des primes d'assurance vie, mais ils ont fait face à une certaine volatilité dans le secteur non-vie. La croissance des primes non-vie dans certains marchés émergents a commencé à ralentir, ce qui pourrait refléter un ralentissement de la croissance économique dans ces pays. L'augmentation du niveau de couverture de l'assurance automobile a eu un impact positif sur la croissance des primes dans certains pays, alors que dans d'autres pays, une réduction d'utilisation des véhicules à moteur a affecté négativement la croissance des primes.

La croissance des paiements bruts de sinistres dans le secteur de l'assurance-vie est modérée en 2014 par rapport aux années précédentes car le niveau des rachats a continué de diminuer dans de nombreux pays. Dans le secteur non-vie, il y a eu une légère amélioration de la performance globale de souscription, ce qui est cohérent avec le fait que cette année a été inférieure à la moyenne en termes de pertes liées aux catastrophes naturelles. Cela a été complété par des améliorations du rendement des placements dans le secteur non-vie et autres secteurs.

En général, les investissements en obligations ont continué de dominer les portefeuilles des secteurs à la fois de la vie et non-vie. Le contexte de faiblesse prolongé des taux d'intérêt a rendu plus difficile pour les assureurs vie d'obtenir des rendements adéquats à leurs obligations, du fait de leurs importants avoirs en actifs à revenu fixe. Il y a eu un transfert vers des actions, mais seulement dans une poignée de pays de l'OCDE. Le niveau des actifs du portefeuille classifiés dans la catégorie « autre » gagne en importance, en particulier dans le secteur non-vie. Une meilleure compréhension de la répartition de ces actifs sera importante à l'avenir.

Le rendement net des placements s'est légèrement amélioré bien qu'il soit resté modéré dans tous les secteurs, ce qui est probablement le reflet du contexte des faibles taux d'intérêt. En général, le secteur composite a démontré un retour sur investissement plus élevé que les secteurs vie et non-vie. Quelques pays ont connu des rendements d'investissement négatifs consécutifs en 2014.

Dans l'ensemble, la performance financière du secteur de l'assurance continue de se renforcer. Il y a eu une amélioration générale de la rentabilité des assureurs, bien que cela soit plus évident pour le secteur des composites et, dans une certaine mesure, le secteur vie. La rentabilité des capitaux propres s'est améliorée malgré une augmentation générale des capitaux propres.

À l'avenir, les évolutions réglementaires, en particulier l'introduction de Solvency II en Europe, pourraient avoir une incidence sur les activités des assureurs établis dans l'UE/EEE ainsi que des assureurs non-européens ayant des opérations existantes ou prévues dans l'UE/EEE.

Les pays non membres de l'OCDE ont continué à connaître une croissance plus élevée des primes et des paiements bruts de sinistres, et des ratios de perte et de charges plus faibles. Ceci a conduit des niveaux plus élevés de rentabilité pour les compagnies d'assurance dans ces pays, en dépit des rendements d'investissement plus faibles dans le secteur non-vie. Les taux de pénétration de l'assurance dans de nombreux pays non membres d'Asie et d'Amérique latine restent inférieurs à ceux trouvés dans les pays de l'OCDE, ce qui suggère une marge de croissance sur ces marchés.

Définitions communes et notes

Notes sur les sources des données

Toutes les données dans cette publication ont été communiquées par les autorités nationales compétentes en matière d'assurance. En ce qui concerne les tableaux d'indicateurs comparatifs, les données sont surtout tirées des tableaux par pays. Les données économiques sur les taux de change, la population et le PIB proviennent des *Principaux indicateurs économiques*, publiés par l'OCDE.

Pour plus de clarté, le nombre de variables choisies et présentées dans cette publication a été limité. Les données ont été extraites de la base de données des statistiques des assurances au niveau mondial. La base de données complète peut être consultée en ligne en utilisant le lien suivant :

Statistiques des assurances de l'OCDE, *http://dx.doi.org/10.1787/ins-data-fr*

Un effort important a été fait pour assurer la comparabilité entre les pays. Les définitions, classifications, méthodes de calcul, et unités ont été normalisées autant que possible.

Notes générales

a) Les catégories vie et non-vie correspondent aux définitions utilisées dans la législation nationale. Cependant, les primes pour les contrats d'assurance maladie et accidents conclus par les entreprises d'assurance-vie doivent être incluses dans les chiffres sur l'activité non-vie.

b) Jusqu'en 2008, les activités dans le secteur de l'assurance sont ventilées entre les opérations vie et non-vie. À partir de 2009, les activités sont décomposées entre les opérations des entreprises d'assurance-vie, celles des entreprises d'assurance non-vie et celles des entreprises mixtes, les activités des entreprises mixtes étant elles-mêmes subdivisées entre les opérations vie et non-vie. Certains pays n'autorisent pas les entreprises d'assurance à exercer à la fois des activités vie et non-vie et, par conséquent, il n'existe pas d'entreprises mixtes dans ces pays. Cependant, dans d'autres pays (comme l'Autriche, la Belgique, la Hongrie, l'Italie, le Mexique, le Portugal et l'Espagne), les entreprises mixtes représentent plus de la moitié du total des emplois dans le secteur national de l'assurance. Aussi, pour disposer au fil des ans de données comparables sur les opérations vie (respectivement non-vie), il faut additionner à partir de 2009 les opérations vie (respectivement non-vie) des entreprises d'assurance-vie (respectivement non-vie) et les opérations vie (respectivement non-vie) des entreprises mixtes.

c) Les chiffres fournis sur le nombre d'entreprises et les primes d'assurance doivent prendre en compte toutes les entreprises d'assurance agréées ou autorisées dans le pays déclarant, *y compris* les réassureurs professionnels, qu'ils soient ou non contrôlés, mais *à l'exclusion* de tout système réglementaire de sécurité sociale administré par l'État.

d) Les *entreprises nationales* signifient les entreprises constituées en sociétés en vertu du droit national, ainsi que les entreprises dans le pays déclarant qui ne sont pas constituées en sociétés, mais à l'exclusion des succursales et agences d'entreprises étrangères.

e) Les *entreprises sous contrôle étranger* signifient les entreprises nationales contrôlées par des intérêts étrangers, ce « contrôle » étant défini en fonction de la législation nationale (voir la définition des entreprises sous contrôle étranger dans les remarques par pays). Les données concernant les *entreprises sous contrôle étranger* sont intégrées dans celles sur les *entreprises nationales*.

f) Les *entreprises étrangères* signifient les entreprises constituées en sociétés en dehors du pays déclarant.

Partie I

Cette partie se compose de tableaux de chiffres et d'indicateurs fondamentaux, qui reflètent les caractéristiques les plus significatives du marché de l'assurance dans les pays de l'OCDE. Le plus souvent, les tableaux contiennent des données sur tous les pays de l'OCDE, ainsi que des données agrégées pour « l'OCDE », « l'Union européenne (15 pays) » (les 15 pays membres de l'Union européenne en 1995) et « l'ALENA » de 2007 à 2014, pour les catégories suivantes : assurance-vie, assurance non-vie et total. Sauf mention contraire, les chiffres donnés dans cette partie pour la branche vie (respectivement non-vie) tiennent compte de l'activité vie (respectivement non-vie) des sociétés d'assurance mixtes. Les montants des primes sont convertis à partir de la monnaie nationale en dollars des États-Unis. Les taux de change utilisés correspondent à des taux en fin de période pour les variables évaluées à la fin de l'année et à une moyenne pour l'année de référence pour les variables représentant un flux sur une année. Certains de ces indicateurs apparaissent aussi dans les graphiques.

Les chiffres pour les trois zones (« Union européenne », « ALENA » et « OCDE ») présentés en bas de certains tableaux sont calculés pour les pays pour lesquels les informations sont disponibles.

Partie II

Dans cette partie, les principales statistiques des assurances sont présentées par l'intermédiaire de tableaux distincts par pays. Les chiffres correspondent à l'année civile. Les primes et autres montants sont donnés en millions dans la monnaie nationale.

Statistiques de l'OCDE sur les assurances 2015

PARTIE I

Comparaisons internationales

Graphique I.1. **Part de marché dans l'OCDE, 2014**

Sur la base des primes brutes totales

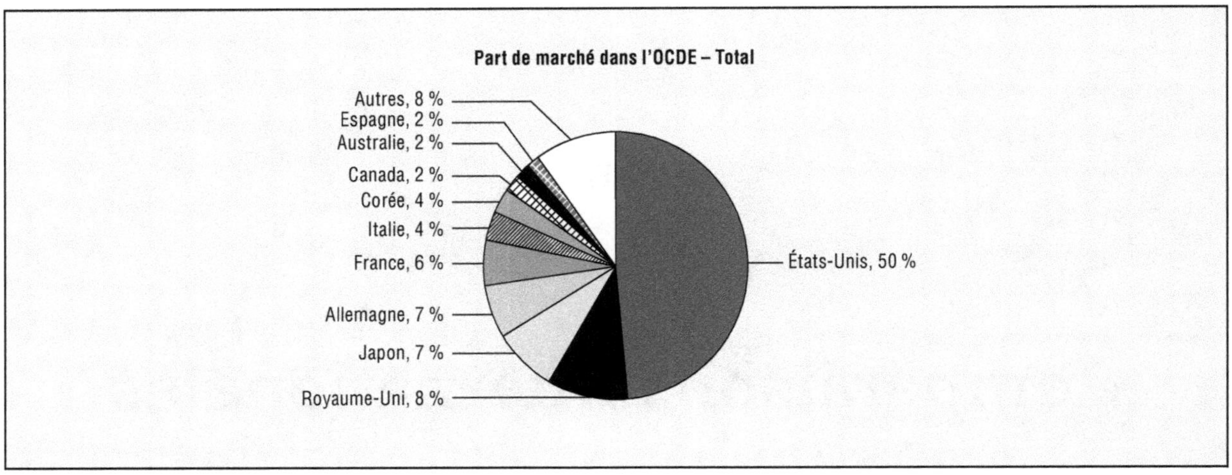

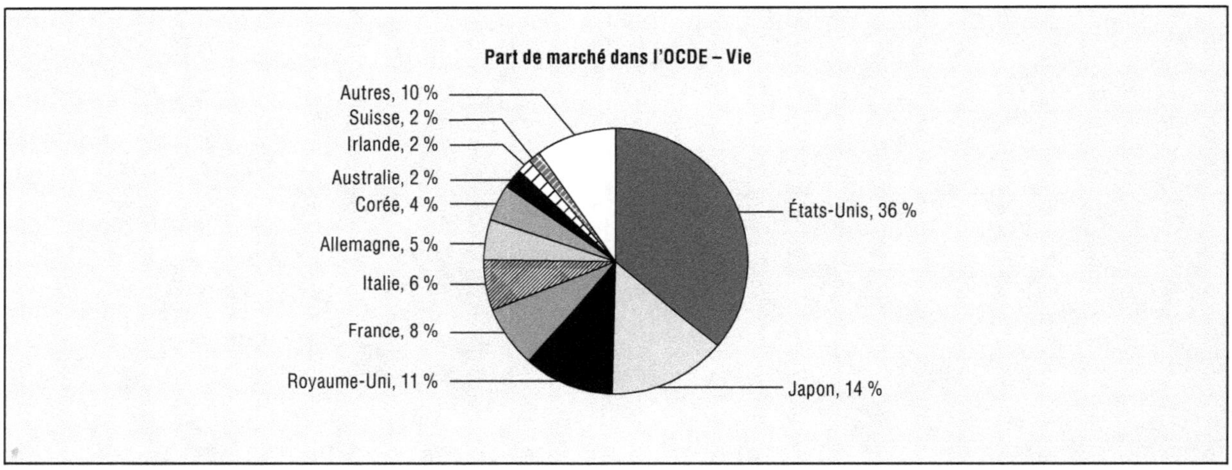

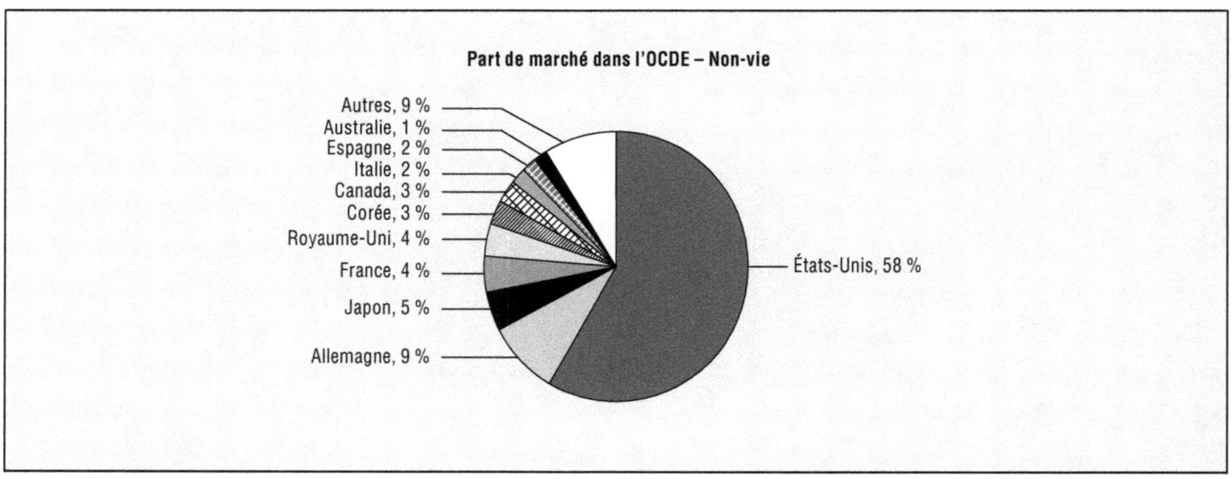

Note : La part de marché dans l'OCDE en 2014 est basée sur le total des primes brutes (c'est-à-dire la somme des primes d'assurance directe et de réassurance acceptée) émis dans toutes les entreprises de chaque pays déclarant de l'OCDE en 2014, à l'exception du Canada, pour lequel les données se rapportent à 2012, et du Japon, pour lequel les données sur les primes brutes d'assurance non-vie se rapportent aux entreprises nationales seulement.

Graphique I.2. **Part de l'assurance-vie et non-vie, 2014**

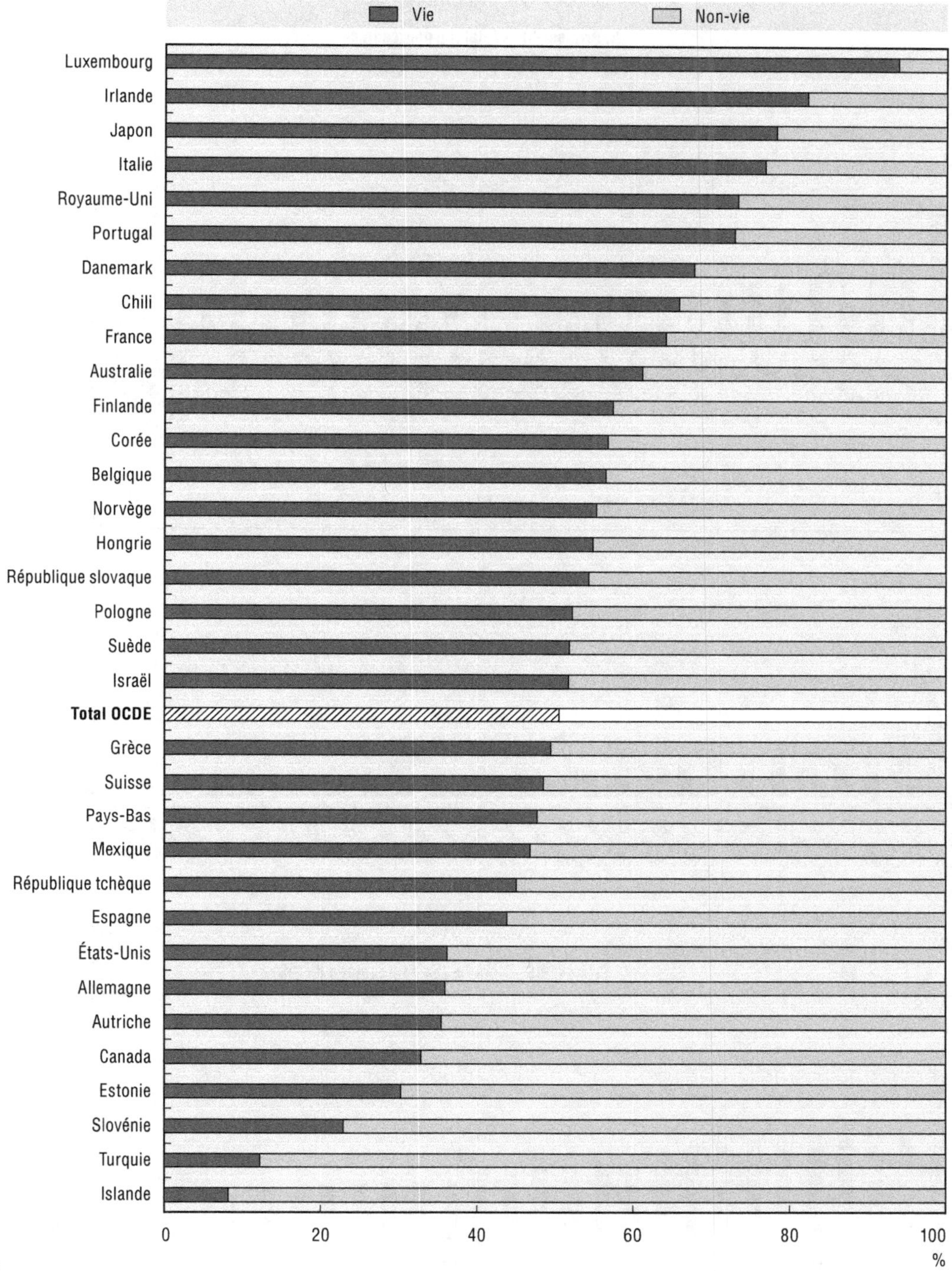

Notes : La part de l'assurance-vie est le rapport entre les primes d'assurance-vie brutes sur le total des primes brutes. Les données pour le Canada se rapportent à 2013. Les données pour le Japon par rapport aux primes d'assurance non-vie se réfèrent aux entreprises nationales seulement.

Graphique I.3. **Pénétration, 2014**

Direct gross premiums – GDP

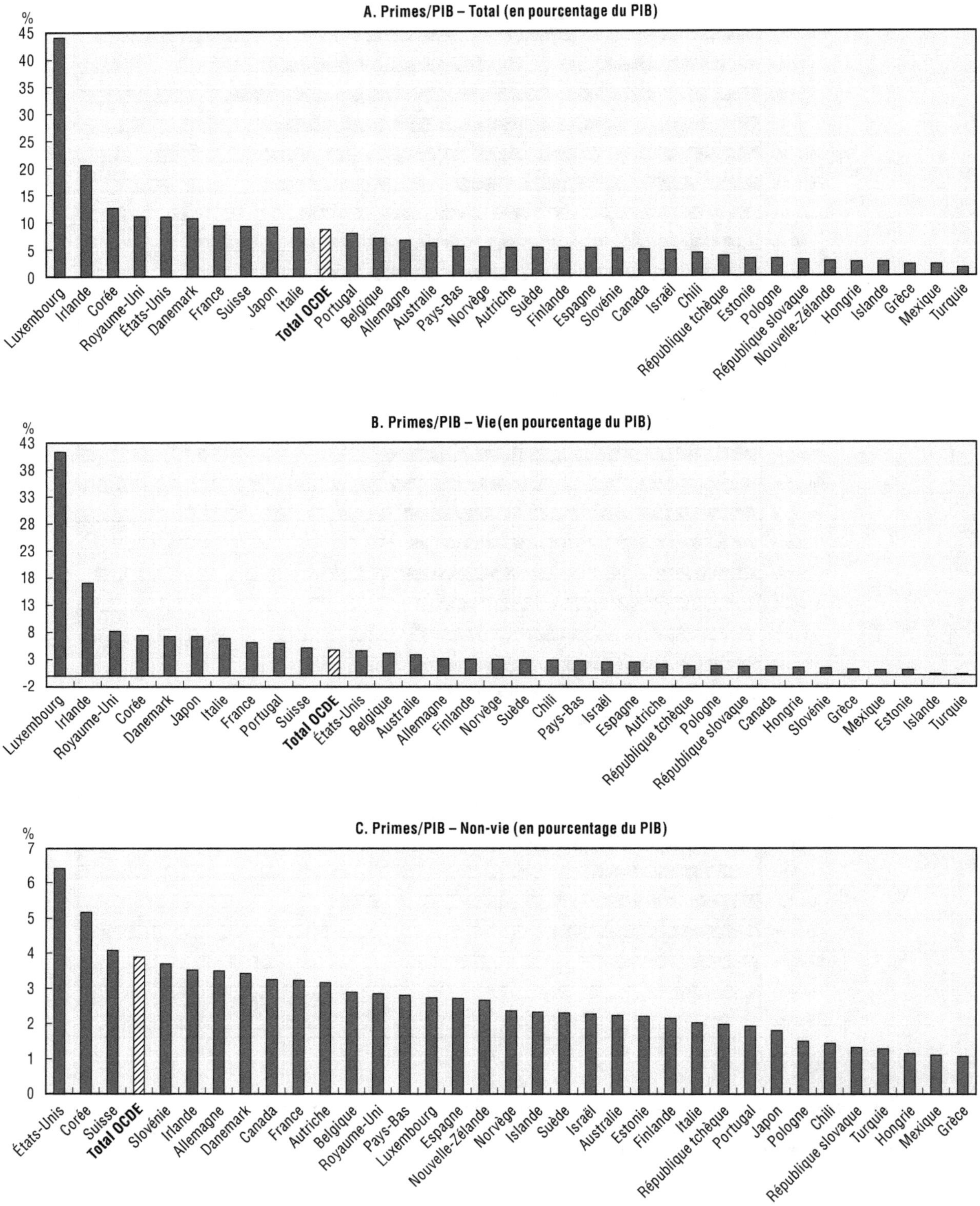

Notes : Les données pour le Canada se réfèrent à 2013. Pour le Japon, les données sur le total des primes brutes non-vie se réfèrent aux entreprises nationales seulement. Les primes brutes des entreprises d'assurance-vie en Nouvelle-Zélande ne sont pas disponibles. Le total OCDE exclut les données pour le Canada et la Nouvelle-Zélande.

Graphique I.4. **Densité, 2014**

Primes brutes directes/Population

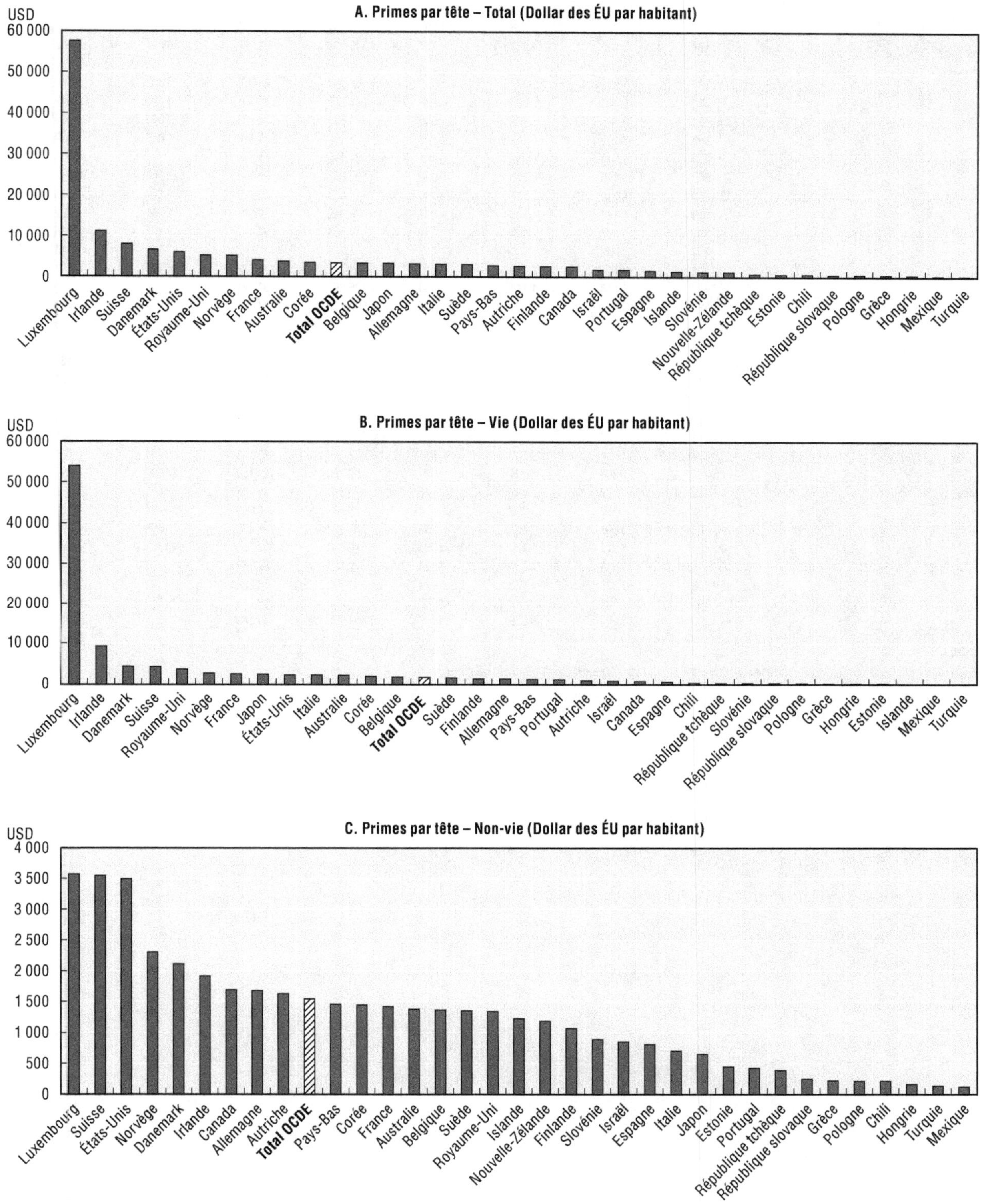

Notes : Les données pour le Canada se réfèrent à 2013. Pour le Japon, les données sur le total des primes brutes non-vie se réfèrent aux entreprises nationales seulement. Les primes brutes des entreprises d'assurance-vie en Nouvelle-Zélande ne sont pas disponibles. le total OCDE exclut les données pour le Canada et la Nouvelle-Zélande.

Tableau 1. Bilan et ressource, assurance directe (Toutes compagnies d'assurance)
2014

Millions de dollars des États-Unis

	Paiements bruts des sinistres	Dépenses brutes d'exploitation	Commissions	Provision, dommages exceptionnels (changements)	Actifs totaux	Provisions techniques brutes	Provisions techniques brutes, unit-linked	Capitaux propres	Revenu net
Australie	80 460	13 323	3 580	..	314 352	56 763	..	36 562	6 123
Autriche	18 622	1 029	4 026	1 062	124 104	111 653	23 664	12 689	..
Belgique	36 118	3 822	4 242	774	345 282	295 227	35 347	18 387	1 758
Canada	..	..	..	..	..	..	..	..	..
Chili	7 514	1 693	917	40	53 588	44 670	3 562	5 476	614
République tchèque	5 060	1 304	332	235	21 728	16 200	3 626	3 619	292
Danemark	30 420	2 928	402	646	470 882	377 209	118 006	34 104	4 046
Estonie	403	52	119	27	1 912	1 448	627	432	56
Finlande	9 035	1 540	-240	-768	81 150	71 505	..	7 054	1 146
France	222 655	43 116	25 766	9 020	2 590 085	2 192 093	329 146	138 545	11 605
Allemagne	195 482	18 919	22 054	2 936	1 718 864	1 550 925	107 678	64 556	2 853
Grèce	3 018	1 120	706	-107	36 942	14 589	2 690	2 792	367
Hongrie	2 312	1 007	403	47	10 003	7 449	3 707	878	139
Islande	292	92	1	7	1 321	628	42	645	66
Irlande	42 423	3 781	4 149	2 810	293 741	301 132	194 489	15 261	3 183
Israël[1]	8 419	1 538	1 741	340	105 263	91 894	57 559	6 136	823
Italie	118 520	17 249	13 785	-1 107	865 730	728 575	118 254	79 304	7 887
Japon	375 789	71 843	12 629	19 501	3 330 909	2 609 810	..	114 388	17 927
Corée	83 847	46 600	..	..	953 057	660 635	80 284	75 744	5 098
Luxembourg	18 505	2 323	1 474	330	194 533	176 388	120 529	5 131	573
Mexique	13 381	1 643	4 629	5 765	71 282	55 813	..	9 788	1 933
Pays-Bas	52 146	9 493	3 980	103	629 366	474 658	..	65 254	-2 110
Nouvelle-Zélande	5 839	8 189	1 071	..	24 508	..	..	5 841	817
Norvège	15 751	3 058	657	356	195 823	169 202	22 200	16 559	2 816
Pologne	10 833	4 631	278	534	52 080	38 813	15 744	10 085	2 118
Portugal	15 737	1 890	721	-121	67 780	59 150	17 134	5 625	102
République slovaque	1 639	839	428	40	9 380	6 786	1 855	1 798	239
Slovénie	1 728	557	127	4	8 107	6 009	1 434	563	178
Espagne	60 003	10 608	6 123	-356	371 728	246 563	20 555	50 172	6 479
Suède	21 584	4 317	1 480	29 736	523 578	357 753	138 213	..	..
Suisse	53 515	7 643	4 748	1 024	522 123	388 758	..	56 415	9 012
Turquie	6 126	2 525	1 868	774	34 433	13 236	..	5 418	634
Royaume-Uni	353 681	25 584	23 073	-3 253	2 780 983	2 709 775	1 678 815	190 022	41 945
États-Unis	1 173 983	292 283	98 036	64 379	5 501 676	784 300	..	1 133 418	92 212

.. Non disponible

1. Informations sur les données concernant Israël : http://oe.cd/israel-disclaimer.

Tableau 2. Bilan et ressource, assurance directe (Compagnies d'assurance-vie)
2014

Millions de dollars des États-Unis

	Paiements bruts des sinistres	Dépenses brutes d'exploitation	Commissions	Provision, dommages exceptionnels (changements)	Actifs totaux	Provisions techniques brutes	Provisions techniques brutes, unit-linked	Capitaux propres	Revenu net
Australie	55 794	6 413	2 810	..	229 349	..	..	16 708	2 482
Autriche	1 473	57	130	0	16 144	15 666	9 059	466	..
Belgique	831	55	60	5	11 682	10 046	944	384	31
Canada	..	..	..	..	..	..	..	..	..
Chili	7 058	1 022	461	0	47 578	41 139	3 562	4 305	563
République tchèque	354	107	1	4	1 624	1 452	649	111	25
Danemark	22 127	870	63	37	440 342	360 333	118 006	24 237	2 381
Estonie	126	12	27	10	1 182	1 063	627	98	16
Finlande	5 136	421	-96	-149	62 249	57 229	..	3 530	220
France	34 305	3 838	1 779	302	527 610	473 641	72 268	24 869	1 430
Allemagne	99 013	5 258	7 490	622	1 183 875	1 095 607	107 633	17 098	908
Grèce	1 194	233	126	3	15 125	6 515	1 745	782	3
Hongrie	562	152	60	2	3 310	3 017	1 459	182	13
Islande	13	9	1	1	134	73	42	56	10
Irlande	36 421	2 753	2 806	2 745	253 924	258 532	194 489	5 854	1 413
Israël[1]	1	3	2	2	61	39	37	15	-2
Italie	30 320	1 264	868	-100	209 848	194 219	66 474	8 475	1 091
Japon	330 216	42 505	..	19 901	3 077 868	2 609 810	..	91 125	14 489
Corée	59 221	30 490	..	..	599 666	523 379	80 284	53 565	3 074
Luxembourg	16 162	1 406	772	16	180 755	166 651	120 529	3 131	334
Mexique	926	87	65	69	16 065	14 410	..	1 525	210
Pays-Bas	33 816	3 313	252	3	537 267	420 179	..	36 073	-4 048
Nouvelle-Zélande	1 160	1 977	530	..	9 824	..	..	2 827	474
Norvège	7 336	1 169	133	116	165 074	148 666	22 200	10 036	776
Pologne	6 455	2 088	64	-2	30 730	25 259	15 744	3 788	939
Portugal	6 971	281	53	-23	37 720	34 533	12 011	2 181	172
République slovaque	143	86	45	1	1 218	998	610	172	18
Slovénie	47	19	4	0	893	581	233	203	30
Espagne	22 401	1 318	879	141	179 264	121 951	10 467	15 418	2 770
Suède	9 757	1 857	626	27 887	443 925	317 076	138 213	..	..
Suisse	30 541	1 493	1 045	1	346 063	294 370	..	16 376	1 361
Turquie	952	547	320	21	22 136	3 129	..	1 886	301
Royaume-Uni	265 341	10 981	2 724	519	2 124 058	2 122 684	1 570 416	65 809	5 658
États-Unis	324 520	65 648	47 424	37 856	3 875 257	16 450	..	412 554	42 436

.. Non disponible

1. Informations sur les données concernant Israël : http://oe.cd/israel-disclaimer.

Tableau 3. Bilan et ressource, assurance directe (Compagnies d'assurance non-vie)
2014

Millions de dollars des États-Unis

	Paiements bruts des sinistres	Dépenses brutes d'exploitation	Commissions	Provision, dommages exceptionnels (changements)	Actifs totaux	Provisions techniques brutes	Provisions techniques brutes, unit-linked	Capitaux propres	Revenu net
Australie	24 666	6 910	770	..	85 002	56 763	..	19 854	3 641
Autriche	2 170	145	832	323	10 799	4 426	-	5 281	..
Belgique	3 015	852	749	213	16 742	9 255	..	3 768	241
Canada	..	..	..	..	..	..	..	..	..
Chili	456	671	456	40	6 010	3 531	..	1 170	51
République tchèque	356	127	25	188	1 809	1 163	..	517	-266
Danemark	8 294	2 058	339	609	30 540	16 876	..	9 867	1 665
Estonie	278	40	91	17	730	384	..	335	40
Finlande	3 899	1 120	-145	-620	18 902	14 276	..	3 524	926
France	60 816	21 447	11 772	5 507	274 640	177 513	0	57 176	4 869
Allemagne	96 470	13 661	14 564	2 314	534 989	455 318	45	47 458	1 945
Grèce	473	351	214	-13	5 902	1 830	..	803	177
Hongrie	118	76	31	14	264	108	-	90	4
Islande	279	83	0	6	1 188	555	-	589	56
Irlande	6 002	1 028	1 343	65	39 817	42 599	-	9 407	1 770
Israël[1]	690	90	79	-46	5 136	3 397	-	1 123	184
Italie	6 996	3 133	2 412	76	25 250	17 570	x	4 894	731
Japon	45 573	29 338	12 629	-399	253 041	..	..	23 263	3 439
Corée	24 626	16 110	..	..	353 391	137 256	..	22 180	2 024
Luxembourg	2 343	917	702	314	13 778	9 737	-	1 999	239
Mexique	1 318	314	751	1 113	5 310	3 265	..	1 107	134
Pays-Bas	18 330	6 180	3 728	101	92 100	54 478	..	29 181	1 938
Nouvelle-Zélande	4 679	6 211	541	..	14 684	..	..	3 014	343
Norvège	8 415	1 889	524	240	30 748	20 536	..	6 523	2 040
Pologne	4 378	2 542	214	537	21 350	13 554	-	6 297	1 179
Portugal	1 866	657	265	0	4 403	2 839	..	931	-258
République slovaque	38	41	25	16	170	96	x	21	-
Slovénie	431	58	9	1	310	99	-	46	18
Espagne	12 251	3 821	2 169	22	32 784	17 147	-	10 482	1 227
Suède	11 827	2 460	854	1 848	79 653	40 677	x	..	..
Suisse	22 975	6 151	3 704	1 023	176 061	94 388	..	40 039	7 651
Turquie	5 173	1 978	1 548	753	12 296	10 108	..	3 532	333
Royaume-Uni	51 251	11 103	18 732	-3 597	249 621	164 972	..	65 505	5 512
États-Unis	849 463	226 635	50 612	26 523	1 626 419	767 850	..	720 864	49 776

.. Non disponible ; - Néant ; x Sans objet

1. Informations sur les données concernant Israël : http://oe.cd/israel-disclaimer.

Tableau 4. Allocation de portefeuille, assurance directe (Toutes compagnies d'assurance)
2014

Millions de dollars des États-Unis

	Immeubles	Prêts hypothécaires	Actions	Obligations émises par les secteurs public et privé	Prêts autre que hypothécaires	Autres placements	Total
Australie	3 218	..	6 698	57 752	4 142	9 076	80 886
Autriche	4 342	958	11 630	68 218	4 391	11 063	100 601
Belgique	3 808	12 842	15 394	213 993	8 564	28 047	282 648
Canada	..	..	..	..	..	..	..
Chili	6 617	4 148	708	28 230	664	3 825	44 192
République tchèque	..	..	..	..	..	..	..
Danemark	2 264	788	157 032	129 544	5 454	38 115	333 196
Estonie	-	0	86	843	0	210	1 140
Finlande	948	144	4 934	9 295	161	13 053	28 535
France	77 208	3 703	274 370	1 576 135	17 786	50 669	1 999 870
Allemagne	28 930	86 316	94 243	711 020	303 919	544 705	1 769 133
Grèce	773	55	203	8 231	68	3 789	13 119
Hongrie	78	1	86	3 736	2	366	4 270
Islande	3	20	244	611	1	129	1 007
Irlande	1 213	2	3 500	45 430	2 353	12 267	68 459
Israël[1]	1 335	654	2 296	24 432	2 198	7 005	37 921
Italie	7 438	114	69 426	505 135	3 096	56 010	641 219
Japon	60 476	..	309 883	2 143 541	312 959	419 031	3 257 066
Corée	18 888	39 284	28 109	323 676	86 956	147 065	643 977
Luxembourg	105	-	1 906	31 409	57	28 430	61 907
Mexique	826	585	6 284	40 367	1 183	5 973	55 219
Pays-Bas	2 868	52 175	106 820	260 292	1 117	206 096	629 366
Nouvelle-Zélande	..	..	2 470	5 613	..	..	8 083
Norvège	17 681	1 230	24 868	103 117	10 019	4 040	160 955
Pologne	376	283	3 126	16 308	1 185	9 185	30 463
Portugal	931	9	2 570	35 162	12	7 511	46 195
République slovaque	168	..	100	5 425	26	527	6 246
Slovénie	231	1	502	4 085	78	278	5 176
Espagne	13 094	205	17 775	233 015	1 493	60 644	326 226
Suède	9 897	245	131 669	182 709	3 899	24 270	352 691
Suisse	42 842	31 587	11 937	226 856	16 227	90 775	420 224
Turquie	..	..	131	4 816	1	194	5 143
Royaume-Uni	53 854	47 325	197 975	706 193	15 251	289 433	1 310 030
États-Unis	..	..	..	..	..	..	..

.. Non disponible ; - Néant

1. Informations sur les données concernant Israël : http://oe.cd/israel-disclaimer.

Tableau 5. Allocation de portefeuille, assurance directe (Compagnies d'assurance-vie)
2014

Millions de dollars des États-Unis

	Immeubles	Prêts hypothécaires	Actions	Obligations émises par les secteurs public et privé	Prêts autre que hypothécaires	Autres placements	Total
Australie	3 069	..	5 713	21 367	616	-557	30 209
Autriche	4	51	296	6 084	254	217	6 906
Belgique	124	956	1 360	5 900	99	1 237	9 675
Canada	..	..	..	..	..	..	..
Chili	6 550	4 145	701	27 123	664	2 898	42 081
République tchèque	..	..	..	..	..	..	..
Danemark	2 216	476	151 391	111 442	4 889	37 417	307 831
Estonie	-	-	47	382	0	104	533
Finlande	507	62	3 132	5 704	89	12 969	22 463
France	14 951	61	48 926	340 149	2 772	2 895	409 754
Allemagne	19 708	75 940	39 531	476 567	197 500	381 843	1 191 090
Grèce	219	0	30	982	-	1 011	2 242
Hongrie	3	0	13	1 307	0	157	1 480
Islande	-	-	20	49	-	2	71
Irlande	334	2	1 663	24 287	755	5 901	36 636
Israël[1]	-	-	-	11	-	6	17
Italie	412	3	3 921	111 257	140	8 155	123 888
Japon	52 304	11 175	241 706	2 068 261	297 322	354 670	3 025 439
Corée	13 230	22 773	22 349	267 643	65 609	102 296	493 899
Luxembourg	9	-	1 540	26 535	57	23 234	51 375
Mexique	16	4	4	13 230	160	2 102	15 516
Pays-Bas	2 666	51 319	99 701	220 068	1 008	162 505	537 267
Nouvelle-Zélande	..	..	2 021	2 232	..	..	4 252
Norvège	17 056	1 187	20 581	89 024	9 512	3 405	140 766
Pologne	94	83	612	8 680	314	3 430	13 213
Portugal	94	0	355	20 246	0	3 829	24 524
République slovaque	4	..	0	485	0	80	569
Slovénie	-	-	212	394	-	73	679
Espagne	1 822	123	5 447	126 503	425	28 349	162 669
Suède	7 576	243	111 818	146 892	3 276	17 921	287 727
Suisse	35 725	27 101	7 224	180 411	10 524	34 221	295 206
Turquie	..	..	74	2 084	1	58	2 217
Royaume-Uni	26 907	42 707	91 545	449 512	11 734	82 150	704 555
États-Unis	22 161	377 101	140 635	2 754 922	129 738	332 701	3 757 258

.. Non disponible ; - Néant

1. Informations sur les données concernant Israël : http://oe.cd/israel-disclaimer.

Tableau 6. Allocation de portefeuille, assurance directe (Compagnies d'assurance non-vie)
2014

Millions de dollars des États-Unis

	Immeubles	Prêts hypothécaires	Actions	Obligations émises par les secteurs public et privé	Prêts autre que hypothécaires	Autres placements	Total
Australie	148	..	985	36 385	3 526	9 633	50 677
Autriche	223	1	4 368	3 324	190	2 777	10 884
Belgique	147	373	993	6 620	20	2 278	10 431
Canada	..	..	..	..	..	..	..
Chili	67	4	7	1 107	-	927	2 112
République tchèque	..	..	..	..	..	..	..
Danemark	48	312	5 641	18 102	565	697	25 366
Estonie	-	0	39	461	0	106	606
Finlande	441	82	1 801	3 590	73	85	6 072
France	13 469	1 037	50 688	124 716	3 373	12 155	205 437
Allemagne	9 223	10 376	54 711	234 453	106 419	162 863	578 044
Grèce	465	47	110	3 346	14	1 712	5 694
Hongrie	0	-	-	135	0	23	158
Islande	3	20	223	562	1	128	936
Irlande	879	-	1 837	21 143	1 598	6 365	31 822
Israël[1]	39	4	434	2 378	113	1 624	4 592
Italie	1 030	7	1 189	13 098	29	1 690	17 042
Japon	8 172	..	68 177	75 280	15 637	64 361	231 627
Corée	5 658	16 512	5 760	56 033	21 347	44 769	150 079
Luxembourg	96	-	366	4 874	-	5 196	10 532
Mexique	99	5	169	1 671	23	183	2 150
Pays-Bas	202	856	7 119	40 224	108	43 590	92 100
Nouvelle-Zélande	..	..	449	3 381	..	..	3 831
Norvège	625	42	4 287	14 094	507	634	20 190
Pologne	282	200	2 514	7 628	870	5 756	17 250
Portugal	296	3	239	2 030	11	841	3 420
République slovaque	-	..	-	-	-	-	-
Slovénie	19	-	13	151	-	43	226
Espagne	2 108	65	2 683	11 259	64	6 365	22 544
Suède	2 321	2	19 851	35 818	624	6 349	64 964
Suisse	7 117	4 486	4 713	46 446	5 703	56 554	125 018
Turquie	..	..	58	2 733	..	136	2 926
Royaume-Uni	2 066	360	15 019	100 713	462	131 001	249 621
États-Unis	12 690	5 420	363 490	890 372	0	156 430	1 428 402

.. Non disponible ; - Néant

1. Informations sur les données concernant Israël : http://oe.cd/israel-disclaimer.

Tableau 7. Primes brutes totales (Vie et Non-vie)

Millions de dollars des États-Unis

	2007	2008	2009	2010	2011	2012	2013	2014
Australie	66 964	65 373	57 733	70 792	84 565	85 866	87 544	97 004
Autriche	23 745	26 281	..	..	..	..	25 072	25 070
Belgique	43 008	42 727	39 578	39 171	40 829	41 954	37 503	38 295
Canada	136 060	113 654	75 538	85 746	94 037	97 032	98 514	..
Chili	..	..	6 270	8 313	9 704	11 309	11 776	10 970
République tchèque	6 550	8 188	7 567	8 175	8 776	7 861	8 002	7 608
Danemark	28 463	32 499	..	..	33 919	32 759	225 717	37 057
Estonie	..	..	343	565	560	617	774	838
Finlande	8 284	9 069	9 470	11 615	10 122	9 356	13 055	14 107
France	312 764	277 792	300 991	297 035	288 783	258 751	275 621	293 656
Allemagne	280 221	301 491	246 801	240 817	255 444	302 869	333 556	338 329
Grèce	7 141	7 765	7 215	6 948	6 886	5 783	5 404	5 049
Hongrie	5 070	5 135	4 087	4 056	4 057	3 382	3 584	3 584
Islande	584	474	277	382	415	404	419	444
Irlande	63 192	86 809	46 662	45 269	44 545	45 606	45 293	52 489
Israël[1]	8 788	10 786	10 268	11 259	12 679	12 490	13 948	14 369
Italie	147 144	143 314	166 847	169 745	156 819	138 291	161 085	193 207
Japon[2]	351 418	428 050	471 366	498 822	569 091	465 341	355 931	351 660
Corée	119 771	105 897	99 143	120 869	137 952	163 142	169 175	187 050
Luxembourg	15 323	15 857	23 065	27 438	19 156	25 179	24 693	28 908
Mexique	17 702	18 815	17 540	19 554	22 664	23 631	27 189	27 322
Pays-Bas	65 235	71 462	67 170	52 399	58 593	51 289	51 118	48 541
Nouvelle-Zélande	3 314	3 143	2 949	3 373	..	4 587	5 134	5 357
Norvège	19 796	24 152	9 287	20 578	23 794	25 760	25 529	26 460
Pologne	15 812	24 633	16 480	17 968	19 294	19 259	18 309	17 414
Portugal	18 711	22 471	19 728	21 046	15 626	13 565	16 995	18 643
République slovaque	2 324	2 991	2 887	2 813	2 995	2 773	2 958	2 983
Slovénie	2 249	2 847	3 021	2 885	3 036	2 817	2 806	2 779
Espagne	78 366	91 260	85 169	76 313	86 289	72 911	77 141	76 506
Suède	31 055	31 406	25 469	25 643	28 081	24 691	27 207	31 449
Suisse	45 505	57 019	57 299	61 649	71 548	70 229	74 255	74 570
Turquie	8 409	9 070	8 472	9 997	10 267	11 427	13 206	12 311
Royaume-Uni	644 587	453 225	342 933	324 999	339 545	369 675	340 339	365 908
États-Unis	1 993 593	2 039 112	2 029 504	2 035 562	2 154 851	2 279 817	2 289 921	2 431 323
Union européenne (15 pays)	1 767 238	1 613 427	1 381 097	1 338 438	1 384 638	1 392 678	1 659 799	1 567 215
ALENA	2 147 355	2 171 581	2 122 582	2 140 862	2 271 551	2 400 480	2 415 623	2 458 645
OCDE	**4 571 147**	**4 532 764**	**4 261 129**	**4 321 798**	**4 614 923**	**4 680 422**	**4 868 771**	**4 841 261**

Note : Les données du Danemark, en particulier pour 2013, peuvent être sujettes à révision.

.. Non disponible

1. Informations sur les données concernant Israël : http://oe.cd/israel-disclaimer.
2. Pour le Japon, les données se rapportent uniquement au secteur de l'assurance-vie depuis 2012.

Tableau 8. Primes brutes totales (Vie)

Millions de dollars des États-Unis

	2007	2008	2009	2010	2011	2012	2013	2014
Australie	41 483	38 847	32 297	40 317	47 962	46 061	48 096	59 311
Autriche	9 690	10 576	..	..	..	..	8 552	8 890
Belgique	30 361	28 492	25 650	25 465	25 802	27 152	21 641	21 636
Canada	62 569	38 537	26 883	30 489	32 018	31 147	32 379	..
Chili	..	..	4 081	5 487	6 070	7 407	7 830	7 221
République tchèque	2 668	3 332	3 162	3 761	4 075	3 688	3 659	3 429
Danemark	18 641	21 948	..	..	23 120	22 499	..	25 096
Estonie	..	..	..	229	223	209	227	254
Finlande	3 805	4 105	4 654	6 914	5 180	4 788	7 419	8 097
France	187 031	178 810	50 764	51 003	184 410	160 687	172 106	188 392
Allemagne	117 167	126 798	114 004	115 270	116 667	107 471	120 236	121 590
Grèce	3 459	3 657	3 316	3 005	3 009	2 498	2 237	2 497
Hongrie	2 783	2 695	2 057	2 157	2 214	1 792	1 952	1 965
Islande	47	35	26	29	30	29	33	36
Irlande	52 825	69 107	37 759	36 342	35 285	36 599	36 507	43 166
Israël[1]	4 243	5 395	5 039	5 805	6 689	6 612	7 378	7 428
Italie	91 049	84 770	115 098	121 811	105 207	91 897	115 093	148 454
Japon	270 364	340 531	376 882	399 986	458 999	465 341	355 931	351 660
Corée	79 383	67 581	61 514	72 003	79 384	96 241	100 255	106 177
Luxembourg	13 697	14 247	21 503	25 870	17 313	23 507	22 701	27 131
Mexique	7 711	8 384	7 719	9 019	10 134	10 916	12 525	12 800
Pays-Bas	36 566	38 995	34 143	26 774	30 141	24 402	24 252	23 173
Nouvelle-Zélande	..	..	..	..	..	..	..	..
Norvège	12 077	14 186	..	11 021	12 771	14 057	13 835	14 628
Pologne	9 222	16 176	9 708	10 424	10 752	11 187	9 893	9 088
Portugal	12 602	15 958	13 958	15 703	10 033	8 586	11 979	13 599
République slovaque	1 154	1 565	1 487	1 492	1 592	1 493	1 641	1 619
Slovénie	490	835	663	645	669	624	628	636
Espagne	31 946	40 190	40 563	36 291	40 510	33 835	34 381	33 569
Suède	15 451	14 665	12 933	12 519	13 932	13 323	14 192	16 291
Suisse	23 928	29 174	27 341	29 215	34 621	33 605	35 786	36 184
Turquie	1 024	1 214	1 439	1 748	1 884	1 762	2 071	1 509
Royaume-Uni	536 129	345 695	260 539	239 360	249 435	278 834	246 442	268 429
États-Unis	778 804	810 715	798 795	799 066	864 830	919 547	881 541	880 040
Union européenne (15 pays)	1 160 418	998 015	734 883	716 328	860 045	836 077	1 053 016	950 010
ALENA	849 084	857 636	833 397	838 574	906 982	961 609	926 445	892 840
OCDE	**2 458 368**	**2 377 216**	**2 093 977**	**2 139 222**	**2 434 962**	**2 487 796**	**2 568 675**	**2 443 996**

Note : Les données du Danemark, en particulier pour 2013, peuvent être sujettes à révision.

.. Non disponible

1. Informations sur les données concernant Israël : http://oe.cd/israel-disclaimer.

Tableau 9. Primes brutes totales (Non-vie)

Millions de dollars des États-Unis

	2007	2008	2009	2010	2011	2012	2013	2014
Australie	25 480	26 527	25 436	30 475	36 602	39 805	39 448	37 693
Autriche	14 055	15 705	..	..	..	..	16 520	16 180
Belgique	12 647	14 234	13 927	13 705	15 027	14 802	15 862	16 659
Canada	73 491	75 116	48 655	55 257	62 018	65 886	66 134	..
Chili	..	..	2 189	2 826	3 635	3 902	3 946	3 749
République tchèque	3 882	4 857	4 405	4 415	4 701	4 174	4 343	4 179
Danemark	9 822	10 551	..	..	10 799	10 260	10 442	11 961
Estonie	..	..	343	336	337	408	547	584
Finlande	4 479	4 964	4 816	4 701	4 942	4 568	5 635	6 009
France	125 733	98 982	95 778	94 470	104 372	98 065	103 514	105 263
Allemagne	163 055	174 693	132 797	125 548	138 776	195 398	213 320	216 740
Grèce	3 682	4 107	3 900	3 943	3 877	3 285	3 167	2 552
Hongrie	2 287	2 440	2 030	1 899	1 843	1 589	1 632	1 619
Islande	537	439	251	353	384	374	385	408
Irlande	10 367	17 702	8 902	8 927	9 261	9 006	8 785	9 323
Israël[1]	4 545	5 391	5 229	5 454	5 990	5 877	6 570	6 941
Italie	56 095	58 543	51 749	47 934	51 612	46 394	45 992	44 753
Japon	81 054	87 519	94 483	98 836	110 093	..	..	..
Corée	40 388	38 316	37 629	48 866	58 567	66 902	68 920	80 872
Luxembourg	1 626	1 610	1 562	1 568	1 843	1 672	1 992	1 777
Mexique	9 991	10 431	9 821	10 536	12 529	12 715	14 664	14 522
Pays-Bas	28 669	32 467	33 027	25 625	28 453	26 887	26 866	25 368
Nouvelle-Zélande	3 314	3 143	2 949	3 373	..	4 587	5 134	5 357
Norvège	7 719	9 966	9 287	9 557	11 023	11 702	11 694	11 832
Pologne	6 590	8 457	6 772	7 544	8 542	8 072	8 417	8 325
Portugal	6 109	6 512	5 771	5 342	5 594	4 979	5 016	5 044
République slovaque	1 170	1 426	1 401	1 321	1 403	1 280	1 317	1 364
Slovénie	1 759	2 012	2 358	2 240	2 367	2 193	2 178	2 143
Espagne	46 420	51 070	44 606	40 023	45 778	39 076	42 760	42 937
Suède	15 604	16 741	12 536	13 124	14 149	11 368	13 015	15 158
Suisse	21 577	27 844	29 958	32 434	36 927	36 624	38 469	38 386
Turquie	7 385	7 856	7 033	8 249	8 384	9 664	11 135	10 802
Royaume-Uni	108 458	107 530	82 394	85 639	90 110	90 842	93 897	97 480
États-Unis	1 214 789	1 228 397	1 230 709	1 236 495	1 290 021	1 360 270	1 408 380	1 551 283
Union européenne (15 pays)	606 819	615 412	491 766	470 548	524 593	556 601	606 783	617 205
ALENA	1 298 271	1 313 944	1 289 184	1 302 288	1 364 569	1 438 870	1 489 178	1 565 805
OCDE	**2 112 779**	**2 155 549**	**2 012 703**	**2 031 013**	**2 179 960**	**2 192 626**	**2 300 096**	**2 397 265**

Note : Les données du Danemark, en particulier pour 2013, peuvent être sujettes à révision.

.. Non disponible

1. Informations sur les données concernant Israël : http://oe.cd/israel-disclaimer.

Tableau 10. Part de marché dans l'OCDE (Vie et Non-vie)

Pourcentage

	2007	2008	2009	2010	2011	2012	2013	2014
Australie	1.5	1.4	1.4	1.6	1.8	1.8	1.8	2.0
Autriche	0.5	0.6	..	..	..	..	0.5	0.5
Belgique	0.9	0.9	0.9	0.9	0.9	0.9	0.8	0.8
Canada	3.0	2.5	1.8	2.0	2.0	2.1	2.0	..
Chili	..	..	0.1	0.2	0.2	0.2	0.2	0.2
République tchèque	0.1	0.2	0.2	0.2	0.2	0.2	0.2	0.2
Danemark	0.6	0.7	..	..	0.7	0.7	4.6	0.8
Estonie	..	..	0.0	0.0	0.0	0.0	0.0	0.0
Finlande	0.2	0.2	0.2	0.3	0.2	0.2	0.3	0.3
France	6.8	6.1	7.1	6.9	6.3	5.5	5.7	6.1
Allemagne	6.1	6.7	5.8	5.6	5.5	6.5	6.9	7.0
Grèce	0.2	0.2	0.2	0.2	0.1	0.1	0.1	0.1
Hongrie	0.1	0.1	0.1	0.1	0.1	0.1	0.1	0.1
Islande	0.0	0.0	0.0	0.0	0.0	0.0	0.0	0.0
Irlande	1.4	1.9	1.1	1.0	1.0	1.0	0.9	1.1
Israël[1]	0.2	0.2	0.2	0.3	0.3	0.3	0.3	0.3
Italie	3.2	3.2	3.9	3.9	3.4	3.0	3.3	4.0
Japon[2]	7.7	9.4	11.1	11.5	12.3	9.9	7.3	7.3
Corée	2.6	2.3	2.3	2.8	3.0	3.5	3.5	3.9
Luxembourg	0.3	0.4	0.5	0.6	0.4	0.5	0.5	0.6
Mexique	0.4	0.4	0.4	0.5	0.5	0.5	0.6	0.6
Pays-Bas	1.4	1.6	1.6	1.2	1.3	1.1	1.1	1.0
Nouvelle-Zélande	0.1	0.1	0.1	0.1	..	0.1	0.1	0.1
Norvège	0.4	0.5	0.2	0.5	0.5	0.6	0.5	0.5
Pologne	0.3	0.5	0.4	0.4	0.4	0.4	0.4	0.4
Portugal	0.4	0.5	0.5	0.5	0.3	0.3	0.3	0.4
République slovaque	0.1	0.1	0.1	0.1	0.1	0.1	0.1	0.1
Slovénie	0.0	0.1	0.1	0.1	0.1	0.1	0.1	0.1
Espagne	1.7	2.0	2.0	1.8	1.9	1.6	1.6	1.6
Suède	0.7	0.7	0.6	0.6	0.6	0.5	0.6	0.7
Suisse	1.0	1.3	1.3	1.4	1.6	1.5	1.5	1.5
Turquie	0.2	0.2	0.2	0.2	0.2	0.2	0.3	0.3
Royaume-Uni	14.1	10.0	8.0	7.5	7.4	7.9	7.0	7.6
États-Unis	43.6	45.0	47.6	47.1	46.7	48.7	47.0	50.2
Union européenne (15 pays)	38.7	35.6	32.4	31.0	30.0	29.8	34.1	32.4
ALENA	47.0	47.9	49.8	49.5	49.2	51.3	49.6	50.8
OCDE	**100.0**	**100.0**	**100.0**	**100.0**	**100.0**	**100.0**	**100.0**	**100.0**

Note : Les données du Danemark, en particulier pour 2013, peuvent être sujettes à révision.

.. Non disponible

1. Informations sur les données concernant Israël : http://oe.cd/israel-disclaimer.
2. Pour le Japon, les données se rapportent uniquement au secteur de l'assurance-vie depuis 2012.

Tableau 11. Part de marché dans l'OCDE (Vie)

Pourcentage

	2007	2008	2009	2010	2011	2012	2013	2014
Australie	1.7	1.6	1.5	1.9	2.0	1.9	1.9	2.4
Autriche	0.4	0.4	..	..	..	..	0.3	0.4
Belgique	1.2	1.2	1.2	1.2	1.1	1.1	0.8	0.9
Canada	2.5	1.6	1.3	1.4	1.3	1.3	1.3	..
Chili	..	..	0.2	0.3	0.2	0.3	0.3	0.3
République tchèque	0.1	0.1	0.2	0.2	0.2	0.1	0.1	0.1
Danemark	0.8	0.9	..	..	0.9	0.9	8.4	1.0
Estonie	..	..	..	0.0	0.0	0.0	0.0	0.0
Finlande	0.2	0.2	0.2	0.3	0.2	0.2	0.3	0.3
France	7.6	7.5	2.4	2.4	7.6	6.5	6.7	7.7
Allemagne	4.8	5.3	5.4	5.4	4.8	4.3	4.7	5.0
Grèce	0.1	0.2	0.2	0.1	0.1	0.1	0.1	0.1
Hongrie	0.1	0.1	0.1	0.1	0.1	0.1	0.1	0.1
Islande	0.0	0.0	0.0	0.0	0.0	0.0	0.0	0.0
Irlande	2.1	2.9	1.8	1.7	1.4	1.5	1.4	1.8
Israël[1]	0.2	0.2	0.2	0.3	0.3	0.3	0.3	0.3
Italie	3.7	3.6	5.5	5.7	4.3	3.7	4.5	6.1
Japon	11.0	14.3	18.0	18.7	18.9	18.7	13.9	14.4
Corée	3.2	2.8	2.9	3.4	3.3	3.9	3.9	4.3
Luxembourg	0.6	0.6	1.0	1.2	0.7	0.9	0.9	1.1
Mexique	0.3	0.4	0.4	0.4	0.4	0.4	0.5	0.5
Pays-Bas	1.5	1.6	1.6	1.3	1.2	1.0	0.9	0.9
Nouvelle-Zélande	..	..	..	..	..	..	..	..
Norvège	0.5	0.6	..	0.5	0.5	0.6	0.5	0.6
Pologne	0.4	0.7	0.5	0.5	0.4	0.5	0.4	0.4
Portugal	0.5	0.7	0.7	0.7	0.4	0.3	0.5	0.6
République slovaque	0.0	0.1	0.1	0.1	0.1	0.1	0.1	0.1
Slovénie	0.0	0.0	0.0	0.0	0.0	0.0	0.0	0.0
Espagne	1.3	1.7	1.9	1.7	1.7	1.4	1.3	1.4
Suède	0.6	0.6	0.6	0.6	0.6	0.5	0.6	0.7
Suisse	1.0	1.2	1.3	1.4	1.4	1.4	1.4	1.5
Turquie	0.0	0.1	0.1	0.1	0.1	0.1	0.1	0.1
Royaume-Uni	21.8	14.5	12.4	11.2	10.2	11.2	9.6	11.0
États-Unis	31.7	34.1	38.1	37.4	35.5	37.0	34.3	36.0
Union européenne (15 pays)	47.2	42.0	35.1	33.5	35.3	33.6	41.0	38.9
ALENA	34.5	36.1	39.8	39.2	37.2	38.7	36.1	36.5
OCDE	**100.0**	**100.0**	**100.0**	**100.0**	**100.0**	**100.0**	**100.0**	**100.0**

Note : Les données du Danemark, en particulier pour 2013, peuvent être sujettes à révision.

.. Non disponible

1. Informations sur les données concernant Israël : http://oe.cd/israel-disclaimer.

Tableau 12. Part de marché dans l'OCDE (Non-vie)

Pourcentage

	2007	2008	2009	2010	2011	2012	2013	2014
Australie	1.2	1.2	1.3	1.5	1.7	1.8	1.7	1.6
Autriche	0.7	0.7	..	..	..	..	0.7	0.7
Belgique	0.6	0.7	0.7	0.7	0.7	0.7	0.7	0.7
Canada	3.5	3.5	2.4	2.7	2.8	3.0	2.9	..
Chili	..	..	0.1	0.1	0.2	0.2	0.2	0.2
République tchèque	0.2	0.2	0.2	0.2	0.2	0.2	0.2	0.2
Danemark	0.5	0.5	..	..	0.5	0.5	0.5	0.5
Estonie	..	..	0.0	0.0	0.0	0.0	0.0	0.0
Finlande	0.2	0.2	0.2	0.2	0.2	0.2	0.2	0.3
France	6.0	4.6	4.8	4.7	4.8	4.5	4.5	4.4
Allemagne	7.7	8.1	6.6	6.2	6.4	8.9	9.3	9.0
Grèce	0.2	0.2	0.2	0.2	0.2	0.2	0.1	0.1
Hongrie	0.1	0.1	0.1	0.1	0.1	0.1	0.1	0.1
Islande	0.0	0.0	0.0	0.0	0.0	0.0	0.0	0.0
Irlande	0.5	0.8	0.4	0.4	0.4	0.4	0.4	0.4
Israël[1]	0.2	0.3	0.3	0.3	0.3	0.3	0.3	0.3
Italie	2.7	2.7	2.6	2.4	2.4	2.1	2.0	1.9
Japon	3.8	4.1	4.7	4.9	5.1	..	..	..
Corée	1.9	1.8	1.9	2.4	2.7	3.1	3.0	3.4
Luxembourg	0.1	0.1	0.1	0.1	0.1	0.1	0.1	0.1
Mexique	0.5	0.5	0.5	0.5	0.6	0.6	0.6	0.6
Pays-Bas	1.4	1.5	1.6	1.3	1.3	1.2	1.2	1.1
Nouvelle-Zélande	0.2	0.1	0.1	0.2	..	0.2	0.2	0.2
Norvège	0.4	0.5	0.5	0.5	0.5	0.5	0.5	0.5
Pologne	0.3	0.4	0.3	0.4	0.4	0.4	0.4	0.3
Portugal	0.3	0.3	0.3	0.3	0.3	0.2	0.2	0.2
République slovaque	0.1	0.1	0.1	0.1	0.1	0.1	0.1	0.1
Slovénie	0.1	0.1	0.1	0.1	0.1	0.1	0.1	0.1
Espagne	2.2	2.4	2.2	2.0	2.1	1.8	1.9	1.8
Suède	0.7	0.8	0.6	0.6	0.6	0.5	0.6	0.6
Suisse	1.0	1.3	1.5	1.6	1.7	1.7	1.7	1.6
Turquie	0.4	0.4	0.3	0.4	0.4	0.4	0.5	0.5
Royaume-Uni	5.1	5.0	4.1	4.2	4.1	4.1	4.1	4.1
États-Unis	57.5	57.0	61.1	60.9	59.2	62.0	61.2	64.7
Union européenne (15 pays)	28.7	28.6	24.4	23.2	24.1	25.4	26.4	25.7
ALENA	61.4	61.0	64.1	64.1	62.6	65.6	64.7	65.3
OCDE	**100.0**	**100.0**	**100.0**	**100.0**	**100.0**	**100.0**	**100.0**	**100.0**

Note : Les données du Danemark, en particulier pour 2013, peuvent être sujettes à révision.

.. Non disponible

1. Informations sur les données concernant Israël : http://oe.cd/israel-disclaimer.

Tableau 13. Densité (Vie et Non-vie)

Dollars des États-Unis par habitant

	2007	2008	2009	2010	2011	2012	2013	2014
Australie	2 903	2 774	2 415	2 920	3 407	3 357	3 374	3 712
Autriche	2 376	2 831	2 723	2 638	2 741	2 493	2 604	2 666
Belgique	4 000	3 915	3 599	3 484	3 582	3 668	3 242	3 274
Canada	3 404	3 064	2 044	2 319	2 503	2 547	2 518	..
Chili	..	..	369	485	561	647	667	616
République tchèque	631	780	715	766	822	734	748	711
Danemark	5 179	5 893	..	..	6 072	5 815	6 065	6 572
Estonie	..	..	256	423	419	464	586	637
Finlande	1 531	1 670	1 739	2 134	1 844	1 696	2 364	2 546
France	4 742	4 266	4 409	4 300	4 172	3 639	3 886	4 084
Allemagne	2 705	2 913	..	..	..	2 891	3 110	3 129
Grèce	628	681	..	616	609	511	465	438
Hongrie	502	509	406	403	404	337	358	361
Islande	1 849	1 435	860	1 190	1 276	1 233	1 270	1 334
Irlande	14 214	11 592	10 183	9 820	9 586	9 747	9 681	11 174
Israël[1]	1 224	1 476	1 372	1 477	1 633	1 579	1 730	1 755
Italie	2 389	2 331	2 713	2 748	2 522	2 212	2 571	3 089
Japon[2]	2 587	3 171	3 503	3 732	4 259	3 287	2 590	2 617
Corée	2 363	2 062	1 873	2 298	2 623	3 104	3 195	3 525
Luxembourg	31 921	32 427	46 288	53 747	36 262	46 805	49 691	57 520
Mexique	159	166	153	168	192	198	226	224
Pays-Bas	3 941	4 285	3 776	2 930	3 484	3 020	2 996	2 827
Nouvelle-Zélande	769	721	671	763	..	1 027	1 149	1 180
Norvège	4 197	5 059	4 396	4 209	4 805	5 133	5 025	5 151
Pologne	410	640	427	462	496	495	475	453
Portugal	1 733	2 074	1 814	1 936	1 425	1 238	1 569	1 730
République slovaque	432	555	533	519	550	508	541	543
Slovénie	1 284	1 459	1 302	1 238	1 302	1 202	1 209	1 196
Espagne	1 649	1 885	1 801	1 605	1 736	1 518	1 528	1 518
Suède	3 182	3 168	2 514	2 537	2 793	2 388	2 654	3 031
Suisse	5 558	6 986	6 374	6 720	7 934	7 636	7 918	7 965
Turquie	120	..	..	131	134	148	169	152
Royaume-Uni	10 112	7 056	5 271	4 950	5 006	5 404	4 859	5 177
États-Unis	5 193	5 261	5 231	5 235	5 497	5 753	5 683	5 965
Union européenne (15 pays)	4 192	3 724	3 682	3 431	3 432	3 201	3 270	3 481
ALENA	3 815	3 834	3 730	3 753	3 945	4 118	4 071	4 398
OCDE	**3 316**	**3 438**	**3 308**	**3 111**	**3 294**	**3 204**	**3 148**	**3 329**

Note : Les données du Danemark, en particulier pour 2013, peuvent être sujettes à révision.

.. Non disponible

1. Informations sur les données concernant Israël : http://oe.cd/israel-disclaimer.
2. Pour le Japon, les données se rapportent uniquement au secteur de l'assurance-vie depuis 2012.

Tableau 14. Densité (Vie)

Dollars des États-Unis par habitant

	2007	2008	2009	2010	2011	2012	2013	2014
Australie	1 916	1 749	1 407	1 724	2 010	1 871	1 911	2 336
Autriche	1 024	1 275	1 219	1 178	1 144	981	1 007	1 043
Belgique	2 857	2 655	2 371	2 321	2 324	2 435	1 926	1 910
Canada	1 457	1 070	764	832	852	815	828	..
Chili	..	..	241	321	352	425	446	407
République tchèque	258	319	301	358	388	351	348	326
Danemark	3 411	3 992	..	..	4 149	3 999	4 226	4 462
Estonie	..	..	..	172	167	157	172	193
Finlande	719	773	871	1 288	960	883	1 362	1 479
France	3 071	2 870	720	713	2 752	2 301	2 481	2 666
Allemagne	1 240	1 340	..	..	..	1 326	1 444	1 456
Grèce	309	326	..	269	267	225	196	219
Hongrie	277	268	205	216	222	181	197	200
Islande	154	109	83	90	95	92	103	112
Irlande	11 879	9 222	8 259	7 907	7 646	7 888	7 863	9 259
Israël[1]	591	738	673	761	861	836	915	907
Italie	1 483	1 371	1 871	1 972	1 693	1 469	1 845	2 385
Japon	2 054	2 580	2 859	3 066	3 521	3 287	2 590	2 617
Corée	1 633	1 381	1 203	1 418	1 572	1 903	1 974	2 082
Luxembourg	28 534	29 155	43 160	50 663	32 777	43 698	45 656	53 950
Mexique	70	75	68	78	87	93	105	106
Pays-Bas	2 226	2 366	1 835	1 431	1 804	1 456	1 443	1 369
Nouvelle-Zélande	..	..	..	..	..	..	..	..
Norvège	2 565	2 975	2 478	2 254	2 579	2 801	2 723	2 848
Pologne	241	424	254	270	279	290	260	239
Portugal	1 195	1 511	1 320	1 483	950	816	1 145	1 305
République slovaque	215	291	276	277	295	276	303	299
Slovénie	413	464	324	315	326	303	305	308
Espagne	706	874	873	778	857	722	729	711
Suède	1 680	1 587	1 387	1 331	1 472	1 368	1 474	1 678
Suisse	3 205	3 864	3 499	3 696	4 353	4 177	4 396	4 419
Turquie	15	..	..	24	25	23	27	19
Royaume-Uni	8 575	5 599	4 108	3 735	3 721	4 121	3 535	3 839
États-Unis	2 358	2 430	2 386	2 367	2 520	2 642	2 471	2 473
Union européenne (15 pays)	2 879	2 406	2 047	1 909	2 281	2 024	2 046	2 248
ALENA	1 726	1 745	1 688	1 681	1 786	1 865	1 752	1 827
OCDE	**1 956**	**1 979**	**1 789**	**1 681**	**1 900**	**1 850**	**1 749**	**1 855**

Note : Les données du Danemark, en particulier pour 2013, peuvent être sujettes à révision.

.. Non disponible

1. Informations sur les données concernant Israël : http://oe.cd/israel-disclaimer.

Tableau 15. Densité (Non-vie)

Dollars des États-Unis par habitant

	2007	2008	2009	2010	2011	2012	2013	2014
Australie	986	1 025	1 008	1 196	1 397	1 485	1 463	1 376
Autriche	1 352	1 556	1 504	1 460	1 598	1 511	1 596	1 623
Belgique	1 142	1 260	1 227	1 163	1 258	1 234	1 316	1 364
Canada	1 947	1 994	1 280	1 487	1 652	1 732	1 690	..
Chili	..	..	128	164	209	221	221	208
République tchèque	373	461	414	409	434	383	399	385
Danemark	1 768	1 900	..	..	1 923	1 815	1 839	2 110
Estonie	..	..	256	251	252	307	414	444
Finlande	812	897	869	846	883	813	1 002	1 067
France	1 671	1 396	1 337	1 304	1 419	1 338	1 405	1 418
Allemagne	1 465	1 573	..	..	..	1 565	1 666	1 674
Grèce	319	355	..	347	341	286	268	219
Hongrie	225	240	200	188	182	157	160	161
Islande	1 695	1 326	777	1 100	1 181	1 141	1 166	1 222
Irlande	2 335	2 370	1 924	1 913	1 940	1 859	1 817	1 915
Israël[1]	633	738	699	715	771	743	815	848
Italie	905	960	842	775	829	743	726	704
Japon	532	590	643	666	738	..	..	..
Corée	729	681	670	880	1 050	1 201	1 220	1 442
Luxembourg	3 387	3 272	3 128	3 084	3 484	3 107	4 035	3 570
Mexique	89	91	85	90	105	105	121	118
Pays-Bas	1 715	1 919	1 941	1 499	1 679	1 564	1 553	1 458
Nouvelle-Zélande	769	721	671	763	..	1 027	1 149	1 180
Norvège	1 633	2 084	1 919	1 955	2 226	2 332	2 302	2 303
Pologne	169	216	173	192	217	205	216	214
Portugal	538	562	495	453	475	421	423	424
République slovaque	218	264	257	242	255	232	238	244
Slovénie	871	995	977	923	976	898	903	887
Espagne	942	1 011	928	827	878	796	800	808
Suède	1 503	1 582	1 127	1 206	1 320	1 020	1 180	1 353
Suisse	2 353	3 122	2 875	3 025	3 581	3 458	3 522	3 546
Turquie	105	..	..	108	109	125	142	133
Royaume-Uni	1 537	1 456	1 163	1 214	1 285	1 283	1 323	1 338
États-Unis	2 834	2 832	2 845	2 868	2 978	3 111	3 212	3 492
Union européenne (15 pays)	1 313	1 319	1 138	1 058	1 151	1 177	1 223	1 233
ALENA	2 089	2 090	2 042	2 072	2 159	2 253	2 319	2 571
OCDE	**1 360**	**1 459**	**1 379**	**1 305**	**1 394**	**1 354**	**1 399**	**1 475**

Note : Les données du Danemark, en particulier pour 2013, peuvent être sujettes à révision.

.. Non disponible

1. Informations sur les données concernant Israël : http://oe.cd/israel-disclaimer.

Tableau 16. Pénétration (Vie et Non-vie)

Pourcentage

	2007	2008	2009	2010	2011	2012	2013	2014
Australie	6.1	5.6	5.2	5.0	4.9	4.8	5.1	6.0
Autriche	5.1	5.5	5.7	5.7	5.4	5.2	5.1	5.2
Belgique	9.0	8.1	8.0	7.9	7.5	8.2	7.0	7.0
Canada	7.7	6.6	5.0	4.9	4.8	4.8	4.8	..
Chili	..	..	3.6	3.8	3.9	4.2	4.2	4.2
République tchèque	3.5	3.5	3.6	3.9	3.8	3.7	3.8	3.6
Danemark	8.9	9.2	..	..	9.9	10.0	10.1	10.6
Estonie	..	..	1.7	2.9	2.4	2.7	3.1	3.2
Finlande	3.2	3.1	3.7	4.6	3.6	3.6	4.8	5.1
France	11.0	9.1	10.2	10.2	9.2	8.6	8.8	9.3
Allemagne	6.5	6.4	..	..	..	6.6	6.7	6.5
Grèce	2.2	2.2	..	2.3	2.4	2.3	2.2	2.1
Hongrie	3.6	3.3	3.1	3.1	2.9	2.6	2.6	2.6
Islande	2.7	2.6	2.1	2.9	2.8	2.8	2.7	2.5
Irlande	23.1	19.0	19.6	20.3	18.1	19.9	18.7	20.5
Israël[1]	4.9	5.0	4.9	4.8	4.8	4.8	4.8	4.7
Italie	6.4	5.8	7.5	7.8	6.7	6.5	7.4	8.9
Japon[2]	7.6	8.4	8.9	8.7	9.2	7.0	6.7	7.2
Corée	10.2	10.1	10.2	10.4	10.8	12.7	12.3	12.6
Luxembourg	30.4	28.8	45.7	52.0	32.0	44.4	39.6	44.0
Mexique	1.7	1.7	1.9	1.8	1.9	2.0	2.1	2.1
Pays-Bas	7.7	7.5	7.3	5.8	6.5	6.1	5.8	5.4
Nouvelle-Zélande	2.4	2.3	2.4	2.3	..	2.6	2.7	2.7
Norvège	4.9	5.2	5.5	4.8	4.8	5.1	4.9	5.3
Pologne	3.6	4.6	3.7	3.7	3.6	3.8	3.5	3.2
Portugal	7.6	8.4	7.9	8.6	6.1	6.0	7.3	7.8
République slovaque	2.7	3.0	3.2	3.1	3.0	2.9	3.0	2.9
Slovénie	5.4	5.3	5.3	5.3	5.2	5.3	5.2	5.0
Espagne	5.0	5.3	5.6	5.2	5.5	5.3	5.2	5.1
Suède	6.0	5.7	5.4	4.9	4.7	4.2	4.4	5.1
Suisse	8.8	9.7	9.1	9.0	9.0	9.1	9.3	9.2
Turquie	1.3	..	..	1.3	1.3	1.4	1.6	1.5
Royaume-Uni	20.6	15.5	14.0	12.8	12.0	12.9	11.3	11.0
États-Unis	10.8	10.9	11.1	10.8	11.0	11.2	10.8	11.0
Union européenne (15 pays)	10.0	8.4	9.4	8.9	8.3	8.0	7.9	8.2
ALENA	10.0	9.9	10.1	9.7	9.9	10.0	9.7	10.4
OCDE	**9.3**	**8.8**	**9.3**	**8.8**	**8.7**	**8.4**	**8.3**	**8.7**

Note : Les données du Danemark, en particulier pour 2013, peuvent être sujettes à révision.

.. Non disponible

1. Informations sur les données concernant Israël : http://oe.cd/israel-disclaimer.
2. Pour le Japon, les données se rapportent uniquement au secteur de l'assurance-vie depuis 2012.

Tableau 17. Pénétration (Vie)

Pourcentage

	2007	2008	2009	2010	2011	2012	2013	2014
Australie	4.1	3.5	3.0	2.9	2.9	2.7	2.9	3.8
Autriche	2.2	2.5	2.6	2.5	2.2	2.0	2.0	2.0
Belgique	6.4	5.5	5.3	5.2	4.9	5.4	4.1	4.1
Canada	3.3	2.3	1.9	1.8	1.6	1.6	1.6	..
Chili	..	..	2.4	2.5	2.4	2.8	2.8	2.8
République tchèque	1.4	1.4	1.5	1.8	1.8	1.8	1.8	1.7
Danemark	5.8	6.2	..	..	6.8	6.9	7.0	7.2
Estonie	..	..	..	1.2	1.0	0.9	0.9	1.0
Finlande	1.5	1.4	1.8	2.8	1.9	1.9	2.8	3.0
France	7.1	6.1	1.7	1.7	6.1	5.4	5.6	6.1
Allemagne	3.0	2.9	..	..	..	3.0	3.1	3.0
Grèce	1.1	1.0	..	1.0	1.0	1.0	0.9	1.1
Hongrie	2.0	1.7	1.6	1.7	1.6	1.4	1.5	1.4
Islande	0.2	0.2	0.2	0.2	0.2	0.2	0.2	0.2
Irlande	19.3	15.1	15.9	16.4	14.5	16.1	15.2	17.0
Israël[1]	2.4	2.5	2.4	2.5	2.6	2.5	2.5	2.4
Italie	4.0	3.4	5.2	5.6	4.5	4.3	5.3	6.8
Japon	6.0	6.8	7.2	7.1	7.6	7.0	6.7	7.2
Corée	7.1	6.7	6.6	6.4	6.5	7.8	7.6	7.4
Luxembourg	27.2	25.9	42.6	49.1	28.9	41.4	36.4	41.3
Mexique	0.7	0.8	0.9	0.9	0.9	0.9	1.0	1.0
Pays-Bas	4.3	4.2	3.5	2.8	3.4	2.9	2.8	2.6
Nouvelle-Zélande	..	..	..	..	..	..	..	..
Norvège	3.0	3.1	3.1	2.6	2.6	2.8	2.6	2.9
Pologne	2.1	3.0	2.2	2.2	2.0	2.2	1.9	1.7
Portugal	5.2	6.1	5.7	6.6	4.1	4.0	5.3	5.9
République slovaque	1.3	1.6	1.7	1.7	1.6	1.6	1.7	1.6
Slovénie	1.7	1.7	1.3	1.3	1.3	1.3	1.3	1.3
Espagne	2.2	2.5	2.7	2.5	2.7	2.5	2.5	2.4
Suède	3.2	2.8	3.0	2.6	2.5	2.4	2.4	2.8
Suisse	5.1	5.4	5.0	5.0	4.9	5.0	5.1	5.1
Turquie	0.2	..	..	0.2	0.2	0.2	0.2	0.2
Royaume-Uni	17.5	12.3	10.9	9.6	9.0	9.8	8.2	8.2
États-Unis	4.9	5.0	5.1	4.9	5.1	5.1	4.7	4.5
Union européenne (15 pays)	6.9	5.4	5.2	5.0	5.5	5.1	4.9	5.3
ALENA	4.5	4.5	4.6	4.4	4.5	4.5	4.2	4.3
OCDE	**5.5**	**5.1**	**5.0**	**4.8**	**5.0**	**4.9**	**4.6**	**4.9**

Note : Les données du Danemark, en particulier pour 2013, peuvent être sujettes à révision.

.. Non disponible

1. Informations sur les données concernant Israël : http://oe.cd/israel-disclaimer.

Tableau 18. Pénétration (Non-vie)

Pourcentage

	2007	2008	2009	2010	2011	2012	2013	2014
Australie	2.1	2.1	2.2	2.0	2.0	2.1	2.2	2.2
Autriche	2.9	3.0	3.2	3.1	3.1	3.1	3.2	3.2
Belgique	2.6	2.6	2.7	2.6	2.6	2.8	2.8	2.9
Canada	4.4	4.3	3.1	3.1	3.2	3.3	3.2	..
Chili	..	..	1.3	1.3	1.4	1.5	1.4	1.4
République tchèque	2.0	2.0	2.1	2.1	2.0	1.9	2.0	2.0
Danemark	3.0	3.0	..	..	3.1	3.1	3.0	3.4
Estonie	..	..	1.7	1.7	1.5	1.8	2.2	2.2
Finlande	1.7	1.7	1.8	1.8	1.7	1.7	2.0	2.1
France	3.9	3.0	3.1	3.1	3.1	3.2	3.2	3.2
Allemagne	3.5	3.4	..	..	..	3.6	3.6	3.5
Grèce	1.1	1.1	..	1.3	1.3	1.3	1.3	1.1
Hongrie	1.6	1.5	1.5	1.4	1.3	1.2	1.2	1.1
Islande	2.5	2.4	1.9	2.6	2.6	2.6	2.4	2.3
Irlande	3.8	3.9	3.7	4.0	3.7	3.8	3.5	3.5
Israël[1]	2.5	2.5	2.5	2.3	2.3	2.3	2.2	2.3
Italie	2.4	2.4	2.3	2.2	2.2	2.2	2.1	2.0
Japon	1.6	1.6	1.6	1.6	1.6	..	..	..
Corée	3.2	3.3	3.6	4.0	4.3	4.9	4.7	5.2
Luxembourg	3.2	2.9	3.1	3.0	3.1	2.9	3.2	2.7
Mexique	0.9	0.9	1.1	1.0	1.0	1.0	1.1	1.1
Pays-Bas	3.3	3.4	3.7	3.0	3.1	3.2	3.0	2.8
Nouvelle-Zélande	2.4	2.3	2.4	2.3	..	2.6	2.7	2.7
Norvège	1.9	2.2	2.4	2.2	2.2	2.3	2.2	2.4
Pologne	1.5	1.6	1.5	1.5	1.6	1.6	1.6	1.5
Portugal	2.4	2.3	2.1	2.0	2.0	2.0	2.0	1.9
République slovaque	1.4	1.4	1.6	1.5	1.4	1.3	1.3	1.3
Slovénie	3.7	3.6	4.0	3.9	3.9	4.0	3.9	3.7
Espagne	2.9	2.9	2.9	2.7	2.8	2.8	2.7	2.7
Suède	2.8	2.8	2.4	2.3	2.2	1.8	2.0	2.3
Suisse	3.7	4.3	4.1	4.1	4.1	4.1	4.1	4.1
Turquie	1.1	..	..	1.1	1.0	1.2	1.3	1.3
Royaume-Uni	3.1	3.2	3.1	3.1	3.1	3.1	3.1	2.8
États-Unis	5.9	5.9	6.1	5.9	6.0	6.0	6.1	6.4
Union européenne (15 pays)	3.1	3.0	2.9	2.8	2.8	3.0	3.0	2.9
ALENA	5.5	5.4	5.5	5.4	5.4	5.5	5.5	6.1
OCDE	**3.8**	**3.7**	**3.9**	**3.7**	**3.7**	**4.1**	**4.1**	**4.3**

Note : Les données du Danemark, en particulier pour 2013, peuvent être sujettes à révision.

.. Non disponible

1. Informations sur les données concernant Israël : http://oe.cd/israel-disclaimer.

Tableau 19. Part de l'assurance-vie

Pourcentage de l'assurance total

Pourcentage

	2007	2008	2009	2010	2011	2012	2013	2014
Australie	61.9	59.4	55.9	57.0	56.7	53.6	54.9	61.1
Autriche	40.8	40.2	..	..	..	..	34.1	35.5
Belgique	70.6	66.7	64.8	65.0	63.2	64.7	57.7	56.5
Canada	46.0	33.9	35.6	35.6	34.0	32.1	32.9	..
Chili	..	..	65.1	66.0	62.5	65.5	66.5	65.8
République tchèque	40.7	40.7	41.8	46.0	46.4	46.9	45.7	45.1
Danemark	65.5	67.5	..	..	68.2	68.7	95.4	67.7
Estonie	..	..	..	40.6	39.8	33.9	29.3	30.3
Finlande	45.9	45.3	49.1	59.5	51.2	51.2	56.8	57.4
France	59.8	64.4	16.9	17.2	63.9	62.1	62.4	64.2
Allemagne	41.8	42.1	46.2	47.9	45.7	35.5	36.0	35.9
Grèce	48.4	47.1	46.0	43.3	43.7	43.2	41.4	49.5
Hongrie	54.9	52.5	50.3	53.2	54.6	53.0	54.5	54.8
Islande	8.0	7.3	9.5	7.5	7.3	7.3	7.9	8.2
Irlande	83.6	79.6	80.9	80.3	79.2	80.3	80.6	82.2
Israël[1]	48.3	50.0	49.1	51.6	52.8	52.9	52.9	51.7
Italie	61.9	59.2	69.0	71.8	67.1	66.5	71.4	76.8
Japon[2]	76.9	79.6	80.0	80.2	80.7	100.0	100.0	100.0
Corée	66.3	63.8	62.0	59.6	57.5	59.0	59.3	56.8
Luxembourg	89.4	89.8	93.2	94.3	90.4	93.4	91.9	93.9
Mexique	43.6	44.6	44.0	46.1	44.7	46.2	46.1	46.8
Pays-Bas	56.1	54.6	50.8	51.1	51.4	47.6	47.4	47.7
Nouvelle-Zélande	..	..	..	..	..	..	..	..
Norvège	61.0	58.7	..	53.6	53.7	54.6	54.2	55.3
Pologne	58.3	65.7	58.9	58.0	55.7	58.1	54.0	52.2
Portugal	67.4	71.0	70.8	74.6	64.2	63.3	70.5	72.9
République slovaque	49.6	52.3	51.5	53.0	53.2	53.9	55.5	54.3
Slovénie	21.8	29.3	21.9	22.4	22.0	22.1	22.4	22.9
Espagne	40.8	44.0	47.6	47.6	46.9	46.4	44.6	43.9
Suède	49.8	46.7	50.8	48.8	49.6	54.0	52.2	51.8
Suisse	52.6	51.2	47.7	47.4	48.4	47.9	48.2	48.5
Turquie	12.2	13.4	17.0	17.5	18.3	15.4	15.7	12.3
Royaume-Uni	83.2	76.3	76.0	73.6	73.5	75.4	72.4	73.4
États-Unis	39.1	39.8	39.4	39.3	40.1	40.3	38.5	36.2
Union européenne (15 pays)	65.7	61.9	53.2	53.5	62.1	60.0	63.4	60.6
ALENA	39.5	39.5	39.3	39.2	39.9	40.1	38.4	36.3
OCDE	**53.8**	**52.4**	**49.1**	**49.5**	**52.8**	**53.2**	**52.8**	**50.5**

Note : Les données du Danemark, en particulier pour 2013, peuvent être sujettes à révision.

.. Non disponible

1. Informations sur les données concernant Israël : http://oe.cd/israel-disclaimer.
2. Pour le Japon, les données se rapportent uniquement au secteur de l'assurance-vie depuis 2012.

Tableau 20. Total des primes brutes directes par employé d'entreprise d'assurances

Dollars des États-Unis

	2007	2008	2009	2010	2011	2012	2013	2014
Australie	..	..	..	..	..	..	..	..
Autriche	..	..	814 208	794 660	830 997	765 719	794 995	815 669
Belgique	885 264	885 960	873 445	907 895	..	..	..	..
Canada	473 333	419 237	..	..	..	..	..	..
Chili	..	..	316 624	406 784	448 418	486 680	493 630	454 448
République tchèque	79 430	86 817	67 234	..	..	..	..	..
Danemark	..	..	..	..	2 097 068	2 053 203	2 214 553	2 156 234
Estonie	..	..	197 415	..	208 831	224 331	200 130	221 713
Finlande	1 041 763	924 474	962 444	1 198 105	1 028 201	950 036	1 363 097	1 512 917
France	..	..	..	..	..	..	..	..
Allemagne	1 287 957	1 512 280	..	..	..	1 509 539	1 607 034	1 647 045
Grèce	252 823	276 437	..	..	..	..	..	..
Hongrie	175 687	171 032	..	146 057	151 835	143 777	157 505	161 497
Islande	..	..	445 044	613 283	624 066	..	665 945	732 101
Irlande	..	..	..	..	4 522 881	5 147 980	5 003 319	..
Israël[1]	773 726	446 027	..	..	..	..	..	..
Italie	570 416	543 973	622 237	632 729	572 607	516 520	588 330	728 171
Japon[2]	..	..	..	..	..	..	131 613	131 857
Corée	360 691	295 584	326 959	347 558	388 025	442 799	466 446	580 244
Luxembourg	1 342 809	1 279 499	1 743 817	1 972 261	1 408 782	1 776 942	1 555 708	4 322 768
Mexique	401 154	406 067	365 006	397 544	447 293	457 928	436 600	403 063
Pays-Bas	..	..	..	..	..	..	..	..
Nouvelle-Zélande	347 236	329 612	302 335	343 935	..	425 593	473 328	..
Norvège	3 696 520	..	..	2 109 913	..	..	..	..
Pologne	154 987	258 755	166 915	181 134	181 384	198 414	169 359	183 474
Portugal	491 883	562 164	512 168	561 281	414 204	389 304	490 742	550 797
République slovaque	78 670	..	376 306	389 852	417 737	378 615	..	403 092
Slovénie	237 937	266 833	212 040	..	..	..	..	..
Espagne	1 458 599	1 660 291	1 630 412	1 462 201	..	..	424 502	402 933
Suède	1 327 570	1 298 182	1 065 378	1 131 907	1 265 735	1 074 292	1 211 047	..
Suisse	..	..	1 200 168	..	..	..	..	..
Turquie	..	..	..	302 766	370 402	323 523	379 163	335 313
Royaume-Uni	..	..	..	..	..	..	..	..
États-Unis	..	..	..	..	..	..	..	..
Union européenne (15 pays)	892 562	945 008	818 419	827 056	807 909	981 903	911 880	927 771
ALENA	462 150	417 162	365 006	397 544	447 293	457 928	436 600	403 063
OCDE	**577 055**	**570 931**	**528 521**	**558 727**	**535 189**	**670 020**	**320 315**	**323 725**

Note : Les données du Danemark, en particulier pour 2013, peuvent être sujettes à révision.

.. Non disponible

1. Informations sur les données concernant Israël : http://oe.cd/israel-disclaimer.
2. Pour le Japon, les données se rapportent uniquement au secteur de l'assurance-vie depuis 2012.

Tableau 21. Taux de rétention (Vie et Non-vie)

Pourcentage

	2007	2008	2009	2010	2011	2012	2013	2014
Australie	86.8	85.7	85.7	85.2	84.5	84.1	84.5	86.0
Autriche	77.9	82.0	..	..	..	..	81.3	83.6
Belgique	95.5	..	94.2	94.0	95.1	92.6	91.2	88.7
Canada	78.7	84.9	78.4	78.9	75.2	73.3	73.1	..
Chili	..	..	81.6	..	80.6	83.1	84.4	84.0
République tchèque	82.5	82.2	83.2	82.4	81.5	81.3	80.6	80.3
Danemark	97.2	..	..	..	95.8	96.3	99.4	97.2
Estonie	..	..	..	95.2	95.1	..	..	..
Finlande	96.2	96.0	99.5	97.2	96.7	96.7	97.4	97.6
France	90.1	89.7	91.7	91.4	89.9	89.2	89.3	91.0
Allemagne	88.0	88.8	..	..	..	90.2	89.7	89.0
Grèce	88.8	88.1	48.6	88.2	83.3	88.1	79.8	87.6
Hongrie	86.4	87.6	84.1	84.0	83.9	83.3	86.1	86.1
Islande	93.3	92.7	92.6	92.2	92.9	93.3	93.9	94.4
Irlande	90.1	58.3	90.0	89.0	86.7	88.4	87.8	89.2
Israël[1]	87.3	86.6	84.2	86.0	85.6	85.7	87.3	88.5
Italie	94.1	94.3	95.4	95.9	95.5	95.1	96.2	97.1
Japon[2]	93.5	92.5	93.9	94.1	93.3	94.1	94.9	94.3
Corée	95.4	95.2	92.9	93.8	94.6	95.0	94.7	94.7
Luxembourg	90.7	77.8	73.1	73.9	78.4	68.6	74.9	71.8
Mexique	84.5	85.7	81.9	85.4	82.3	83.8	82.6	83.9
Pays-Bas	92.5	92.4	92.4	91.3	86.2	92.0	92.3	89.4
Nouvelle-Zélande	109.0	115.4	113.7	122.4	..	112.4	107.9	111.2
Norvège	92.5	94.0	85.4	..	..	93.0	92.9	93.1
Pologne	95.1	96.9	95.3	93.7	93.3	92.7	92.7	92.4
Portugal	93.2	93.3	51.0	93.5	91.1	89.6	91.1	92.0
République slovaque	83.1	87.3	87.5	86.9	85.5	85.6	85.8	85.3
Slovénie	104.4	93.9	86.5	87.3	87.2	87.1	87.8	86.9
Espagne	90.7	91.0	92.0	92.4	93.0	92.5	90.0	91.3
Suède	93.5	92.9	92.3	92.6	92.9	92.2	92.7	93.2
Suisse	52.6	51.9	93.2	91.8	93.0	92.5	92.6	92.9
Turquie	71.5	72.5	73.9	76.9	74.9	77.9	75.6	75.0
Royaume-Uni	90.9	90.0	90.3	89.6	88.4	87.7	87.4	84.8
États-Unis	72.8	72.7	70.2	73.9	74.0	73.6	71.3	74.9
Union européenne (15 pays)	90.7	88.4	90.6	91.3	90.4	89.9	90.9	89.5
ALENA	73.3	73.4	70.6	74.2	74.1	73.7	71.5	75.0
OCDE	**82.4**	**81.2**	**80.4**	**82.5**	**82.2**	**82.1**	**81.5**	**82.7**

Note : Les données du Danemark, en particulier pour 2013, peuvent être sujettes à révision.

.. Non disponible

1. Informations sur les données concernant Israël : http://oe.cd/israel-disclaimer.
2. Pour le Japon, les données se rapportent uniquement au secteur de l'assurance-vie depuis 2012.

Tableau 22. Taux de rétention (Vie)

Pourcentage

	2007	2008	2009	2010	2011	2012	2013	2014
Australie	95.1	94.0	92.3	91.8	91.9	92.1	92.3	92.5
Autriche	82.6	95.1	..	..	..	..	96.7	97.4
Belgique	98.6	..	97.8	97.8	97.6	97.7	97.0	97.6
Canada	72.9	85.0	79.4	78.5	75.6	73.9	75.2	..
Chili	..	..	96.0	..	96.3	97.4	98.0	97.7
République tchèque	97.5	97.4	97.5	97.8	96.1	95.0	93.9	93.0
Danemark	99.7	..	..	..	99.7	99.7	100.0	99.8
Estonie	..	..	..	99.1	98.9	..	..	..
Finlande	99.4	98.8	99.0	99.3	99.0	99.0	99.4	99.5
France	92.5	92.9	92.1	89.2	93.1	92.9	92.5	94.1
Allemagne	94.4	94.9	..	..	..	96.9	96.8	97.0
Grèce	95.9	95.1	94.9	94.8	84.8	95.1	94.8	95.6
Hongrie	92.3	92.3	91.4	92.8	93.1	93.6	95.0	96.3
Islande	85.5	83.0	81.1	84.2	82.0	82.5	83.9	82.3
Irlande	93.2	55.6	93.8	93.5	91.3	94.4	93.7	94.0
Israël[1]	95.6	95.5	94.6	95.0	95.0	95.2	95.3	95.2
Italie	97.3	97.3	98.2	98.4	98.2	98.3	98.8	99.0
Japon	97.3	95.2	97.0	97.2	96.4	94.1	94.9	94.3
Corée	99.8	99.9	96.1	97.2	98.5	98.8	98.8	98.8
Luxembourg	94.1	79.0	73.6	74.1	80.0	68.9	76.4	72.1
Mexique	96.5	97.0	97.3	97.4	94.6	94.8	95.3	96.6
Pays-Bas	97.3	97.2	95.8	95.8	94.6	94.9	95.4	89.6
Nouvelle-Zélande	..	..	..	..	..	..	..	..
Norvège	97.8	99.1	..	..	..	98.6	98.8	98.9
Pologne	98.8	99.6	98.1	98.2	99.1	97.6	98.6	98.5
Portugal	98.5	98.6	39.3	98.5	97.9	96.4	97.0	97.7
République slovaque	95.6	98.1	99.2	99.2	98.3	98.4	98.4	98.2
Slovénie	167.6	110.9	98.0	98.1	97.6	97.5	97.2	96.9
Espagne	99.5	99.3	98.3	98.1	98.0	94.7	93.9	96.4
Suède	97.5	97.4	97.4	98.0	98.0	99.1	98.7	99.5
Suisse	100.1	101.4	99.2	99.3	99.3	99.4	99.3	99.4
Turquie	96.2	95.9	89.3	89.3	90.5	95.1	95.7	94.8
Royaume-Uni	93.4	92.8	93.7	92.7	90.4	89.0	88.9	85.4
États-Unis	84.5	83.8	76.9	84.7	84.3	83.5	77.4	88.3
Union européenne (15 pays)	94.2	91.3	93.2	93.8	93.4	92.7	94.5	92.6
ALENA	83.7	84.0	77.2	84.6	84.1	83.3	77.6	88.4
OCDE	**91.2**	**89.7**	**87.4**	**90.8**	**90.6**	**89.8**	**88.7**	**91.8**

Note : Les données du Danemark, en particulier pour 2013, peuvent être sujettes à révision.
.. Non disponible
1. Informations sur les données concernant Israël : http://oe.cd/israel-disclaimer.

Tableau 23. Taux de rétention (Non-vie)

Pourcentage

	2007	2008	2009	2010	2011	2012	2013	2014
Australie	73.4	73.7	77.2	76.6	74.9	74.9	75.0	75.7
Autriche	74.7	73.1	..	..	..	..	73.2	76.0
Belgique	87.8	..	87.7	83.2	87.0	83.2	83.4	77.2
Canada	83.7	84.9	77.8	79.1	75.0	73.0	72.1	..
Chili	..	..	54.8	..	54.4	55.9	57.6	57.7
République tchèque	72.3	71.8	72.9	69.2	68.8	69.2	69.4	69.8
Danemark	92.4	..	..	..	87.3	88.9	88.1	91.7
Estonie	..	..	..	92.6	92.5	..	..	..
Finlande	93.5	93.7	100.0	94.2	94.3	94.3	94.7	95.0
France	86.5	83.8	85.2	84.9	84.2	83.2	84.1	85.3
Allemagne	83.5	84.4	..	..	..	86.5	85.7	84.6
Grèce	82.1	81.8	81.7	83.2	82.2	82.9	69.1	79.8
Hongrie	79.1	82.3	76.7	74.1	72.9	71.6	75.3	73.6
Islande	94.0	93.5	93.8	92.9	93.7	94.2	94.7	95.5
Irlande	74.2	69.1	74.2	70.9	69.3	64.1	63.1	67.1
Israël[1]	79.5	77.7	74.2	76.4	75.1	75.0	78.2	81.2
Italie	89.0	90.0	89.2	89.4	90.0	89.0	89.9	90.5
Japon	80.8	82.0	81.7	81.4	80.2	..	..	..
Corée	86.5	86.8	87.5	88.8	89.4	89.5	88.6	89.5
Luxembourg	62.9	67.7	67.4	70.7	64.1	64.3	58.5	65.9
Mexique	75.3	76.6	69.9	75.1	72.5	74.4	71.7	72.8
Pays-Bas	86.2	86.6	89.0	86.6	77.2	89.4	89.5	89.2
Nouvelle-Zélande	89.4	88.2	87.1	87.0	..	78.7	77.5	80.0
Norvège	84.2	86.8	85.4	..	..	86.2	85.9	85.9
Pologne	89.8	91.8	91.3	87.6	85.9	85.9	85.8	85.8
Portugal	82.3	80.4	79.4	78.6	78.8	77.9	76.9	76.8
République slovaque	70.7	75.5	75.2	73.0	71.0	70.7	70.1	69.9
Slovénie	86.8	86.8	83.2	84.2	84.3	84.2	85.1	84.0
Espagne	84.6	84.5	86.2	87.3	88.5	90.5	86.8	87.3
Suède	89.5	88.9	87.0	87.4	87.9	84.0	86.1	86.5
Suisse	..	158.2	87.7	85.2	87.0	86.1	86.4	86.7
Turquie	68.1	68.9	70.8	74.3	71.4	74.8	71.9	72.2
Royaume-Uni	78.9	81.0	79.8	81.0	82.8	83.8	83.4	83.2
États-Unis	65.4	65.3	65.9	66.9	67.1	66.9	67.4	67.3
Union européenne (15 pays)	84.0	83.7	84.9	84.6	84.6	85.5	84.8	84.8
ALENA	66.5	66.6	66.4	67.5	67.5	67.3	67.7	67.4
OCDE	**72.9**	**73.9**	**71.9**	**72.6**	**72.7**	**73.3**	**73.5**	**73.3**

Note : Les données du Danemark, en particulier pour 2013, peuvent être sujettes à révision.

.. Non disponible

1. Informations sur les données concernant Israël : http://oe.cd/israel-disclaimer.

Tableau 24. Taux de réassurance acceptée (Vie et Non-vie)

Pourcentage

	2007	2008	2009	2010	2011	2012	2013	2014
Australie	9.7	9.8	9.3	9.1	10.0	11.1	10.9	10.1
Autriche	12.4	10.8	..	..	..	..	12.0	9.6
Belgique	1.4	1.9	1.8	2.9	3.1	2.7	3.2	3.5
Canada	17.6	10.2	8.7	7.7	8.2	8.5	9.7	..
Chili	..	..	0.4	0.3	0.3	0.5	0.5	0.6
République tchèque	0.5	0.6	0.9	1.4	1.7	1.9	1.8	1.6
Danemark	0.6	0.4	..	..	0.3	0.8	..	0.8
Estonie	..	..	0.1	-	0.1	..	..	..
Finlande	2.3	2.2	2.0	1.5	1.9	1.9	1.5	1.4
France	10.1	8.3	8.3	8.9	8.7	10.7	10.1	10.5
Allemagne	20.6	20.7	..	..	..	23.2	22.4	22.4
Grèce	1.8	1.9	..	1.2	1.7	2.0	2.3	1.2
Hongrie	0.4	0.6	0.5	0.6	0.7	1.0	1.3	0.9
Islande	1.7	3.4	1.0	0.8	1.9	2.3	2.3	2.5
Irlande	1.6	40.1	1.1	1.2	1.6	2.0	1.8	1.9
Israël[1]	..	-	-	-	-	..	..	..
Italie	3.6	2.7	2.1	2.1	2.5	2.5	2.4	1.8
Japon[2]	6.0	5.4	5.2	4.2	4.4	9.9	7.4	5.5
Corée	6.4	7.2	7.1	6.1	5.4	4.9	5.2	5.0
Luxembourg	0.1	0.1	0.1	0.7	1.9	1.3	0.9	1.2
Mexique	1.6	1.7	1.7	1.6	2.0	1.8	1.7	1.8
Pays-Bas	1.0	1.4	7.1	7.1	0.7	1.4	1.5	1.5
Nouvelle-Zélande	1.9	2.3	2.1	1.6	..	1.3	0.6	0.6
Norvège	0.2	0.1	0.2	..	..	..	..	..
Pologne	1.1	0.9	1.1	1.1	0.9	1.0	1.2	1.0
Portugal	2.5	2.6	2.8	2.8	3.7	4.1	3.5	3.3
République slovaque	-	0.2	0.6	0.6	0.9	1.0	0.9	1.4
Slovénie	-	..	12.0	12.1	12.0	12.3	11.3	11.3
Espagne	5.6	5.5	2.0	2.0	6.0	2.6	7.7	7.8
Suède	6.3	7.0	8.2	7.2	6.0	7.9	6.3	6.5
Suisse	8.7	7.5	13.9	14.7	12.3	13.5	14.5	13.8
Turquie	-	..	..	4.0	3.2	2.9	2.7	5.0
Royaume-Uni	5.1	5.1	5.6	5.7	7.9	8.1	9.7	9.9
États-Unis	21.5	21.5	20.9	20.4	20.5	20.7	21.5	21.8
Union européenne (15 pays)	7.9	9.9	5.2	5.3	5.9	10.0	20.8	10.3
ALENA	21.1	20.8	20.3	19.8	19.8	20.1	20.8	21.5
OCDE	**13.9**	**14.4**	**13.4**	**13.0**	**13.1**	**15.0**	**18.7**	**15.4**

Note : Les données du Danemark, en particulier pour 2013, peuvent être sujettes à révision.

.. Non disponible ; - Néant

1. Informations sur les données concernant Israël : http://oe.cd/israel-disclaimer.
2. Pour le Japon, les données se rapportent uniquement au secteur de l'assurance-vie depuis 2012.

Tableau 25. Taux de réassurance acceptée (Vie)

Pourcentage

	2007	2008	2009	2010	2011	2012	2013	2014
Australie	3.8	4.3	5.5	5.8	6.4	7.6	8.1	7.5
Autriche	1.1	0.8	..	..	..	..	0.2	0.2
Belgique	0.3	0.2	0.2	0.4	0.5	0.2	0.4	0.4
Canada	23.3	7.5	4.1	6.9	8.3	8.8	9.7	..
Chili	..	..	0.1	0.1	0.1	0.0	0.0	0.1
République tchèque	0.0	0.0	0.0	0.0	0.0	0.0	0.0	0.0
Danemark	0.1	0.1	..	..	0.0	0.6	89.0	0.5
Estonie	..	..	..	-	-	..	..	..
Finlande	0.2	0.2	0.1	0.1	0.1	0.1	0.1	0.2
France	5.0	6.2	11.2	12.0	5.6	9.1	8.0	8.9
Allemagne	13.0	13.2	..	..	..	0.7	0.7	0.6
Grèce	0.3	0.2	..	0.3	1.1	0.2	0.2	0.2
Hongrie	0.0	0.0	0.0	0.0	0.0	0.0	0.0	0.0
Islande	-	-	-	-	-	-	-	-
Irlande	1.6	40.2	0.8	0.9	0.9	1.2	1.1	1.1
Israël[1]	..	-	-	-	-	..	..	..
Italie	3.3	3.2	2.2	2.1	2.4	2.6	1.9	1.3
Japon	2.9	3.2	3.2	1.8	2.0	9.9	7.4	5.5
Corée	3.4	3.9	3.8	2.7	1.4	1.1	1.1	1.1
Luxembourg	0.0	0.0	0.1	0.7	1.9	1.3	1.0	1.3
Mexique	0.8	0.9	0.8	0.6	0.6	0.5	0.6	0.7
Pays-Bas	0.3	0.2	11.2	11.2	0.1	0.1	0.0	0.0
Nouvelle-Zélande	..	..	..	..	..	..	..	..
Norvège	..	..	..	..	..	..	..	..
Pologne	0.2	0.1	0.2	0.2	0.1	0.1	0.1	0.1
Portugal	0.2	0.0	0.1	0.2	0.0	0.0	0.0	0.0
République slovaque	-	..	-	-	-	-	-	-
Slovénie	-	..	-	-	-	..	..	..
Espagne	1.8	1.2	0.2	0.1	1.1	0.2	1.3	1.6
Suède	0.5	0.3	0.3	0.3	0.2	2.3	0.2	0.1
Suisse	0.6	1.1	0.9	1.0	0.5	1.1	1.5	1.4
Turquie	-	..	..	1.7	2.0	1.6	2.1	1.5
Royaume-Uni	3.3	1.2	3.2	3.4	6.8	7.1	9.3	9.0
États-Unis	8.8	8.9	8.4	8.4	9.2	9.8	11.3	10.4
Union européenne (15 pays)	4.0	6.3	3.4	3.4	4.2	4.6	22.1	4.8
ALENA	9.8	8.7	8.2	8.2	9.1	9.6	11.1	10.3
OCDE	**5.8**	**6.5**	**5.3**	**5.0**	**5.5**	**7.4**	**14.4**	**6.7**

Note : Les données du Danemark, en particulier pour 2013, peuvent être sujettes à révision.

.. Non disponible ; - Néant

1. Informations sur les données concernant Israël : http://oe.cd/israel-disclaimer.

Tableau 26. Taux de réassurance acceptée (Non-vie)

Pourcentage

	2007	2008	2009	2010	2011	2012	2013	2014
Australie	19.4	17.9	14.0	13.6	14.8	15.2	14.2	14.3
Autriche	20.2	17.6	..	..	..	..	18.2	14.7
Belgique	4.0	5.2	4.8	7.4	7.5	7.3	7.1	7.6
Canada	12.8	11.6	11.3	8.1	8.2	8.3	9.7	..
Chili	..	..	0.8	0.6	0.7	1.2	1.4	1.5
République tchèque	0.9	1.0	1.5	2.6	3.2	3.5	3.3	2.9
Danemark	1.7	1.1	..	..	0.8	1.1	1.1	1.3
Estonie	..	..	0.1	-	0.1	..	..	..
Finlande	4.2	3.9	3.7	3.5	3.7	3.7	3.3	3.0
France	17.7	12.1	12.6	13.1	14.0	13.3	13.4	13.3
Allemagne	26.1	26.1	..	..	..	35.6	34.6	34.7
Grèce	3.3	3.3	..	1.8	2.1	3.3	3.7	2.2
Hongrie	0.9	1.2	1.1	1.2	1.5	2.2	2.9	1.9
Islande	1.8	3.6	1.1	0.9	2.0	2.5	2.5	2.7
Irlande	1.4	39.9	2.0	2.4	4.1	5.3	5.0	5.3
Israël[1]	..	-	-	-	-	..	..	..
Italie	4.2	1.9	2.1	2.2	2.6	2.4	3.4	3.4
Japon	16.1	13.9	13.2	13.7	14.3	..	..	..
Corée	12.2	13.0	12.5	11.0	10.7	10.2	11.1	10.1
Luxembourg	0.4	0.7	0.3	0.3	2.0	1.3	0.3	0.2
Mexique	2.3	2.4	2.4	2.4	3.1	2.9	2.7	2.7
Pays-Bas	2.0	2.8	2.8	2.8	1.5	2.5	2.9	2.8
Nouvelle-Zélande	1.9	2.3	2.1	1.6	..	1.3	0.6	0.6
Norvège	0.4	0.3	0.2	..	..	..	..	..
Pologne	2.4	2.5	2.3	2.2	1.9	2.3	2.5	2.1
Portugal	7.2	8.8	9.4	10.3	10.3	11.0	11.7	12.3
République slovaque	-	0.5	1.2	1.2	1.9	2.1	2.1	3.1
Slovénie	-	..	15.4	15.6	15.4	15.8	14.6	14.6
Espagne	8.2	8.9	3.6	3.8	10.3	4.8	12.9	12.6
Suède	11.9	12.9	16.4	13.8	11.8	14.6	12.9	13.5
Suisse	17.7	14.3	25.7	27.0	23.3	24.9	26.6	25.4
Turquie	-	..	..	4.5	3.5	3.1	2.8	5.4
Royaume-Uni	14.3	17.4	13.3	12.2	11.0	11.2	10.9	12.6
États-Unis	29.7	29.9	29.1	28.2	28.1	28.2	27.8	28.2
Union européenne (15 pays)	15.4	15.7	8.5	8.7	9.1	18.1	18.6	18.9
ALENA	28.6	28.6	28.2	27.2	26.9	27.0	26.8	28.0
OCDE	**23.3**	**23.3**	**22.6**	**22.0**	**21.7**	**23.6**	**23.5**	**24.4**

Note : Les données du Danemark, en particulier pour 2013, peuvent être sujettes à révision.

.. Non disponible ; - Néant

1. Informations sur les données concernant Israël : http://oe.cd/israel-disclaimer.

Tableau 27. Part du marché national détenue par les entreprises étrangères (Vie)

Pourcentage

	2007	2008	2009	2010	2011	2012	2013	2014
Australie	30.3	32.8	28.7	15.0	10.3	15.8	16.8	15.5
Autriche	22.0	32.2	..	..	..	..	37.5	39.2
Belgique	..	..	..	..	..	..	..	..
Canada	15.9	20.3	10.9	10.1	7.9	6.3	5.6	..
Chili	..	..	53.7	49.0	37.6	43.7	46.7	45.0
République tchèque	85.9	97.5	97.2	97.4	97.2	97.1	96.8	96.7
Danemark	16.8	18.1	..	..	20.4	19.3	2.5	19.5
Estonie	..	..	..	100.0	100.0	100.0	100.0	100.0
Finlande	..	..	36.1	..	..	38.3	42.0	43.0
France	0.5	..	..	..	..	..	..	..
Allemagne	22.8	24.3	26.8	27.0	27.4	30.1	27.4	26.0
Grèce	50.8	12.1	59.3	57.2	63.4	63.3	53.8	48.0
Hongrie	85.6	89.3	95.9	93.4	92.8	93.5	95.6	96.2
Islande	-	-	2.0	3.0	3.6	3.9	4.3	5.0
Irlande	2.8	2.1	3.3	8.2	4.7	3.9	4.9	4.5
Israël[1]	30.7	30.5	30.6	30.6	30.4	0.3	0.4	0.4
Italie	37.7	31.2	30.8	30.2	30.1	27.4	28.9	31.3
Japon	24.8	20.1	17.8	17.6	19.2	22.4	20.7	20.1
Corée	21.3	22.1	20.1	19.7	18.9	16.3	16.1	13.2
Luxembourg	97.2	97.1	96.6	95.1	95.6	94.6	96.2	96.4
Mexique[2]	69.6	71.2	74.0	72.5	69.9	71.1	6.3	74.0
Pays-Bas	27.8	25.2	22.5	25.2	21.1	21.1	19.2	4.6
Nouvelle-Zélande	..	..	..	..	..	..	..	..
Norvège	10.0	8.7	..	9.7	9.3	10.7	12.3	13.3
Pologne	63.2	51.9	49.4	49.8	50.9	51.1	48.8	50.0
Portugal	6.4	5.9	7.1	5.8	9.3	7.9	6.8	54.0
République slovaque	89.7	90.9	91.6	91.0	90.4	90.2	90.4	90.0
Slovénie	31.6	19.6	16.7	16.6	17.1	16.8	17.6	17.2
Espagne	20.5	5.6	10.0	10.3	8.8	19.1	12.4	12.8
Suède	32.7	21.2	14.0	16.8	17.3	18.4	19.5	23.2
Suisse	38.9	1.3	3.3	30.5	29.9	30.6	31.2	27.9
Turquie	28.4	45.3	50.5	27.5	27.7	27.1	47.1	47.9
Royaume-Uni	22.2	19.6	20.6	18.8	21.0	26.4	23.3	16.0
États-Unis	23.7	22.3	25.6	20.6	19.8	19.6	20.0	21.0

Note : Les données du Danemark, en particulier pour 2013, peuvent être sujettes à révision.

.. Non disponible ; - Néant

1. Informations sur les données concernant Israël : http://oe.cd/israel-disclaimer.
2. Les données du Mexique, en particulier pour 2013, peuvent être sujettes à révision.

Tableau 28. Part du marché des entreprises étrangères dans le marché national (Vie)
Succursales ou agences d'entreprises

Pourcentage

	2007	2008	2009	2010	2011	2012	2013	2014
Australie	-	-	..	..	..	..	..	..
Autriche	-	-	..	..	..	..	-	-
Belgique	..	..	..	..	..	..	..	..
Canada	4.0	6.2	2.6	2.8	2.4	2.6	2.2	..
Chili	..	..	-	-	..	..	..	..
République tchèque	13.4	13.9	10.2	8.4	8.3	8.1	7.5	7.2
Danemark	..	-	..	..	..	..	..	..
Estonie	..	..	..	-	-	2.9	2.5	2.7
Finlande	..	..	..	..	..	..	..	..
France	0.5	..	..	..	..	..	..	..
Allemagne	1.1	1.2	1.2	0.4	3.1	4.0	4.0	3.9
Grèce	0.2	12.1	12.9	13.6	6.2	0.4	-	-
Hongrie	-	..	..	..	..	..	..	..
Islande	-	-	-	-	-	..	..	..
Irlande	2.8	2.1	3.3	8.2	4.7	3.9	4.9	4.5
Israël[1]	-	..	-	-	..	..	..	..
Italie	4.7	2.8	-	-	-	-	-	-
Japon	8.2	7.4	7.3	7.7	9.2	5.5	4.9	4.2
Corée	3.9	4.0	3.2	2.9	2.7	2.2	2.2	2.4
Luxembourg	0.6	0.5	0.5	0.2	0.4	0.3	0.5	0.1
Mexique	..	..	..	..	..	..	..	..
Pays-Bas	5.3	3.0	2.7	3.0	2.7	2.7	2.0	-
Nouvelle-Zélande	..	..	..	..	..	..	..	..
Norvège	1.6	1.3	..	1.2	1.0	0.8	1.3	1.4
Pologne	-	-	-	..	..	..	..	..
Portugal	0.7	0.6	0.7	0.5	0.8	-	-	-
République slovaque	..	..	3.8	4.2	4.5	4.3	5.4	4.4
Slovénie	-	0.2	..	..	..	..	..	..
Espagne	0.4	0.3	0.2	0.3	0.3	0.2	-	-
Suède	16.2	4.9	..	..	..	..	..	1.6
Suisse	1.2	1.3	3.3	4.0	1.6	2.1	1.5	0.0
Turquie	-	-	..	-	..	..	..	..
Royaume-Uni	4.0	4.3	0.3	0.9	0.1	0.0	-	0.0
États-Unis	-	-	-	-	-	..	..	..

Note : Les données du Danemark, en particulier pour 2013, peuvent être sujettes à révision.

.. Non disponible ; - Néant

1. Informations sur les données concernant Israël : http://oe.cd/israel-disclaimer.

Tableau 29. Part du marché national détenue par les entreprises étrangères (Non-vie)

Pourcentage

	2007	2008	2009	2010	2011	2012	2013	2014
Australie	25.4	26.3	28.6	28.7	27.3	27.1	27.7	28.7
Autriche	39.1	41.1	..	..	..	..	35.2	37.5
Belgique	..	..	..	..	..	..	..	..
Canada	37.8	37.5	30.1	30.9	29.8	29.0	27.9	..
Chili	..	..	67.9	66.8	66.5	65.7	63.7	63.5
République tchèque	92.1	92.2	90.9	89.0	88.6	88.6	88.2	89.4
Danemark	18.1	14.5	..	..	16.0	16.6	16.4	27.5
Estonie	..	..	74.0	91.7	90.4	92.7	94.3	95.1
Finlande	-	..	24.3	..	..	25.0	23.8	23.7
France	0.2	0.3	0.3	0.1	0.1	0.1	0.1	0.1
Allemagne	19.5	18.6	17.5	17.1	18.2	13.2	14.0	14.5
Grèce	30.4	5.6	35.3	33.8	36.6	41.2	34.5	41.2
Hongrie	85.3	85.5	95.0	97.3	96.8	95.7	94.9	94.7
Islande	-	-	11.8	9.2	9.7	9.9	10.4	10.9
Irlande	11.2	7.4	8.2	8.9	8.2	17.6	14.3	24.3
Israël[1]	12.4	12.4	11.4	11.1	11.2	3.3	3.3	3.4
Italie	34.8	33.2	30.0	27.3	27.6	27.5	27.8	28.9
Japon	6.2	6.6	10.2	10.9	12.8	..	..	..
Corée	1.5	1.5	5.4	4.7	3.9	3.8	4.0	3.7
Luxembourg	64.5	60.6	62.0	61.6	62.7	58.9	52.1	53.3
Mexique[2]	51.5	53.7	50.0	53.5	51.1	52.4	9.7	48.7
Pays-Bas	22.5	17.0	17.0	17.0	29.4	29.4	22.7	11.6
Nouvelle-Zélande	..	..	..	..	..	..	..	..
Norvège	35.4	44.9	43.3	42.6	42.3	43.9	43.4	41.1
Pologne	46.9	51.0	56.1	59.3	61.1	62.8	61.3	61.3
Portugal	32.4	33.2	34.6	28.3	26.7	26.5	26.6	84.2
République slovaque	94.2	94.5	95.1	94.7	94.4	94.0	93.8	93.6
Slovénie	4.4	4.5	4.2	4.9	5.1	4.9	5.1	5.2
Espagne	33.9	21.4	22.2	18.6	17.0	32.2	29.1	28.8
Suède	52.3	49.7	53.9	53.1	51.9	63.8	57.6	55.4
Suisse	39.5	..	3.1	19.9	19.8	20.4	20.6	19.6
Turquie	31.7	57.7	52.5	55.2	57.9	53.8	62.2	59.3
Royaume-Uni	42.3	50.8	54.2	53.1	55.2	55.2	58.0	57.8
États-Unis	20.5	20.3	18.5	13.9	13.9	10.1	10.4	9.4

Note : Les données du Danemark, en particulier pour 2013, peuvent être sujettes à révision.

.. Non disponible ; - Néant

1. Informations sur les données concernant Israël : http://oe.cd/israel-disclaimer.
2. Les données du Mexique, en particulier pour 2013, peuvent être sujettes à révision.

Tableau 30. Part du marché des entreprises étrangères dans le marché national (Non-vie)
Succursales ou agences d'entreprises

Pourcentage

	2007	2008	2009	2010	2011	2012	2013	2014
Australie	9.0	10.2	11.2	11.6	9.7	9.7	9.7	10.1
Autriche	0.3	0.3	..	..	..	..	0.1	0.1
Belgique	..	..	..	..	..	..	..	..
Canada	13.4	12.6	14.3	15.1	14.3	13.4	13.1	..
Chili	..	..	-	-	..	..	..	..
République tchèque	2.0	2.8	2.8	3.2	3.1	2.7	3.7	4.7
Danemark	..	-	..	..	..	..	..	..
Estonie	..	..	16.7	-	-	14.5	13.6	14.8
Finlande	-	..	..	..	..	..	..	..
France	0.2	0.3	0.3	0.1	0.1	0.1	0.1	0.1
Allemagne	1.3	1.7	2.1	1.5	3.0	3.1	2.7	3.2
Grèce	2.6	5.6	6.2	4.0	4.6	7.9	0.0	0.0
Hongrie	..	..	..	..	..	..	..	..
Islande	-	-	-	-	-	..	..	..
Irlande	11.2	7.4	8.2	8.9	8.2	17.6	14.3	24.3
Israël[1]	-	..	-	-	..	..	..	..
Italie	9.2	9.4	4.9	1.0	1.1	1.1	1.1	1.1
Japon	5.1	5.4	5.3	5.6	7.8	..	..	..
Corée	1.5	1.5	3.7	3.2	2.6	2.0	3.1	2.3
Luxembourg	7.1	9.0	8.3	7.9	7.2	7.5	6.5	3.6
Mexique	..	..	..	..	..	..	..	..
Pays-Bas	0.7	1.9	1.9	1.9	1.9	1.9	0.3	0.3
Nouvelle-Zélande	..	..	..	..	..	..	..	..
Norvège	31.8	42.0	41.7	41.4	41.5	43.2	43.4	41.1
Pologne	0.4	0.4	0.3	..	..	..	..	..
Portugal	0.6	0.5	0.6	0.3	0.3	-	-	-
République slovaque	..	..	5.1	6.2	6.2	7.1	8.0	8.7
Slovénie	-	-	..	..	..	..	..	..
Espagne	0.2	0.2	0.2	0.2	0.2	0.2	-	-
Suède	6.2	5.4	..	..	..	..	..	8.2
Suisse	3.8	..	3.1	4.8	4.8	4.9	5.0	5.5
Turquie	0.0	0.0	0.1	0.2	0.2	0.3	0.3	0.3
Royaume-Uni	3.7	6.7	5.9	5.3	5.4	4.7	3.7	4.1
États-Unis	0.1	0.1	0.1	0.1	0.1	0.1	0.0	0.0

Note : Les données du Danemark, en particulier pour 2013, peuvent être sujettes à révision.

.. Non disponible ; - Néant

1. Informations sur les données concernant Israël : http://oe.cd/israel-disclaimer.

Statistiques de l'OCDE sur les assurances 2015

PARTIE II

Tableaux par pays

Australie
Tableau 1. Agrégats sélectionnés

Millions AUD

	2007	2008	2009	2010	2011	2012	2013	2014
1.1 Opérations d'assurance conclues dans le pays déclarant								
1.1.1 Opérations d'assurance, par intérêt								
Primes brutes								
Entreprises nationales	77 302	75 037	70 384	73 331	78 509	79 230	86 754	103 414
Entreprises sous contrôle étranger	20 032	20 378	17 570	12 274	11 038	13 757	15 722	17 983
Succursales d'entreprises étrangères	2 732	3 248	3 639	3 844	3 450	3 713	3 977	4 206
Ensemble des entreprises	80 034	78 284	74 023	77 176	81 959	82 943	90 731	107 620
Primes cédées								
Entreprises nationales	9 746	9 966	9 406	9 989	11 246	11 507	12 121	13 268
Entreprises sous contrôle étranger	2 136	2 501	2 797	2 770	3 170	4 111	4 666	5 483
Succursales d'entreprises étrangères	797	1 191	1 202	1 402	1 442	1 659	1 947	1 842
Ensemble des entreprises	10 543	11 156	10 607	11 391	12 688	13 166	14 068	15 110
Primes nettes émises								
Entreprises nationales	67 556	65 071	60 978	63 343	67 263	67 724	74 633	90 147
Entreprises sous contrôle étranger	17 896	17 876	14 773	9 439	7 868	9 646	11 055	12 500
Succursales d'entreprises étrangères	1 935	2 057	2 437	2 441	2 008	2 054	2 030	2 365
Ensemble des entreprises	69 491	67 128	63 415	65 785	69 271	69 778	76 663	92 511
1.1.2 Opérations d'assurance par risque à l'étranger, primes brutes								
Vie	555	525	494	495	475	491	574	686
Non-vie	..	..	694	..	..	..	..	..
Mixtes total	..	..	..	..	..	..	..	..
Total	555	525	1 187	495	475	491	574	686
1.1.3 Paiement par catégories d'assurance, primes brutes (vie)								
Rentes	9 863	..	..	..	..	..	..	..
Unit linked	27 420	..	..	..	..	..	..	..
Autre assurance vie	10 419	..	..	..	..	..	..	..
Total assurance vie	47 702	..	..	..	..	41 091	45 794	60 881
***dont :** Contrats de retraite*	..	..	..	..	..	..	..	..
1.1.4 Paiement par catégories d'assurance, primes brutes (non-vie)								
L'assurance automobile	..	..	10 670	..	11 474	12 114	12 924	13 467
Les assurances transport (y compris maritime et aérien)	..	..	1 324	..	1 457	1 484	1 523	1 598
L'assurance de fret	..	..	..	..	..	..	..	..
L'assurance incendie et des dommages aux bien	..	..	8 106	..	9 537	10 918	12 038	11 836
L'assurance des pertes pécuniaires	..	..	1 384	..	1 161	1 207	1 258	1 454
L'assurance de la responsabilité civile générale	..	..	4 858	..	4 821	5 008	5 283	5 418
Les assurances accidents et maladie	..	..	1 039	..	1 038	1 049	1 134	1 124
***dont :** Maladie*	..	..	..	..	..	..	..	..
Autres assurances non-vie	..	..	654	..	751	835	900	951
Réassurance obligatoire	..	..	4 578	..	5 235	5 836	5 823	5 970
Total assurance non-vie	30 529	31 799	32 612	33 223	35 475	38 450	40 884	41 818
1.2 Paiements bruts des sinistres								
Vie								
Entreprises nationales	54 920	42 943	37 546	41 639	44 988	45 777	47 647	64 828
Entreprises sous contrôle étranger	15 157	12 632	9 499	5 355	4 301	4 181	5 212	5 876
Succursales d'entreprises étrangères	0	0	..	..	..	..	..	..
Ensemble des entreprises	54 920	42 943	37 546	41 639	44 988	45 777	47 647	64 828
Non-vie								
Entreprises nationales	20 763	25 512	18 193	21 552	31 597	22 048	24 141	26 293
Entreprises sous contrôle étranger	3 640	4 704	3 579	4 120	6 668	4 538	4 542	5 446
Succursales d'entreprises étrangères	1 698	2 370	1 951	2 401	7 061	1 749	1 984	3 318
Ensemble des entreprises	22 461	27 882	20 144	23 953	38 658	23 797	26 126	29 611
Mixtes, ensemble des entreprises	..	..	..	..	..	..	..	..
Total								
Entreprises nationales	75 684	68 455	55 739	63 191	76 585	67 825	71 788	91 121
Entreprises sous contrôle étranger	18 797	17 336	13 078	9 475	10 969	8 719	9 754	11 322
Succursales d'entreprises étrangères	1 698	2 370	1 951	2 401	7 061	1 749	1 984	3 318
Ensemble des entreprises	77 381	70 825	57 690	65 592	83 646	69 574	73 773	94 439
1.3 Commissions								
Vie								
Entreprises nationales	2 157	2 606	2 588	2 738	2 852	3 007	3 015	3 118
Entreprises sous contrôle étranger	680	1 034	907	440	455	252	447	451
Succursales d'entreprises étrangères	0	0	..	..	..	..	..	..
Ensemble des entreprises	2 157	2 606	2 588	2 738	2 852	3 007	3 015	3 118
Non-vie								
Entreprises nationales	..	..	..	..	..	..	506	566
Entreprises sous contrôle étranger	..	..	..	..	..	..	239	270
Succursales d'entreprises étrangères	..	..	..	..	..	..	264	287
Ensemble des entreprises	..	..	..	..	..	..	770	853
Mixtes, ensemble des entreprises	..	..	..	..	..	..	..	..
Total								
Entreprises nationales	2 157	2 606	2 588	2 738	2 852	3 007	3 521	3 684
Entreprises sous contrôle étranger	680	1 034	907	440	455	252	686	721
Succursales d'entreprises étrangères	-	-	..	..	..	..	264	287
Ensemble des entreprises	2 157	2 606	2 588	2 738	2 852	3 007	3 785	3 971

Australie
Tableau 1. Agrégats sélectionnés *(suite)*

Millions AUD

	2007	2008	2009	2010	2011	2012	2013	2014
1.4 Dépenses brutes d'exploitation								
Vie								
Entreprises nationales	6 068	6 347	6 355	6 640	6 777	7 274	7 830	8 128
Entreprises sous contrôle étranger	2 241	2 234	2 138	1 608	1 709	1 430	2 392	2 393
Succursales d'entreprises étrangères	0	0	..	..	..	..	..	..
Ensemble des entreprises	6 068	6 347	6 355	6 640	6 777	7 274	7 830	8 128
Non-vie								
Entreprises nationales	5 725	5 847	6 043	6 027	6 658	7 197	7 361	7 502
Entreprises sous contrôle étranger	1 101	1 102	1 089	1 172	1 370	1 490	1 618	1 704
Succursales d'entreprises étrangères	373	446	627	559	571	559	597	629
Ensemble des entreprises	6 098	6 292	6 670	6 586	7 229	7 756	7 959	8 131
Mixtes, ensemble des entreprises	..	..	..	..	..	..	..	..
Total								
Entreprises nationales	11 793	12 193	12 399	12 667	13 435	14 471	15 191	15 630
Entreprises sous contrôle étranger	3 342	3 336	3 226	2 780	3 079	2 920	4 010	4 097
Succursales d'entreprises étrangères	373	446	627	559	571	559	597	629
Ensemble des entreprises	12 166	12 639	13 025	13 226	14 006	15 030	15 789	16 259
1.5 Opérations à l'étranger par succursale, primes brutes								
Vie								
Succursales et agences	0	0	..	..	..	..	..	..
Filiales	0	0	..	..	..	..	..	..
Total	0	0	..	..	..	..	..	..
Non-vie								
Succursales et agences	..	..	..	..	..	..	..	..
Filiales	..	..	..	..	..	..	..	..
Total	..	..	..	..	..	..	..	..
Mixtes total	..	..	..	..	..	..	..	..
Total								
Succursales et agences	-	-	..	..	..	..	..	..
Filiales	-	-	..	..	..	..	..	..
Total	-	-	..	..	..	..	..	..

.. Non disponible ; - Néant

Note : Voir les métadonnées détaillées sur : http://metalinks.oecd.org/isy/20160419/fb3e.

Australie
Tableau 2. Nombre d'entreprises et d'employés

	2007	2008	2009	2010	2011	2012	2013	2014
2.1 Nombre d'entreprises								
Vie								
Entreprises nationales	26	26	26	26	31	28	28	28
Entreprises sous contrôle étranger	11	10	8	8	14	14	14	14
Succursales d'entreprises étrangères	0	0	..	..	..	..	..	..
Ensemble des entreprises	26	26	26	26	31	28	28	28
Non-vie								
Entreprises nationales	89	87	85	84	81	79	75	74
Entreprises sous contrôle étranger	22	21	22	20	19	17	18	19
Succursales d'entreprises étrangères	21	26	35	34	31	30	29	29
Ensemble des entreprises	110	113	120	118	112	109	104	103
Mixtes, ensemble des entreprises	..	..	..	..	..	..	..	..
Réassurance								
Entreprises nationales	8	8	8	2	3	3	3	3
Entreprises sous contrôle étranger	7	7	7	1	1	1	1	1
Succursales d'entreprises étrangères	15	14	12	10	9	9	9	9
Ensemble des entreprises	23	22	20	12	12	12	12	12
Total								
Entreprises nationales	124	122	119	112	115	110	106	105
Entreprises sous contrôle étranger	40	38	37	29	34	32	33	34
Succursales d'entreprises étrangères	37	41	47	44	40	39	38	38
Ensemble des entreprises	161	163	166	156	155	149	144	143
2.2 Nombre d'employés								
Entreprises d'assurance	..	..	..	..	..	..	..	..
Intermédiaires	..	..	..	..	..	..	..	..
Total	..	..	..	..	..	..	..	..

.. Non disponible

Note : Voir les métadonnées détaillées sur : http://metalinks.oecd.org/isy/20160419/fb3e.

Autriche
Tableau 1. Agrégats sélectionnés

Millions EUR

	2007	2008	2009	2010	2011	2012	2013	2014
1.1 Opérations d'assurance conclues dans le pays déclarant								
1.1.1 Opérations d'assurance, par intérêt								
Primes brutes								
Entreprises nationales	16 520	18 030	..	..	..	..	18 879	18 889
Entreprises sous contrôle étranger	5 545	6 712	..	..	..	..	6 781	7 196
Succursales d'entreprises étrangères	27	28	..	..	..	..	8	6
Ensemble des entreprises	17 345	17 976	..	..	..	..	18 887	18 895
Primes cédées								
Entreprises nationales	3 033	3 327	..	..	..	..	3 539	3 102
Entreprises sous contrôle étranger	1 264	1 710	..	..	..	..	1 127	1 171
Succursales d'entreprises étrangères	0	0	..	..	..	..	0	0
Ensemble des entreprises	3 033	3 327	..	..	..	..	3 539	3 102
Primes nettes émises								
Entreprises nationales	13 486	14 703	..	..	..	..	15 340	15 787
Entreprises sous contrôle étranger	4 281	5 002	..	..	..	..	5 654	6 024
Succursales d'entreprises étrangères	27	28	..	..	..	..	8	6
Ensemble des entreprises	13 514	14 732	..	..	..	..	15 348	15 793
1.1.2 Opérations d'assurance par risque à l'étranger, primes brutes								
Vie	241	273	83 |	991	174	72	157	22
Non-vie	153	355	121 |	4 630	722	662	717	726
Mixtes	..	..	398 |	13 176	523	626	595	489
dont :								
Vie	..	..	243 |	6 471	252	188	202	158
Non-vie	..	..	155 |	6 704	270	438	393	331
Total	393	628	602	18 797	1 419	1 360	1 469	1 237
1.1.3 Paiement par catégories d'assurance, primes brutes (vie)								
Rentes	1 627	1 351	..	..	..	..	1 441	1 822
Unit linked	1 783	2 521	2 521	2 860	2 255	1 846	1 248	1 011
Autre assurance vie	2 796	3 388	4 797	4 578	4 644	4 588	3 738	3 852
Total Assurance Vie	6 206	7 259	..	7 438	6 899	6 434	6 427	6 685
***dont :** Contrats de retraite*	..	..	..	..	..	..	997	1 116
1.1.4 Paiement par catégories d'assurance, primes brutes (non-vie)								
L'assurance automobile	1 293	1 240	1 243	1 260	1 316	1 386	1 487	1 447
Les assurances transport (y compris maritime et aérien)	113	129	118	124	140	165	174	138
L'assurance de fret	0	..	0	..	..	..	..	x
L'assurance incendie et des dommages aux bien	995	977	957	973	978	1 008	1 081	1 058
L'assurance des pertes pécuniaires	198	197	211	220	237	167	174	183
L'assurance de la responsabilité civile générale	808	859	870	888	922	834	860	886
Les assurances accidents et maladie	2 344	2 474	2 503	2 572	2 873	3 024	3 150	3 143
***dont :** Maladie*	1 490	1 581	1 598	1 653	1 704	1 762	1 841	1 905
Autres assurances non-vie	4 570	4 866	4 798	5 193	5 517	5 672	5 517	5 340
Réassurance obligatoire	-54	..	..	..	..	..	..	..
Total assurance non-vie	10 267	10 742	10 701	11 230	11 983	12 255	12 444	12 195
1.2 Paiements bruts des sinistres								
Vie								
Entreprises nationales	805	810	167 |	256	314	360	358	1 110
Entreprises sous contrôle étranger	304	304	- |	0	0	145	140	714
Succursales d'entreprises étrangères	0	0	0	0	0	..	0	0
Ensemble des entreprises	805	810	167 |	256	314	360	358	1 110
Non-vie								
Entreprises nationales	7 253	7 407	3 229 |	3 019	2 290	2 675	1 107	1 632
Entreprises sous contrôle étranger	2 974	2 992	1 108 |	1 531	875	1 490	905	873
Succursales d'entreprises étrangères	13	12	12	5	5	5	4	3
Ensemble des entreprises	7 266	7 419	3 241 |	3 024	2 296	2 681	1 111	1 636
Mixtes								
Entreprises nationales	..	..	10 317 |	10 023	10 854	11 652	11 676	11 289
Entreprises sous contrôle étranger	..	..	3 315 |	3 565	3 751	3 829	3 846	3 026
Succursales d'entreprises étrangères	..	..	0	0	0	..	0	0
Ensemble des entreprises	..	..	10 317 |	10 023	10 854	11 652	11 676	11 289
dont :								
Vie	..	..	5 631 |	5 599	6 338	6 047	6 011	5 955
Entreprises nationales	..	..	5 631 |	5 599	6 338	6 047	6 011	5 955
Entreprises sous contrôle étranger	..	..	1 786 |	2 117	2 297	2 281	2 274	1 630
Succursales d'entreprises étrangères	..	..	0	0	0	..	0	0
Ensemble des entreprises	..	..	5 631 |	5 599	6 338	6 047	6 011	5 955
Non-vie	..	..	4 685 |	4 425	4 516	5 605	5 665	5 335
Entreprises nationales	..	..	4 685 |	4 425	4 516	5 605	5 665	5 335
Entreprises sous contrôle étranger	..	..	1 529 |	1 448	1 454	1 549	1 572	1 396
Succursales d'entreprises étrangères	..	..	0	0	0	..	0	0
Ensemble des entreprises	..	..	4 685 |	4 425	4 516	5 605	5 665	5 335
Total								
Entreprises nationales	8 058	8 217	13 713	13 298	13 458	14 687	13 141	14 032
Entreprises sous contrôle étranger	3 278	3 296	4 424	5 096	4 626	5 464	4 891	4 613
Succursales d'entreprises étrangères	13	12	12	5	5	5	4	3
Ensemble des entreprises	8 071	8 228	13 725	13 304	13 463	14 692	13 145	14 036

Autriche
Tableau 1. Agrégats sélectionnés *(suite)*

Millions EUR

	2007	2008	2009	2010	2011	2012	2013	2014
1.3 Commissions								
Vie								
Entreprises nationales	827	796	118 |	129	138	75	99	98
Entreprises sous contrôle étranger	265	246	- |	0	0	17	5	70
Succursales d'entreprises étrangères	0	0	0	0	0	..	0	0
Ensemble des entreprises	827	796	118 |	129	138	75	99	98
Non-vie								
Entreprises nationales	1 650	1 698	518 |	519	548	338	354	398
Entreprises sous contrôle étranger	726	740	97 |	295	302	309	319	329
Succursales d'entreprises étrangères	8	9	9	1	2	2	2	1
Ensemble des entreprises	1 658	1 707	527 |	521	549	340	356	399
Mixtes								
Entreprises nationales	..	..	1 805 |	1 916	1 962	2 309	2 285	2 279
Entreprises sous contrôle étranger	..	..	638 |	712	717	750	752	666
Succursales d'entreprises étrangères	..	..	0	0	0	..	0	0
Ensemble des entreprises	..	..	1 805 |	1 916	1 962	2 309	2 285	2 279
dont :								
Vie	..	..	616 |	688	669	692	644	624
Entreprises nationales	..	..	616 |	688	669	692	644	624
Entreprises sous contrôle étranger	..	..	194 |	256	255	253	238	163
Succursales d'entreprises étrangères	..	..	0	0	0	..	0	0
Ensemble des entreprises	..	..	616 |	688	669	692	644	624
Non-vie	..	..	1 189 |	1 228	1 292	1 616	1 641	1 655
Entreprises nationales	..	..	1 189 |	1 228	1 292	1 616	1 641	1 655
Entreprises sous contrôle étranger	..	..	444 |	456	462	497	514	503
Succursales d'entreprises étrangères	..	..	0	0	0	..	0	0
Ensemble des entreprises	..	..	1 189 |	1 228	1 292	1 616	1 641	1 655
Total								
Entreprises nationales	2 477	2 494	2 440	2 564	2 647	2 722	2 738	2 775
Entreprises sous contrôle étranger	991	986	734	1 008	1 019	1 077	1 076	1 065
Succursales d'entreprises étrangères	8	9	9	1	2	2	2	1
Ensemble des entreprises	2 486	2 503	2 450	2 565	2 649	2 724	2 740	2 776
1.4 Dépenses brutes d'exploitation								
Vie								
Entreprises nationales	1 110	1 108	136 |	146	157	95	120	43
Entreprises sous contrôle étranger	371	371	- |	0	0	0	14	30
Succursales d'entreprises étrangères	0	0	0	0	0	..	0	0
Ensemble des entreprises	1 110	1 108	136 |	146	157	95	120	43
Non-vie								
Entreprises nationales	2 769	2 738	801 |	906	672	860	697	153
Entreprises sous contrôle étranger	1 266	1 353	266 |	443	263	447	414	116
Succursales d'entreprises étrangères	10	11	16	3	3	3	3	1
Ensemble des entreprises	2 779	2 749	818 |	909	675	863	700	154
Mixtes								
Entreprises nationales	..	..	2 026 |	2 115	2 054	1 918	2 306	623
Entreprises sous contrôle étranger	..	..	644 |	723	667	695	699	167
Succursales d'entreprises étrangères	..	..	0	0	0	..	0	0
Ensemble des entreprises	..	..	2 026 |	2 115	2 054	1 918	2 306	623
dont :								
Vie	..	..	845 |	908	879	513	848	194
Entreprises nationales	..	..	845 |	908	879	513	848	194
Entreprises sous contrôle étranger	..	..	279 |	341	344	339	323	61
Succursales d'entreprises étrangères	..	..	0	0	0	..	0	0
Ensemble des entreprises	..	..	845 |	908	879	513	848	194
Non-vie	..	..	1 181 |	1 208	1 175	1 405	1 458	428
Entreprises nationales	..	..	1 181 |	1 208	1 175	1 405	1 458	428
Entreprises sous contrôle étranger	..	..	365 |	382	323	356	376	106
Succursales d'entreprises étrangères	..	..	0	0	0	..	0	0
Ensemble des entreprises	..	..	1 181 |	1 208	1 175	1 405	1 458	428
Total								
Entreprises nationales	3 879	3 845	2 963	3 167	2 883	2 873	3 124	819
Entreprises sous contrôle étranger	1 636	1 723	910	1 166	930	1 143	1 128	313
Succursales d'entreprises étrangères	10	11	16	3	3	3	3	1
Ensemble des entreprises	3 889	3 856	2 980	3 170	2 885	2 876	3 127	820

Autriche
Tableau 1. Agrégats sélectionnés *(suite)*

Millions EUR

	2007	2008	2009	2010	2011	2012	2013	2014
1.5 Opérations à l'étranger par succursale, primes brutes								
Vie								
Succursales et agences	34	..	85 |	139	174	72	157	22
Filiales	0	..	..	..	..	..	..	..
Total	241	..	85 |	139	174	72	157	22
Non-vie								
Succursales et agences	131	..	111 |	141	219	149	159	198
Filiales	0	..	..	..	..	..	..	..
Total	152	..	111 |	141	219	149	159	198
Mixtes								
Succursales et agences	..	..	331 |	539	480	557	480	368
Filiales	..	..	..	..	..	..	..	..
Total	..	..	331 |	539	480	557	480	368
dont :								
Vie	..	..	226 |	407	233	168	140	103
Succursales et agences	..	..	226 |	407	233	168	140	103
Filiales	..	..	..	..	..	..	..	..
Total	..	..	226 |	407	233	168	140	103
Non-vie	..	..	105 |	132	246	389	340	266
Succursales et agences	..	..	105 |	132	246	389	340	266
Filiales	..	..	..	..	..	..	..	..
Total	..	..	105 |	132	246	389	340	266
Total								
Succursales et agences	165	..	528	818	873	778	796	587
Filiales	-	..	..	..	..	..	..	..
Total	393	..	528	818	873	778	796	587

.. Non disponible ; - Néant ; | Rupture de série ; x Sans objet

Note : Voir les métadonnées détaillées sur : http://metalinks.oecd.org/isy/20160419/87e0.

Autriche
Tableau 2. Nombre d'entreprises et d'employés

	2007	2008	2009	2010	2011	2012	2013	2014
2.1 Nombre d'entreprises								
Vie								
Entreprises nationales	4	3	3	3	3	3	3	7
Entreprises sous contrôle étranger	0	0	0	0	0	1	1	3
Succursales d'entreprises étrangères	0	0	0	0	0	0	0	0
Ensemble des entreprises	4	3	3	3	3	3	3	7
Non-vie								
Entreprises nationales	16	16	16	17	17	14	14	12
Entreprises sous contrôle étranger	8	9	8	9	8	7	7	8
Succursales d'entreprises étrangères	2	2	2	1	1	1	1	1
Ensemble des entreprises	18	18	18	18	18	15	15	13
Mixtes								
Entreprises nationales	27	28	28	28	28	27	26	21
Entreprises sous contrôle étranger	9	9	9	10	10	10	9	6
Succursales d'entreprises étrangères	0	0	0	0	0	0	0	0
Ensemble des entreprises	27	28	28	28	28	27	26	21
Réassurance								
Entreprises nationales	3	3	3	3	3	3	3	3
Entreprises sous contrôle étranger	2	2	2	2	2	2	1	2
Succursales d'entreprises étrangères	0	0	0	0	0	0	0	0
Ensemble des entreprises	3	3	3	3	3	3	3	3
Total								
Entreprises nationales	50	50	50	51	51	47	46	43
Entreprises sous contrôle étranger	19	20	19	21	20	20	18	19
Succursales d'entreprises étrangères	2	2	2	1	1	1	1	1
Ensemble des entreprises	52	52	52	52	52	48	47	44
2.2 Nombre d'employés								
Entreprises d'assurance	26 845	27 524	27 896	27 755	27 671	27 430	27 738	27 791
Intermédiaires	..	..	..	..	9 839	9 255	..	x
Total	..	..	..	..	27 671	27 430	27 738	27 791

.. Non disponible ; x Sans objet

Note : Voir les métadonnées détaillées sur : http://metalinks.oecd.org/isy/20160419/87e0.

Belgique
Tableau 1. Agrégats sélectionnés

Millions EUR

	2007	2008	2009	2010	2011	2012	2013	2014
1.1 Opérations d'assurance conclues dans le pays déclarant								
1.1.1 Opérations d'assurance, par intérêt								
Primes brutes								
Entreprises nationales	31 489	29 224	28 488	29 575	29 363	32 640	28 251	28 863
Entreprises sous contrôle étranger	..	..	..	..	..	..	..	..
Succursales d'entreprises étrangères	..	..	..	..	..	..	..	..
Ensemble des entreprises	31 417	29 224	28 488	29 575	29 363	32 640	28 251	28 863
Primes cédées								
Entreprises nationales	1 501	1 566	1 645	1 773	1 441	2 417	2 474	3 251
Entreprises sous contrôle étranger	..	..	..	..	..	..	..	..
Succursales d'entreprises étrangères	..	..	..	..	..	..	..	..
Ensemble des entreprises	1 501	..	1 645	1 773	1 441	2 417	2 474	3 251
Primes nettes émises								
Entreprises nationales	29 988	27 658	26 843	27 802	27 922	30 223	25 777	25 612
Entreprises sous contrôle étranger	..	..	..	..	..	..	..	..
Succursales d'entreprises étrangères	..	..	..	..	..	..	..	..
Ensemble des entreprises	29 988	..	26 843	27 802	27 922	30 223	25 777	25 612
1.1.2 Opérations d'assurance par risque à l'étranger, primes brutes								
Vie	..	..	..	..	..	31	25	15
Non-vie	..	..	..	..	..	242	268	563
Mixtes	..	..	..	..	..	230	218	223
dont :								
Vie	..	..	..	..	..	77	53	39
Non-vie	..	..	..	..	..	153	165	184
Total	..	..	..	..	..	502	511	801
1.1.3 Paiement par catégories d'assurance, primes brutes (vie)								
Rentes	..	..	..	..	..	..	..	..
Unit linked	3 340	1 930	1 664	2 049	2 142	4 844	2 743	2 524
Autre assurance vie	18 839	17 520	16 740	17 092	16 324	16 235	13 501	13 723
Total Assurance Vie	22 179	19 450	18 404	19 141	18 467	21 078	16 244	16 247
***dont :** Contrats de retraite*	..	..	..	..	..	..	..	..
1.1.4 Paiement par catégories d'assurance, primes brutes (non-vie)								
L'assurance automobile	..	..	..	..	..	3 459	3 487	3 542
Les assurances transport (y compris maritime et aérien)	..	..	..	..	..	78	71	69
L'assurance de fret	..	..	..	..	..	116	104	100
L'assurance incendie et des dommages aux bien	..	..	..	..	..	2 573	2 696	2 755
L'assurance des pertes pécuniaires	..	..	..	..	..	407	404	725
L'assurance de la responsabilité civile générale	..	..	..	..	..	780	770	785
Les assurances accidents et maladie	..	..	..	..	..	3 361	3 592	3 695
***dont :** Maladie*	..	..	..	..	..	1 517	1 618	1 708
Autres assurances non-vie	..	..	..	..	..	737	825	885
Réassurance obligatoire	..	..	..	..	..	7	..	..
Total assurance non-vie	..	..	..	..	..	11 516	11 949	12 556
1.2 Paiements bruts des sinistres								
Vie								
Entreprises nationales	12 818	15 239	1 207 |	514	547	592	528	626
Entreprises sous contrôle étranger	..	..	..	..	..	..	..	..
Succursales d'entreprises étrangères	..	..	..	..	..	..	..	..
Ensemble des entreprises	12 818	15 239	..	..	..	592	528	626
Non-vie								
Entreprises nationales	5 027	5 269	1 120 |	1 496	1 512	1 898	1 960	2 276
Entreprises sous contrôle étranger	..	..	..	..	..	..	..	..
Succursales d'entreprises étrangères	..	..	..	..	..	..	..	..
Ensemble des entreprises	5 027	5 269	..	..	..	1 898	1 960	2 276
Mixtes								
Entreprises nationales	..	..	16 620 |	17 461	20 798	23 438	23 890	24 323
Entreprises sous contrôle étranger	..	..	..	..	..	..	..	..
Succursales d'entreprises étrangères	..	..	..	..	..	..	..	..
Ensemble des entreprises	..	..	..	..	..	23 438	23 890	24 323
dont :								
Vie	..	..	..	..	..	17 427	17 746	17 418
Entreprises nationales	..	..	11 992 |	12 194	15 232	17 427	17 746	17 418
Entreprises sous contrôle étranger	..	..	..	..	..	..	..	..
Succursales d'entreprises étrangères	..	..	..	..	..	..	..	..
Ensemble des entreprises	..	..	..	..	..	17 427	17 746	17 418
Non-vie	..	..	..	..	..	6 010	6 144	6 905
Entreprises nationales	..	..	4 628 |	5 267	5 566	6 010	6 144	6 905
Entreprises sous contrôle étranger	..	..	..	..	..	..	..	..
Succursales d'entreprises étrangères	..	..	..	..	..	..	..	..
Ensemble des entreprises	..	..	..	..	..	6 010	6 144	6 905
Total								
Entreprises nationales	17 845	20 508	18 947	19 470	22 857	25 928	26 378	27 225
Entreprises sous contrôle étranger	..	..	..	..	..	..	..	..
Succursales d'entreprises étrangères	..	..	..	..	..	..	..	..
Ensemble des entreprises	17 845	20 508	..	..	..	25 928	26 378	27 225

Belgique
Tableau 1. Agrégats sélectionnés (*suite*)

Millions EUR

	2007	2008	2009	2010	2011	2012	2013	2014
1.3 Commissions								
Vie								
Entreprises nationales	854	868	140 |	74	54	59	55	45
Entreprises sous contrôle étranger	..	..	..	..	..	..	..	..
Succursales d'entreprises étrangères	..	..	..	..	..	..	..	..
Ensemble des entreprises	854	868	..	..	..	59	55	45
Non-vie								
Entreprises nationales	1 308	1 376	207 |	340	318	394	391	565
Entreprises sous contrôle étranger	..	..	..	..	..	..	..	..
Succursales d'entreprises étrangères	..	..	..	..	..	..	..	..
Ensemble des entreprises	1 308	1 376	..	..	..	394	391	565
Mixtes								
Entreprises nationales	..	..	1 926 |	2 118	2 209	2 397	2 446	2 588
Entreprises sous contrôle étranger	..	..	..	..	..	..	..	..
Succursales d'entreprises étrangères	..	..	..	..	..	..	..	..
Ensemble des entreprises	..	..	..	..	..	2 397	2 446	2 588
dont :								
Vie	..	..	..	..	..	905	875	858
Entreprises nationales	..	..	695 |	808	826	905	875	858
Entreprises sous contrôle étranger	..	..	..	..	..	..	..	..
Succursales d'entreprises étrangères	..	..	..	..	..	..	..	..
Ensemble des entreprises	..	..	..	..	..	905	875	858
Non-vie	..	..	..	..	..	1 493	1 572	1 729
Entreprises nationales	..	..	1 231 |	1 310	1 382	1 493	1 572	1 729
Entreprises sous contrôle étranger	..	..	..	..	..	..	..	..
Succursales d'entreprises étrangères	..	..	..	..	..	..	..	..
Ensemble des entreprises	..	..	..	..	..	1 493	1 572	1 729
Total								
Entreprises nationales	2 162	2 243	2 273	2 531	2 581	2 851	2 892	3 197
Entreprises sous contrôle étranger	..	..	..	..	..	..	..	..
Succursales d'entreprises étrangères	..	..	..	..	..	..	..	..
Ensemble des entreprises	2 162	2 243	..	..	..	2 851	2 892	3 197
1.4 Dépenses brutes d'exploitation								
Vie								
Entreprises nationales	1 669	1 713	219 |	135	115	118	58	41
Entreprises sous contrôle étranger	..	..	..	..	..	..	..	..
Succursales d'entreprises étrangères	..	..	..	..	..	..	..	..
Ensemble des entreprises	1 669	1 713	..	..	..	118	58	41
Non-vie								
Entreprises nationales	2 584	2 653	451 |	648	621	806	386	643
Entreprises sous contrôle étranger	..	..	..	..	..	..	..	..
Succursales d'entreprises étrangères	..	..	..	..	..	..	..	..
Ensemble des entreprises	2 584	2 653	..	..	..	806	386	643
Mixtes								
Entreprises nationales	..	..	3 645 |	4 007	4 176	4 401	2 084	2 197
Entreprises sous contrôle étranger	..	..	..	..	..	..	..	..
Succursales d'entreprises étrangères	..	..	..	..	..	..	..	..
Ensemble des entreprises	..	..	..	..	..	4 401	2 084	2 197
dont :								
Vie	..	..	..	..	..	1 702	830	833
Entreprises nationales	..	..	1 407 |	1 560	1 597	1 702	830	833
Entreprises sous contrôle étranger	..	..	..	..	..	..	..	..
Succursales d'entreprises étrangères	..	..	..	..	..	..	..	..
Ensemble des entreprises	..	..	..	..	..	1 702	830	833
Non-vie	..	..	..	..	..	2 699	1 254	1 364
Entreprises nationales	..	..	2 238 |	2 446	2 579	2 699	1 254	1 364
Entreprises sous contrôle étranger	..	..	..	..	..	..	..	..
Succursales d'entreprises étrangères	..	..	..	..	..	..	..	..
Ensemble des entreprises	..	..	..	..	..	2 699	1 254	1 364
Total								
Entreprises nationales	4 254	4 366	4 315	4 790	4 912	5 325	2 528	2 881
Entreprises sous contrôle étranger	..	..	..	..	..	..	..	..
Succursales d'entreprises étrangères	..	..	..	..	..	..	..	..
Ensemble des entreprises	4 254	4 366	..	..	..	5 325	2 528	2 881

Belgique
Tableau 1. Agrégats sélectionnés (suite)

Millions EUR

	2007	2008	2009	2010	2011	2012	2013	2014
1.5 Opérations à l'étranger par succursale, primes brutes								
Vie								
Succursales et agences	..	..	..	..	..	2	2	2
Filiales	..	..	..	..	..	..	..	..
Total	..	..	..	..	..	2	2	2
Non-vie								
Succursales et agences	..	..	..	..	..	698	727	1 572
Filiales	..	..	..	..	..	..	..	..
Total	..	..	..	..	..	698	727	1 572
Mixtes								
Succursales et agences	..	..	..	..	..	442	448	1 121
Filiales	..	..	..	..	..	..	..	..
Total	..	..	..	..	..	442	448	1 121
dont :								
Vie	..	..	..	..	..	32	28	16
Succursales et agences	..	..	..	..	..	32	28	16
Filiales	..	..	..	..	..	..	..	..
Total	..	..	..	..	..	32	28	16
Non-vie	..	..	..	..	..	409	421	1 105
Succursales et agences	..	..	..	..	..	409	421	1 105
Filiales	..	..	..	..	..	..	..	..
Total	..	..	..	..	..	409	421	1 105
Total								
Succursales et agences	..	..	..	..	..	1 142	1 178	2 696
Filiales	..	..	..	..	..	..	..	..
Total	..	..	..	..	..	1 142	1 178	2 696

.. Non disponible ; | Rupture de série

Note : Voir les métadonnées détaillées sur : http://metalinks.oecd.org/isy/20160419/24bd.

Belgique
Tableau 2. Nombre d'entreprises et d'employés

	2007	2008	2009	2010	2011	2012	2013	2014
2.1 Nombre d'entreprises								
Vie								
Entreprises nationales	24	22	21	20	18	17	16	15
Entreprises sous contrôle étranger	..	..	..	..	..	..	..	..
Succursales d'entreprises étrangères	6	8	8	8	8	7	7	8
Ensemble des entreprises	30	30	29	28	26	24	23	23
Non-vie								
Entreprises nationales	60	57	54	54	53	49	44	42
Entreprises sous contrôle étranger	..	..	..	..	..	..	..	..
Succursales d'entreprises étrangères	43	42	41	40	44	36	36	36
Ensemble des entreprises	103	99	95	94	97	85	80	78
Mixtes								
Entreprises nationales	22	21	21	23	24	23	23	23
Entreprises sous contrôle étranger	..	..	..	..	..	..	..	..
Succursales d'entreprises étrangères	1	1	2	2	2	2	2	2
Ensemble des entreprises	23	22	23	25	26	25	25	25
Réassurance								
Entreprises nationales	..	..	1	2	2	1	1	1
Entreprises sous contrôle étranger	..	..	..	..	..	..	..	..
Succursales d'entreprises étrangères	..	..	0	0	0	1	1	1
Ensemble des entreprises	..	..	1	2	2	2	2	2
Total								
Entreprises nationales	106	100	97	99	97	90	84	81
Entreprises sous contrôle étranger	..	..	..	..	..	..	..	..
Succursales d'entreprises étrangères	50	51	51	50	54	46	46	47
Ensemble des entreprises	156	151	148	149	151	136	130	128
2.2 Nombre d'employés								
Entreprises d'assurance	25 115	24 422	23 588	23 833	25 083	..	..	..
Intermédiaires	22 891	22 901	20 897	18 075	..	..	..	..
Total	48 006	47 323	44 485	41 908	..	..	..	..

.. Non disponible

Note : Voir les métadonnées détaillées sur : http://metalinks.oecd.org/isy/20160419/24bd.

Canada
Tableau 1. Agrégats sélectionnés

Millions CAD

	2007	2008	2009	2010	2011	2012	2013	2014
1.1 Opérations d'assurance conclues dans le pays déclarant								
1.1.1 Opérations d'assurance, par intérêt								
Primes brutes								
Entreprises nationales	132 951	108 700	77 487	78 875	83 513	87 337	91 830	..
Entreprises sous contrôle étranger	27 285	25 807	11 354	11 288	11 273	11 465	11 237	..
Succursales d'entreprises étrangères	13 221	12 632	8 730	9 464	9 502	9 621	9 651	..
Ensemble des entreprises	146 172	121 332	86 217	88 339	93 014	96 958	101 481	..
Primes cédées								
Entreprises nationales	27 917	15 029	16 856	16 638	21 174	23 483	25 176	..
Entreprises sous contrôle étranger	6 016	7 344	2 227	2 465	2 550	2 413	2 504	..
Succursales d'entreprises étrangères	3 173	3 242	1 791	2 014	1 923	2 405	2 094	..
Ensemble des entreprises	31 090	18 271	18 648	18 651	23 097	25 888	27 270	..
Primes nettes émises								
Entreprises nationales	105 034	93 671	60 631	62 237	62 338	63 854	66 655	..
Entreprises sous contrôle étranger	21 269	18 463	9 127	8 823	8 723	9 052	8 733	..
Succursales d'entreprises étrangères	10 048	9 390	6 939	7 450	7 579	7 216	7 557	..
Ensemble des entreprises	115 082	103 061	67 570	69 687	69 917	71 070	74 212	..
1.1.2 Opérations d'assurance par risque à l'étranger, primes brutes								
Vie	0	0	..	..	..	..	..	..
Non-vie	0	0	..	..	..	..	..	..
Mixtes	..	..	..	..	..	..	..	..
dont :								
Vie	..	..	..	..	..	..	..	..
Non-vie	..	..	..	..	..	..	..	..
Total	-	-	..	..	..	..	..	..
1.1.3 Paiement par catégories d'assurance, primes brutes (vie)								
Rentes	34 395	20 077	8 943	7 815	6 457	5 276	6 263	..
Unit linked	56	66	68	70	..	..	..	..
Autre assurance vie	17 103	17 915	18 483	19 212	..	..	..	..
Total Assurance Vie	51 554	38 058	38 923	39 093	..	..	..	..
***dont :** Contrats de retraite*	10 808	1 794	1 837	1 598	..	..	..	..
1.1.4 Paiement par catégories d'assurance, primes brutes (non-vie)								
L'assurance automobile	20 743	20 622	17 993	18 191	20 277	21 805	22 857	..
Les assurances transport (y compris maritime et aérien)	632	667	628	650	656	672	630	..
L'assurance de fret	0	0	..	..	..	..	..	..
L'assurance incendie et des dommages aux bien	15 529	15 858	13 097	13 483	15 268	16 577	16 687	..
L'assurance des pertes pécuniaires	2 725	2 515	1 391	1 643	1 716	1 785	1 748	..
L'assurance de la responsabilité civile générale	5 045	5 147	4 766	4 797	5 054	5 197	5 267	..
Les assurances accidents et maladie	33 196	34 189	17 371	18 043	25 743	19 672	20 262	..
***dont :** Maladie*	758	852	..	..	..	..	..	..
Autres assurances non-vie	324	341	12	6	8	14	32	..
Réassurance obligatoire	0	0	..	..	..	..	..	..
Total assurance non-vie	78 952	80 191	55 258	56 813	68 723	65 723	67 482	..
1.2 Paiements bruts des sinistres								
Vie								
Entreprises nationales	40 685	29 703	-	0	0	0	0	..
Entreprises sous contrôle étranger	6 348	4 379	-	0	0	0	0	..
Succursales d'entreprises étrangères	1 822	1 702	24	25	27	28	36	..
Ensemble des entreprises	42 507	31 405	24	25	27	28	36	..
Non-vie								
Entreprises nationales	47 786	52 305	22 318	21 444	23 354	24 435	28 506	..
Entreprises sous contrôle étranger	10 867	12 674	5 102	4 666	5 150	4 939	5 566	..
Succursales d'entreprises étrangères	5 830	6 515	4 531	5 971	5 840	4 875	5 242	..
Ensemble des entreprises	53 616	58 820	26 849	27 415	29 193	29 310	33 748	..
Mixtes								
Entreprises nationales	..	..	13 064	13 016	10 525	10 851	11 227	..
Entreprises sous contrôle étranger	..	..	742	773	666	731	736	..
Succursales d'entreprises étrangères	..	..	193	220	160	163	159	..
Ensemble des entreprises	..	..	13 257	13 236	10 685	11 014	11 386	..
dont :								
Vie	..	..	5 039	5 224	4 599	4 749	4 969	..
Entreprises nationales	..	..	4 931	5 096	4 523	4 650	4 869	..
Entreprises sous contrôle étranger	..	..	311	301	190	189	190	..
Succursales d'entreprises étrangères	..	..	108	128	76	99	99	..
Ensemble des entreprises	..	..	5 039	5 224	4 599	4 749	4 969	..
Non-vie	..	..	8 218	8 012	6 085	6 264	6 417	..
Entreprises nationales	..	..	8 133	7 920	6 002	6 201	6 357	..
Entreprises sous contrôle étranger	..	..	431	472	475	542	546	..
Succursales d'entreprises étrangères	..	..	85	92	83	63	60	..
Ensemble des entreprises	..	..	8 218	8 012	6 085	6 264	6 417	..
Total								
Entreprises nationales	88 471	82 008	35 381	34 460	33 879	35 286	39 733	..
Entreprises sous contrôle étranger	17 215	17 053	5 844	5 440	5 816	5 670	6 301	..
Succursales d'entreprises étrangères	7 652	8 217	4 748	6 216	6 026	5 066	5 437	..
Ensemble des entreprises	96 123	90 225	40 129	40 676	39 905	40 351	45 170	..

Canada
Tableau 1. Agrégats sélectionnés *(suite)*

Millions CAD

	2007	2008	2009	2010	2011	2012	2013	2014
1.3 Commissions								
Vie								
Entreprises nationales	3 350	3 183	-	0	0	0	0	..
Entreprises sous contrôle étranger	407	361	-	0	0	0	0	..
Succursales d'entreprises étrangères	130	121	-	11	10	12	10	..
Ensemble des entreprises	3 480	3 304	-	11	10	12	10	..
Non-vie								
Entreprises nationales	6 235	5 961	3 855	4 055	4 305	4 719	4 781	..
Entreprises sous contrôle étranger	2 423	2 294	934	932	91	1 115	1 092	..
Succursales d'entreprises étrangères	1 079	1 240	1 003	1 070	1 102	1 077	1 095	..
Ensemble des entreprises	7 314	7 201	4 858	5 125	5 407	5 796	5 876	..
Mixtes								
Entreprises nationales	..	..	2 654	5 232	5 539	5 505	5 558	..
Entreprises sous contrôle étranger	..	..	-	377	377	258	239	..
Succursales d'entreprises étrangères	..	..	171	169	158	147	145	..
Ensemble des entreprises	..	..	2 825	5 401	5 697	5 652	5 703	..
dont :								
Vie	..	..	2 382	4 026	4 212	4 239	4 291	..
Entreprises nationales	..	..	2 276	3 920	4 115	4 150	4 213	..
Entreprises sous contrôle étranger	..	..	-	273	285	172	173	..
Succursales d'entreprises étrangères	..	..	107	106	97	89	78	..
Ensemble des entreprises	..	..	2 382	4 026	4 212	4 239	4 291	..
Non-vie	..	..	443	1 375	1 485	1 413	1 412	..
Entreprises nationales	..	..	379	1 312	1 424	1 355	1 345	..
Entreprises sous contrôle étranger	..	..	-	104	91	86	66	..
Succursales d'entreprises étrangères	..	..	64	63	61	58	67	..
Ensemble des entreprises	..	..	443	1 375	1 485	1 413	1 412	..
Total								
Entreprises nationales	9 585	9 144	6 509	9 287	9 844	10 224	10 339	..
Entreprises sous contrôle étranger	2 830	2 655	934	1 309	467	1 373	1 331	..
Succursales d'entreprises étrangères	1 209	1 361	1 174	1 250	1 270	1 235	1 249	..
Ensemble des entreprises	10 794	10 505	7 683	10 537	11 114	11 460	11 588	..
1.4 Dépenses brutes d'exploitation								
Vie								
Entreprises nationales	6 146	6 367	17	18	20	22	23	..
Entreprises sous contrôle étranger	826	739	-	0	0	0	..	..
Succursales d'entreprises étrangères	155	156	30	27	29	32	27	..
Ensemble des entreprises	6 301	6 523	46	45	49	53	50	..
Non-vie								
Entreprises nationales	8 059	8 294	4 412	4 707	5 235	5 774	6 023	..
Entreprises sous contrôle étranger	1 930	2 457	1 282	1 310	1 385	1 465	1 409	..
Succursales d'entreprises étrangères	987	1 011	888	929	931	1 001	1 017	..
Ensemble des entreprises	9 046	9 305	5 300	5 636	6 166	6 775	7 040	..
Mixtes								
Entreprises nationales	..	..	12 118	13 129	10 675	12 274	13 728	..
Entreprises sous contrôle étranger	..	..	583	557	558	557	571	..
Succursales d'entreprises étrangères	..	..	127	124	119	110	117	..
Ensemble des entreprises	..	..	12 245	13 253	10 794	12 384	13 845	..
dont :								
Vie	..	..	..	..	..	..	..	..
Entreprises nationales	..	..	..	..	..	..	..	..
Entreprises sous contrôle étranger	..	..	..	..	..	..	..	..
Succursales d'entreprises étrangères	..	..	..	..	..	..	..	..
Ensemble des entreprises	..	..	..	..	..	..	..	..
Non-vie	..	..	..	..	..	..	..	..
Entreprises nationales	..	..	..	..	..	..	..	..
Entreprises sous contrôle étranger	..	..	..	..	..	..	..	..
Succursales d'entreprises étrangères	..	..	..	..	..	..	..	..
Ensemble des entreprises	..	..	..	..	..	..	..	..
Total								
Entreprises nationales	14 205	14 661	16 546	17 854	15 930	18 069	19 774	..
Entreprises sous contrôle étranger	2 756	3 196	1 864	1 868	1 943	2 021	1 981	..
Succursales d'entreprises étrangères	1 142	1 167	1 045	1 079	1 079	1 143	1 161	..
Ensemble des entreprises	15 347	15 828	17 591	18 933	17 009	19 212	20 934	..

Canada
Tableau 1. Agrégats sélectionnés *(suite)*

Millions CAD

	2007	2008	2009	2010	2011	2012	2013	2014
1.5 Opérations à l'étranger par succursale, primes brutes								
Vie								
Succursales et agences	5 031	4 855	..	..	..	..	..	..
Filiales	70 438	42 509	..	..	..	..	..	..
Total	75 469	47 364	- |	..	..	..	..	..
Non-vie								
Succursales et agences	1 521	1 584	..	..	..	..	..	..
Filiales	9 934	7 662	..	..	..	..	..	..
Total	11 455	9 246	325 |	250	545	548	1 018	..
Mixtes								
Succursales et agences	..	..	..	..	..	..	..	..
Filiales	..	..	..	..	..	..	..	..
Total	..	..	41 003 |	36 677	34 423	37 741	7 942	..
dont :								
Vie	..	..	..	..	..	..	..	..
Succursales et agences	..	..	..	..	..	..	..	..
Filiales	..	..	..	..	..	..	..	..
Total	..	..	..	..	..	..	..	..
Non-vie	..	..	..	..	..	..	..	..
Succursales et agences	..	..	..	..	..	..	..	..
Filiales	..	..	..	..	..	..	..	..
Total	..	..	..	..	..	..	..	..
Total								
Succursales et agences	6 552	6 439	..	..	..	..	..	..
Filiales	80 372	50 171	..	..	..	..	..	..
Total	86 924	56 610	41 328	36 927	34 968	38 289	8 959	..

.. Non disponible ; - Néant ; | Rupture de série

Note : Voir les métadonnées détaillées sur : http://metalinks.oecd.org/isy/20160419/33e2.

Canada
Tableau 2. Nombre d'entreprises et d'employés

	2007	2008	2009	2010	2011	2012	2013	2014
2.1 Nombre d'entreprises								
Vie								
Entreprises nationales	78	76	1	1	1	1	1	..
Entreprises sous contrôle étranger	13	11	0	0	0	0	0	..
Succursales d'entreprises étrangères	35	35	9	7	5	5	5	..
Ensemble des entreprises	113	111	10	8	6	6	6	..
Non-vie								
Entreprises nationales	252	244	89	87	86	84	60	..
Entreprises sous contrôle étranger	37	38	24	23	23	23	22	..
Succursales d'entreprises étrangères	56	56	67	66	61	60	60	..
Ensemble des entreprises	308	300	156	153	147	144	120	..
Mixtes								
Entreprises nationales	2	1	46	44	43	43	34	..
Entreprises sous contrôle étranger	1	0	11	11	10	10	10	..
Succursales d'entreprises étrangères	3	4	27	26	26	21	26	..
Ensemble des entreprises	5	5	73	70	69	64	60	..
Réassurance								
Entreprises nationales	13	10	6	6	6	6	6	..
Entreprises sous contrôle étranger	8	5	5	5	6	6	6	..
Succursales d'entreprises étrangères	22	18	27	24	28	27	28	..
Ensemble des entreprises	35	28	33	30	34	33	34	..
Total								
Entreprises nationales	345	331	142	138	136	134	101	..
Entreprises sous contrôle étranger	59	54	40	39	39	39	38	..
Succursales d'entreprises étrangères	116	113	130	123	120	113	119	..
Ensemble des entreprises	461	444	272	261	256	247	220	..
2.2 Nombre d'employés								
Entreprises d'assurance	100 900	102 900	..	..	..	..	..	..
Intermédiaires	135 900	140 600	..	..	..	..	..	..
Total	236 800	243 500	..	..	..	..	..	..

.. Non disponible

Note : Voir les métadonnées détaillées sur : http://metalinks.oecd.org/isy/20160419/33e2.

Chili

Tableau 1. Agrégats sélectionnés

Millions CLP

	2007	2008	2009	2010	2011	2012	2013	2014
1.1 Opérations d'assurance conclues dans le pays déclarant								
1.1.1 Opérations d'assurance, par intérêt								
Primes brutes								
Entreprises nationales	..	..	3 504 520	4 239 694	4 691 200	5 496 223	5 832 221	6 260 019
Entreprises sous contrôle étranger	..	..	2 056 579	2 335 007	2 270 671	2 821 041	3 056 166	3 211 682
Succursales d'entreprises étrangères	..	..	-	-	..	..	..	..
Ensemble des entreprises	..	..	3 504 520	4 239 694	4 691 200	5 496 223	5 832 221	6 260 019
Primes cédées								
Entreprises nationales	..	..	644 272	..	911 543	930 906	906 942	998 507
Entreprises sous contrôle étranger	..	..	486 353	..	648 512	671 333	647 814	676 439
Succursales d'entreprises étrangères	..	..	-	..	..	..	..	..
Ensemble des entreprises	..	..	644 272	..	911 543	930 906	906 942	998 507
Primes nettes émises								
Entreprises nationales	..	..	2 860 248	..	3 779 657	4 565 317	4 925 279	5 261 513
Entreprises sous contrôle étranger	..	..	1 570 226	..	1 622 159	2 149 709	2 408 352	2 535 243
Succursales d'entreprises étrangères	..	..	-	..	..	..	..	..
Ensemble des entreprises	..	..	2 860 248	..	3 779 657	4 565 317	4 925 279	5 261 513
1.1.2 Opérations d'assurance par risque à l'étranger, primes brutes								
Vie	..	..	..	..	0	..	..	..
Non-vie	..	..	..	..	0	..	..	..
Mixtes total	x	x	x	x	x	x	x	x
Total	..	..	..	..	-	..	..	..
1.1.3 Paiement par catégories d'assurance, primes brutes (vie)								
Rentes	..	..	808 248	1 067 841	1 105 236	1 623 894	1 729 819	1 692 693
Unit linked	..	..	201 107	196 316	201 183	213 028	318 975	475 508
Autre assurance vie	..	..	1 268 495	1 531 021	1 625 966	1 761 476	1 827 419	1 948 628
Total assurance vie	..	..	2 277 850	2 795 177	2 932 385	3 598 399	3 876 213	4 116 829
***dont :** Contrats de retraite*	..	..	0	0	1 340 726	..	..	..
1.1.4 Paiement par catégories d'assurance, primes brutes (non-vie)								
L'assurance automobile	..	..	293 508	348 409	420 964	480 767	467 370	509 632
Les assurances transport (y compris maritime et aérien)	..	..	69 483	75 737	92 530	93 208	117 884	129 698
L'assurance de fret	..	..	0	0	0	0	0	0
L'assurance incendie et des dommages aux bien	..	..	439 527	539 516	663 739	726 707	711 066	788 536
L'assurance des pertes pécuniaires	..	..	44 298	49 420	58 737	62 661	55 877	62 708
L'assurance de la responsabilité civile générale	..	..	50 340	52 327	69 048	80 035	52 154	56 828
Les assurances accidents et maladie	..	..	121 524	123 267	115 563	117 127	25 789	30 296
***dont :** Maladie*	..	..	195	571	943	1 362	1 349	6 186
Autres assurances non-vie	..	..	204 829	252 717	336 427	335 850	524 059	561 863
Réassurance obligatoire	..	..	0	0	0	0	0	0
Total assurance non-vie	..	..	1 223 509	1 441 393	1 757 008	1 896 354	1 954 198	2 139 562
1.2 Paiements bruts des sinistres								
Vie								
Entreprises nationales	..	..	2 771 258	2 989 991	2 914 714	3 393 850	3 714 398	4 027 828
Entreprises sous contrôle étranger	..	..	1 177 463	1 103 085	989 305	1 353 122	1 551 286	1 580 430
Succursales d'entreprises étrangères	..	..	0	0	0	..	..	..
Ensemble des entreprises	..	..	2 771 258	2 989 991	2 914 714	3 393 850	3 714 398	4 027 828
Non-vie								
Entreprises nationales	..	..	501 155	4 196 890	658 815	874 913	896 672	260 092
Entreprises sous contrôle étranger	..	..	300 774	3 421 645	420 283	524 939	541 982	157 970
Succursales d'entreprises étrangères	..	..	0	0	0	..	..	..
Ensemble des entreprises	..	..	501 155	4 196 890	658 815	874 913	896 672	260 092
Mixtes, ensemble des entreprises	x	x	x	x	x	x	x	x
Total								
Entreprises nationales	..	..	3 272 413	7 186 881	3 573 529	4 268 763	4 611 070	4 287 920
Entreprises sous contrôle étranger	..	..	1 478 237	4 524 730	1 409 588	1 878 061	2 093 268	1 738 400
Succursales d'entreprises étrangères	..	..	-	-	-	..	..	..
Ensemble des entreprises	..	..	3 272 413	7 186 881	3 573 529	4 268 763	4 611 070	4 287 920
1.3 Commissions								
Vie								
Entreprises nationales	..	..	153 504	183 002	182 335	228 573	248 645	263 060
Entreprises sous contrôle étranger	..	..	80 584	97 836	86 321	118 560	131 550	139 650
Succursales d'entreprises étrangères	..	..	0	0	0	..	..	..
Ensemble des entreprises	..	..	153 504	183 002	182 335	228 573	248 645	263 060
Non-vie								
Entreprises nationales	..	..	145 287	171 903	205 222	224 665	230 945	260 092
Entreprises sous contrôle étranger	..	..	98 178	114 424	134 674	142 291	140 238	157 970
Succursales d'entreprises étrangères	..	..	0	0	0	..	..	..
Ensemble des entreprises	..	..	145 287	171 903	205 222	224 665	230 945	260 092
Mixtes, ensemble des entreprises	x	x	x	x	x	x	x	x
Total								
Entreprises nationales	..	..	298 791	354 905	387 557	453 238	479 590	523 153
Entreprises sous contrôle étranger	..	..	178 762	212 260	220 996	260 851	271 787	297 621
Succursales d'entreprises étrangères	..	..	-	-	-	..	..	..
Ensemble des entreprises	..	..	298 791	354 905	387 557	453 238	479 590	523 153

Chili
Tableau 1. Agrégats sélectionnés *(suite)*

Millions CLP

	2007	2008	2009	2010	2011	2012	2013	2014
1.4 Dépenses brutes d'exploitation								
Vie								
Entreprises nationales	..	..	445 121	497 317	502 620	519 184	549 344	583 313
Entreprises sous contrôle étranger	..	..	238 613	271 689	242 660	250 271	268 515	284 692
Succursales d'entreprises étrangères	..	..	0	0	0	..	..	..
Ensemble des entreprises	..	..	445 121	497 317	502 620	519 184	549 344	583 313
Non-vie								
Entreprises nationales	..	..	263 732	290 845	331 560	339 044	359 066	382 886
Entreprises sous contrôle étranger	..	..	200 942	214 753	241 486	239 100	251 791	266 721
Succursales d'entreprises étrangères	..	..	0	0	0	..	..	..
Ensemble des entreprises	..	..	263 732	290 845	331 560	339 044	359 066	382 886
Mixtes, ensemble des entreprises	x	x	x	x	x	x	x	x
Total								
Entreprises nationales	..	..	708 853	788 162	834 180	858 228	908 410	966 199
Entreprises sous contrôle étranger	..	..	439 555	486 443	484 145	489 370	520 306	551 413
Succursales d'entreprises étrangères	..	..	-	-	-	..	..	..
Ensemble des entreprises	..	..	708 853	788 162	834 180	858 228	908 410	966 199
1.5 Opérations à l'étranger par succursale, primes brutes								
Vie								
Succursales et agences	..	..	..	..	0	..	..	..
Filiales	..	..	..	..	0	..	..	..
Total	..	..	..	..	0	..	..	..
Non-vie								
Succursales et agences	..	..	..	..	0	..	..	..
Filiales	..	..	..	..	0	..	..	..
Total	..	..	..	..	0	..	..	..
Mixtes total	x	x	x	x	x	x	x	x
Total								
Succursales et agences	..	..	..	..	-	..	..	..
Filiales	..	..	..	..	-	..	..	..
Total	..	..	..	..	-	..	..	..

.. Non disponible ; - Néant ; x Sans objet

Note : Voir les métadonnées détaillées sur : http://metalinks.oecd.org/isy/20160419/ca86.

Chili
Tableau 2. Nombre d'entreprises et d'employés

	2007	2008	2009	2010	2011	2012	2013	2014
2.1 Nombre d'entreprises								
Vie								
Entreprises nationales	..	..	30	31	30	32	33	34
Entreprises sous contrôle étranger	..	..	12	12	12	11	12	12
Succursales d'entreprises étrangères	..	..	0	0	0	..	..	..
Ensemble des entreprises	..	..	30	31	30	32	33	34
Non-vie								
Entreprises nationales	..	..	25	26	27	28	29	29
Entreprises sous contrôle étranger	..	..	14	15	16	16	18	17
Succursales d'entreprises étrangères	..	..	0	0	0	..	..	..
Ensemble des entreprises	..	..	25	26	27	28	29	29
Mixtes, ensemble des entreprises	-	-	-	-	-	-	-	-
Réassurance								
Entreprises nationales	..	..	1	1	1	1	1	1
Entreprises sous contrôle étranger	..	..	1	1	1	1	1	1
Succursales d'entreprises étrangères	..	..	0	0	0	..	..	..
Ensemble des entreprises	..	..	1	1	1	1	1	1
Total								
Entreprises nationales	..	..	56	58	58	61	63	64
Entreprises sous contrôle étranger	..	..	27	28	29	28	31	30
Succursales d'entreprises étrangères	..	..	0	0	0	..	..	..
Ensemble des entreprises	..	..	56	58	58	61	63	64
2.2 Nombre d'employés								
Entreprises d'assurance	..	..	13 236	13 554	14 366	16 304	16 686	17 039
Intermédiaires	..	..	6 492	6 828	7 211	6 828	7 046	6 959
Total	..	..	19 728	20 382	21 577	23 132	23 732	23 998

.. Non disponible ; - Néant

Note : Voir les métadonnées détaillées sur : http://metalinks.oecd.org/isy/20160419/ca86.

République tchèque
Tableau 1. Agrégats sélectionnés

Millions CZK

	2007	2008	2009	2010	2011	2012	2013	2014
1.1 Opérations d'assurance conclues dans le pays déclarant								
1.1.1 Opérations d'assurance, par intérêt								
Primes brutes								
Entreprises nationales	124 044	129 630	135 645	147 259	146 494	145 572	147 955	148 755
Entreprises sous contrôle étranger	110 225	121 743	126 354	136 170	134 999	134 114	135 671	137 200
Succursales d'entreprises étrangères	8 844	10 211	8 512	8 723	8 598	8 026	8 567	9 164
Ensemble des entreprises	132 901	139 841	144 157	155 981	155 092	153 597	156 522	157 919
Primes cédées								
Entreprises nationales	22 386	23 563	23 094	26 327	27 642	27 730	29 333	29 915
Entreprises sous contrôle étranger	21 626	22 762	21 993	23 843	24 903	24 826	26 054	26 601
Succursales d'entreprises étrangères	836	1 314	1 121	1 174	1 120	984	1 016	1 250
Ensemble des entreprises	23 222	24 877	24 215	27 502	28 762	28 714	30 349	31 165
Primes nettes émises								
Entreprises nationales	101 659	106 067	112 551	120 931	118 852	117 842	118 623	118 839
Entreprises sous contrôle étranger	88 598	98 981	104 361	112 327	110 096	109 288	109 617	110 598
Succursales d'entreprises étrangères	8 008	8 896	7 391	7 548	7 478	7 041	7 550	7 914
Ensemble des entreprises	109 682	114 963	119 942	128 480	126 330	124 884	126 173	126 754
1.1.2 Opérations d'assurance par risque à l'étranger, primes brutes								
Vie	2	2	3 626	..	2	3	0	0
Non-vie	1 507	1 867	86 665	..	814	931	741	993
Mixtes	..	..	..	..	1 553	1 681	1 780	2 121
dont :								
Vie	..	..	..	..	1	0	37	360
Non-vie	..	..	..	..	1 553	1 681	1 742	1 761
Total	1 509	1 869	90 291	..	2 370	2 614	2 521	3 113
1.1.3 Paiement par catégories d'assurance, primes brutes (vie)								
Rentes	2 577	2 439	2 314	2 082	1 881	1 810	1 775	1 505
Unit linked	18 394	21 591	24 126	33 956	36 584	37 799	34 764	37 632
Autre assurance vie	33 156	32 870	33 791	35 710	33 543	32 437	35 030	32 042
Total Assurance Vie	54 127	56 901	60 232	71 748	72 008	72 046	71 569	71 179
***dont :** Contrats de retraite*	..	..	..	..	..	..	..	..
1.1.4 Paiement par catégories d'assurance, primes brutes (non-vie)								
L'assurance automobile	39 590	40 988	41 099	38 467	35 827	34 350	35 804	37 855
Les assurances transport (y compris maritime et aérien)	295	235	255	289	274	243	214	294
L'assurance de fret	469	471	376	378	385	336	393	461
L'assurance incendie et des dommages aux bien	17 722	18 835	19 847	20 151	20 586	20 832	21 442	21 687
L'assurance des pertes pécuniaires	4 591	4 530	3 873	5 047	5 413	5 190	5 920	4 933
L'assurance de la responsabilité civile générale	10 425	11 413	11 642	12 128	12 416	12 420	12 869	13 164
Les assurances accidents et maladie	3 724	4 100	4 628	5 491	5 708	5 523	5 482	5 342
***dont :** Maladie*	0	0	0	0	0	0	0	0
Autres assurances non-vie	1 945	2 368	2 204	2 284	2 477	2 656	2 825	3 002
Réassurance obligatoire	..	0	0	0	0	0	0	0
Total assurance non-vie	78 760	82 940	83 925	84 234	83 084	81 550	84 950	86 738
1.2 Paiements bruts des sinistres								
Vie								
Entreprises nationales	22 151	27 147	29 536	247 |	934	968	765	1 307
Entreprises sous contrôle étranger	18 046	26 391	28 702	247 |	934	968	765	1 307
Succursales d'entreprises étrangères	3 045	3 429	3 864	4 041	4 193	4 402	7 219	6 044
Ensemble des entreprises	25 196	30 576	33 400	4 287 |	5 127	5 370	7 984	7 352
Non-vie								
Entreprises nationales	36 021	37 999	41 439	3 939 |	2 981	3 594	5 208	6 045
Entreprises sous contrôle étranger	33 259	35 372	37 426	1 983 |	1 463	1 648	2 171	1 734
Succursales d'entreprises étrangères	316	644	903	1 001	922	746	1 184	1 353
Ensemble des entreprises	36 337	38 643	42 343	4 940 |	3 903	4 340	6 392	7 398
Mixtes								
Entreprises nationales	..	..	..	72 968 |	76 178	78 484	86 244	90 284
Entreprises sous contrôle étranger	..	..	..	69 071 |	72 105	74 012	81 355	84 712
Succursales d'entreprises étrangères	..	..	..	0	0	0	0	0
Ensemble des entreprises	..	..	..	72 968 |	76 178	78 484	86 244	90 284
dont :								
Vie	..	..	..	31 760 |	36 944	41 040	43 395	50 972
Entreprises nationales	..	..	..	31 760 |	36 944	41 040	43 395	50 972
Entreprises sous contrôle étranger	..	..	..	30 834 |	35 822	39 685	42 174	49 092
Succursales d'entreprises étrangères	..	..	..	0	0	0	0	0
Ensemble des entreprises	..	..	..	31 760 |	36 944	41 040	43 395	50 972
Non-vie	..	..	..	41 208 |	39 235	37 444	42 849	39 312
Entreprises nationales	..	..	..	41 208 |	39 235	37 444	42 849	39 312
Entreprises sous contrôle étranger	..	..	..	38 237 |	36 283	34 327	39 180	35 620
Succursales d'entreprises étrangères	..	..	..	0	0	0	0	0
Ensemble des entreprises	..	..	..	41 208 |	39 235	37 444	42 849	39 312
Total								
Entreprises nationales	58 172	65 146	70 975	77 154	80 094	83 046	92 217	97 636
Entreprises sous contrôle étranger	51 306	61 762	66 128	71 301	74 502	76 628	84 291	87 754
Succursales d'entreprises étrangères	3 361	4 074	4 768	5 041	5 116	5 148	8 403	7 397
Ensemble des entreprises	61 533	69 219	75 743	82 196	85 209	88 194	100 620	105 033

République tchèque
Tableau 1. Agrégats sélectionnés *(suite)*

Millions CZK

	2007	2008	2009	2010	2011	2012	2013	2014
1.3 Commissions								
Vie								
Entreprises nationales	343	365	..	9	628	..	..	..
Entreprises sous contrôle étranger	331	364	..	9	628	..	..	..
Succursales d'entreprises étrangères	0	0	..	0	486	..	..	..
Ensemble des entreprises	343	365	..	9	1 114	..	..	..
Non-vie								
Entreprises nationales	5 117	5 102	..	313	466	..	..	..
Entreprises sous contrôle étranger	4 997	4 937	..	257	273	..	..	..
Succursales d'entreprises étrangères	151	260	..	214	418	..	..	..
Ensemble des entreprises	5 268	5 362	..	528	884	..	..	..
Mixtes								
Entreprises nationales	..	..	..	5 035	12 386	..	..	..
Entreprises sous contrôle étranger	..	..	..	4 607	11 419	..	..	..
Succursales d'entreprises étrangères	..	..	..	0	0	..	..	..
Ensemble des entreprises	..	..	..	5 035	12 386	..	..	..
dont :								
Vie	..	..	..	414	7 407	..	..	..
Entreprises nationales	..	..	..	414	7 407	..	..	..
Entreprises sous contrôle étranger	..	..	..	414	7 243	..	..	..
Succursales d'entreprises étrangères	..	..	..	0	0	..	..	..
Ensemble des entreprises	..	..	..	414	7 407	..	..	..
Non-vie	..	..	..	4 620	4 980	..	..	..
Entreprises nationales	..	..	..	4 620	4 980	..	..	..
Entreprises sous contrôle étranger	..	..	..	4 193	4 176	..	..	..
Succursales d'entreprises étrangères	..	..	..	0	0	..	..	..
Ensemble des entreprises	..	..	..	4 620	4 980	..	..	..
Total								
Entreprises nationales	5 460	5 467	..	5 357	13 481	..	..	..
Entreprises sous contrôle étranger	5 328	5 301	..	4 873	12 320	..	..	..
Succursales d'entreprises étrangères	151	260	..	214	904	..	..	..
Ensemble des entreprises	5 611	5 727	..	5 572	14 384	..	..	..
1.4 Dépenses brutes d'exploitation								
Vie								
Entreprises nationales	10 736	11 748	12 964	1 060	1 085	1 132	748	759
Entreprises sous contrôle étranger	9 694	11 453	12 557	1 060	1 085	1 132	748	759
Succursales d'entreprises étrangères	1 645	1 672	1 387	1 440	1 617	1 659	1 587	1 459
Ensemble des entreprises	12 382	13 421	14 351	2 499	2 702	2 791	2 335	2 219
Non-vie								
Entreprises nationales	20 071	21 259	22 391	2 303	2 559	1 970	1 795	1 805
Entreprises sous contrôle étranger	18 197	19 100	19 946	1 446	1 509	1 152	987	937
Succursales d'entreprises étrangères	533	721	735	874	933	277	715	841
Ensemble des entreprises	20 603	21 980	23 126	3 177	3 491	2 247	2 510	2 646
Mixtes								
Entreprises nationales	..	..	..	31 688	33 219	21 405	21 863	22 207
Entreprises sous contrôle étranger	..	..	..	25 999	31 001	20 417	20 499	21 233
Succursales d'entreprises étrangères	..	..	..	0	0	0	0	0
Ensemble des entreprises	..	..	..	31 688	33 219	21 405	21 863	22 207
dont :								
Vie	..	..	..	12 087	13 363	12 009	11 670	11 475
Entreprises nationales	..	..	..	12 087	13 363	12 009	11 670	11 475
Entreprises sous contrôle étranger	..	..	..	11 605	12 861	11 604	11 231	11 050
Succursales d'entreprises étrangères	..	..	..	0	0	0	0	0
Ensemble des entreprises	..	..	..	12 087	13 363	12 009	11 670	11 475
Non-vie	..	..	..	19 601	19 856	9 396	10 193	10 733
Entreprises nationales	..	..	..	19 601	19 856	9 396	10 193	10 733
Entreprises sous contrôle étranger	..	..	..	17 994	18 140	8 814	9 268	10 184
Succursales d'entreprises étrangères	..	..	..	0	0	0	0	0
Ensemble des entreprises	..	..	..	19 601	19 856	9 396	10 193	10 733
Total								
Entreprises nationales	30 807	33 007	35 356	35 050	36 863	24 507	24 407	24 772
Entreprises sous contrôle étranger	27 891	30 553	32 503	28 505	33 595	22 701	22 234	22 929
Succursales d'entreprises étrangères	2 178	2 393	2 122	2 314	2 550	1 936	2 302	2 301
Ensemble des entreprises	32 985	35 400	37 477	37 364	39 413	26 443	26 708	27 072

République tchèque
Tableau 1. Agrégats sélectionnés *(suite)*

Millions CZK

	2007	2008	2009	2010	2011	2012	2013	2014
1.5 Opérations à l'étranger par succursale, primes brutes								
Vie								
Succursales et agences	259	612	1 077	- |	0	0	0	0
Filiales	..	..	..	..	..	..	..	..
Total	259	612	1 077	- |	0	0	0	0
Non-vie								
Succursales et agences	7	20	421	437 |	318	307	323	313
Filiales	..	..	..	..	..	..	..	..
Total	7	20	421	437 |	318	307	323	313
Mixtes								
Succursales et agences	..	..	..	1 264 |	1 294	1 359	3 714	4 528
Filiales	..	..	..	..	..	..	..	..
Total	..	..	..	1 264 |	1 294	1 359	3 714	4 528
dont :								
Vie	..	..	..	1 254 |	1 244	1 317	1 737	1 434
Succursales et agences	..	..	..	1 254 |	1 244	1 317	1 737	1 434
Filiales	..	..	..	..	..	..	..	..
Total	..	..	..	1 254 |	1 244	1 317	1 737	1 434
Non-vie	..	..	..	10 |	49	42	1 977	3 095
Succursales et agences	..	..	..	10 |	49	42	1 977	3 095
Filiales	..	..	..	..	..	..	..	..
Total	..	..	..	10 |	49	42	1 977	3 095
Total								
Succursales et agences	266	632	1 498	1 701	1 612	1 666	4 037	4 841
Filiales	..	..	..	..	..	..	..	..
Total	266	632	1 498	1 701	1 612	1 666	4 037	4 841

.. Non disponible ; - Néant ; | Rupture de série

Note : Voir les métadonnées détaillées sur : http://metalinks.oecd.org/isy/20160419/2e0e.

République tchèque
Tableau 2. Nombre d'entreprises et d'employés

	2007	2008	2009	2010	2011	2012	2013	2014
2.1 Nombre d'entreprises								
Vie								
Entreprises nationales	3	3	3	3	3	3	2	2
Entreprises sous contrôle étranger	3	3	3	3	3	3	2	2
Succursales d'entreprises étrangères	3	4	4	4	4	3	3	4
Ensemble des entreprises	6	7	7	7	7	6	5	6
Non-vie								
Entreprises nationales	16	17	17	17	17	16	16	15
Entreprises sous contrôle étranger	8	9	9	9	9	8	8	7
Succursales d'entreprises étrangères	13	12	12	13	14	15	15	16
Ensemble des entreprises	29	29	29	30	31	31	31	31
Mixtes								
Entreprises nationales	15	15	15	15	15	15	15	15
Entreprises sous contrôle étranger	11	12	12	12	12	12	12	12
Succursales d'entreprises étrangères	2	2	1	0	0	0	0	0
Ensemble des entreprises	17	17	16	15	15	15	15	15
Réassurance								
Entreprises nationales	0	1	1	1	1	1	1	1
Entreprises sous contrôle étranger	0	1	1	1	1	1	1	1
Succursales d'entreprises étrangères	0	0	0	0	..	..	..	..
Ensemble des entreprises	0	1	1	1	1	1	1	1
Total								
Entreprises nationales	34	36	36	36	36	35	34	33
Entreprises sous contrôle étranger	22	25	25	25	25	24	23	22
Succursales d'entreprises étrangères	18	18	17	17	18	18	18	20
Ensemble des entreprises	52	54	53	53	54	53	52	53
2.2 Nombre d'employés								
Entreprises d'assurance	14 511	14 770	14 594	..	..	..	..	..
Intermédiaires	67 529	78 980	96 957	..	..	..	..	..
Total	82 040	93 750	111 551	..	..	..	..	..

.. Non disponible

Note : Voir les métadonnées détaillées sur : http://metalinks.oecd.org/isy/20160419/2e0e.

Danemark
Tableau 1. Agrégats sélectionnés

Millions DKK

	2007	2008	2009	2010	2011	2012	2013	2014
1.1 Opérations d'assurance conclues dans le pays déclarant								
1.1.1 Opérations d'assurance, par intérêt								
Primes brutes								
Entreprises nationales	154 914	165 712	161 090	171 554	181 700	189 673	1 268 025	208 213
Entreprises sous contrôle étranger	26 723	28 089	25 454	27 763	34 560	34 996	39 736	46 022
Succursales d'entreprises étrangères	..	-	..	..	..	..	..	..
Ensemble des entreprises	154 914	165 712	..	..	181 700	189 673	1 268 025	208 213
Primes cédées								
Entreprises nationales	4 351	3 809	4 213	6 015	7 676	7 009	7 417	5 875
Entreprises sous contrôle étranger	1 190	668	706	1 456	3 427	3 293	3 199	2 080
Succursales d'entreprises étrangères	..	..	..	..	..	..	..	..
Ensemble des entreprises	..	..	..	..	7 676	7 009	7 417	5 875
Primes nettes émises								
Entreprises nationales	150 564	161 253	156 877	165 540	174 024	182 664	1 260 608	202 338
Entreprises sous contrôle étranger	25 533	27 216	24 748	26 307	31 132	31 703	36 537	43 942
Succursales d'entreprises étrangères	..	-	..	..	..	..	..	..
Ensemble des entreprises	150 564	..	..	..	174 024	182 664	1 260 608	202 338
1.1.2 Opérations d'assurance par risque à l'étranger, primes brutes								
Vie	..	..	..	..	3 099	3 530	1 125	631
Non-vie	..	..	..	..	13 950	14 359	14 611	23 099
Mixtes total	x	x	x	x	x	x	x	x
Total	..	..	..	..	17 050	17 889	15 737	23 730
1.1.3 Paiement par catégories d'assurance, primes brutes (vie)								
Rentes	81 851	88 863	..	..	..	..	..	..
Unit linked	16 410	19 479	..	..	..	..	..	..
Autre assurance vie	0	0	..	..	..	..	..	..
Total assurance vie	98 261	108 342	..	..	..	129 477	133 294	140 314
***dont** : Contrats de retraite*	..	..	..	..	..	..	..	..
1.1.4 Paiement par catégories d'assurance, primes brutes (non-vie)								
L'assurance automobile	..	..	..	..	16 520	16 511	16 304	19 310
Les assurances transport (y compris maritime et aérien)	..	..	..	..	1 328	1 397	1 263	1 174
L'assurance de fret	..	..	..	..	..	..	..	..
L'assurance incendie et des dommages aux bien	..	..	..	..	15 003	20 461	20 737	22 855
L'assurance des pertes pécuniaires	..	..	..	..	336	359	372	402
L'assurance de la responsabilité civile générale	..	..	..	..	1 857	2 023	2 061	2 377
Les assurances accidents et maladie	..	..	..	..	13 403	13 553	12 611	15 063
***dont** : Maladie*	..	..	..	..	900	1 013	1 051	1 265
Autres assurances non-vie	..	..	..	..	3 983	4 465	4 659	5 156
Réassurance obligatoire	..	..	..	..	451	638	653	867
Total assurance non-vie	..	..	..	..	52 882	59 407	58 661	67 204
1.2 Paiements bruts des sinistres								
Vie								
Entreprises nationales	69 357	69 915	69 241	77 577	86 498	92 230	111 119	124 323
Entreprises sous contrôle étranger	14 428	14 555	13 699	16 488	20 780	22 286	24 154	24 385
Succursales d'entreprises étrangères	..	..	..	..	..	..	..	..
Ensemble des entreprises	..	..	82 940	77 577	86 498	92 230	111 119	124 323
Non-vie								
Entreprises nationales	38 066	37 672	39 988	42 282	45 935	40 906	43 547	46 601
Entreprises sous contrôle étranger	6 440	5 673	6 018	6 002	7 484	6 308	6 731	13 007
Succursales d'entreprises étrangères	..	..	..	..	..	..	..	..
Ensemble des entreprises	..	..	46 006	42 282	45 935	40 906	43 547	46 601
Mixtes, ensemble des entreprises	x	x	x	x	x	x	x	x
Total								
Entreprises nationales	107 423	107 587	109 229	119 859	132 433	133 136	154 666	170 924
Entreprises sous contrôle étranger	20 868	20 227	19 716	22 490	28 264	28 594	30 885	37 392
Succursales d'entreprises étrangères	..	..	..	..	..	..	..	..
Ensemble des entreprises	..	..	128 945	119 859	132 433	133 136	154 666	170 924
1.3 Commissions								
Vie								
Entreprises nationales	651	697	493	226	235	194	182	195
Entreprises sous contrôle étranger	112	193	98	97	77	59	43	60
Succursales d'entreprises étrangères	..	..	..	..	..	..	..	..
Ensemble des entreprises	..	..	..	..	235	194	182	195
Non-vie								
Entreprises nationales	1 531	1 158	1 194	1 309	1 257	1 434	1 380	1 613
Entreprises sous contrôle étranger	585	171	230	292	257	367	361	579
Succursales d'entreprises étrangères	..	..	..	..	..	..	..	..
Ensemble des entreprises	..	..	..	..	1 257	1 434	1 380	1 613
Mixtes, ensemble des entreprises	x	x	x	x	x	x	x	x
Total								
Entreprises nationales	2 182	1 855	1 687	1 535	1 492	1 629	1 562	1 808
Entreprises sous contrôle étranger	697	364	328	389	334	426	405	639
Succursales d'entreprises étrangères	..	..	..	..	..	..	..	..
Ensemble des entreprises	..	..	..	..	1 492	1 629	1 562	1 808

Danemark
Tableau 1. Agrégats sélectionnés *(suite)*

Millions DKK

	2007	2008	2009	2010	2011	2012	2013	2014
1.4 Dépenses brutes d'exploitation								
Vie								
Entreprises nationales	4 909	5 152	4 930	4 685	5 136	5 088	4 954	4 887
Entreprises sous contrôle étranger	1 249	1 334	1 385	1 340	1 325	1 316	1 326	1 377
Succursales d'entreprises étrangères	..	..	..	..	..	..	..	..
Ensemble des entreprises	..	..	6 315	4 685	5 136	5 088	4 954	4 887
Non-vie								
Entreprises nationales	9 278	9 383	9 179	9 713	10 241	10 292	10 391	11 564
Entreprises sous contrôle étranger	2 292	1 624	1 688	1 577	1 940	2 124	2 200	3 867
Succursales d'entreprises étrangères	..	..	..	..	..	..	..	..
Ensemble des entreprises	..	..	10 867	9 713	10 241	10 292	10 391	11 564
Mixtes, ensemble des entreprises	x	x	x	x	x	x	x	x
Total								
Entreprises nationales	14 187	14 535	14 109	14 398	15 377	15 380	15 345	16 451
Entreprises sous contrôle étranger	3 541	2 958	3 073	2 917	3 265	3 440	3 526	5 244
Succursales d'entreprises étrangères	..	..	..	..	..	..	..	..
Ensemble des entreprises	..	..	17 182	14 398	15 377	15 380	15 345	16 451
1.5 Opérations à l'étranger par succursale, primes brutes								
Vie								
Succursales et agences	..	..	478	423	353	..	..	..
Filiales	..	..	..	..	..	..	..	..
Total	..	..	..	..	353	..	..	..
Non-vie								
Succursales et agences	7 933	9 626	647	8 805	9 995	10 646	10 031	9 286
Filiales	..	..	..	..	..	..	..	..
Total	..	..	..	..	9 995	10 646	10 031	9 286
Mixtes total	x	x	x	x	x	x	x	x
Total								
Succursales et agences	7 933	9 626	1 126	9 227	10 348	10 646	10 031	9 286
Filiales	..	..	..	..	..	..	..	..
Total	..	..	..	..	10 348	10 646	10 031	9 286

.. Non disponible ; - Néant ; x Sans objet

Note : Voir les métadonnées détaillées sur : http://metalinks.oecd.org/isy/20160419/2b5d.

Danemark
Tableau 2. Nombre d'entreprises et d'employés

	2007	2008	2009	2010	2011	2012	2013	2014
2.1 Nombre d'entreprises								
Vie								
Entreprises nationales	63	63	59	55	55	47	39	37
Entreprises sous contrôle étranger	10	9	8	8	8	7	5	4
Succursales d'entreprises étrangères	..	..	4	4	6	6	1	1
Ensemble des entreprises	..	..	71	59	61	53	40	38
Non-vie								
Entreprises nationales	106	113	100	87	85	76	77	63
Entreprises sous contrôle étranger	8	11	10	8	8	6	6	6
Succursales d'entreprises étrangères	..	..	10	45	41	38	48	49
Ensemble des entreprises	..	..	120	132	126	114	125	112
Mixtes, ensemble des entreprises	-	-	-	-	-	-	-	-
Réassurance								
Entreprises nationales	12	12	10	9	9	9	7	7
Entreprises sous contrôle étranger	2	..	1	0	0	..	..	..
Succursales d'entreprises étrangères	..	..	..	..	..	..	..	..
Ensemble des entreprises	..	..	11	..	9	9	7	7
Total								
Entreprises nationales	181	..	169	..	149	132	123	107
Entreprises sous contrôle étranger	20	..	19	..	16	13	11	10
Succursales d'entreprises étrangères	..	..	14	..	47	44	49	50
Ensemble des entreprises	..	..	202	..	196	176	172	157
2.2 Nombre d'employés								
Entreprises d'assurance	15 995	16 274	16 455	16 051	16 130	15 835	15 377	17 057
Intermédiaires	..	..	..	..	..	..	..	..
Total	..	..	..	..	16 130	15 835	15 377	17 057

.. Non disponible ; - Néant

Note : Voir les métadonnées détaillées sur : http://metalinks.oecd.org/isy/20160419/2b5d.

Estonie
Tableau 1. Agrégats sélectionnés

Millions EUR

	2007	2008	2009	2010	2011	2012	2013	2014
1.1 Opérations d'assurance conclues dans le pays déclarant								
1.1.1 Opérations d'assurance, par intérêt								
Primes brutes								
Entreprises nationales	..	..	281	427	403	430	523	561
Entreprises sous contrôle étranger	..	..	188	406	380	407	499	539
Succursales d'entreprises étrangères	..	..	41	-	-	51	60	70
Ensemble des entreprises	..	..	247	427	403	480	583	631
Primes cédées								
Entreprises nationales	..	..	25	20	20	..	27	28
Entreprises sous contrôle étranger	..	..	10	13	11	..	18	2
Succursales d'entreprises étrangères	..	..	..	-	-	..	..	..
Ensemble des entreprises	..	..	..	20	20	..	..	..
Primes nettes émises								
Entreprises nationales	..	..	256	406	383	..	496	534
Entreprises sous contrôle étranger	..	..	178	393	368	..	481	217
Succursales d'entreprises étrangères	..	..	..	-	-	..	..	..
Ensemble des entreprises	..	..	..	406	383	..	..	..
1.1.2 Opérations d'assurance par risque à l'étranger, primes brutes								
Vie	..	..	..	96	90	..	..	..
Non-vie	..	..	..	62	68	..	..	..
Mixtes total	x	x	x	x	x	x	x	x
Total	..	..	..	158	158	..	..	..
1.1.3 Paiement par catégories d'assurance, primes brutes (vie)								
Rentes	..	..	6	8	9	10	17	19
Unit linked	..	..	33	104	84	27	87	109
Autre assurance vie	..	..	37	61	67	30	66	63
Total assurance vie	..	..	76	173	160	68	171	191
***dont :** Contrats de retraite*	..	..	-	1	26	30	33	37
1.1.4 Paiement par catégories d'assurance, primes brutes (non-vie)								
L'assurance automobile	..	..	161	148	142	143	229	244
Les assurances transport (y compris maritime et aérien)	..	..	1	1	1	3	2	2
L'assurance de fret	..	..	1	2	2	..	3	4
L'assurance incendie et des dommages aux bien	..	..	56	63	63	59	99	107
L'assurance des pertes pécuniaires	..	..	12	4	5	5	8	9
L'assurance de la responsabilité civile générale	..	..	5	8	9	6	15	16
Les assurances accidents et maladie	..	..	7	28	30	15	40	42
***dont :** Maladie*	..	..	..	..	..	..	9	..
Autres assurances non-vie	..	..	0	1	1	1	9	16
Réassurance obligatoire	..	..	..	0	0	..	8	..
Total assurance non-vie	..	..	242	254	253	231	412	440
1.2 Paiements bruts des sinistres								
Vie								
Entreprises nationales	..	..	44	82	115	112	101	..
Entreprises sous contrôle étranger	..	..	16	82	115	112	101	..
Succursales d'entreprises étrangères	..	..	..	-	0	..	..	..
Ensemble des entreprises	..	..	44	82	115	112	101	..
Non-vie								
Entreprises nationales	..	..	121	153	154	147	197	..
Entreprises sous contrôle étranger	..	..	86	139	141	134	184	..
Succursales d'entreprises étrangères	..	..	28	-	0	..	33	..
Ensemble des entreprises	..	..	149	153	154	147	230	246
Mixtes, ensemble des entreprises	x	x	x	x	x	x	x	x
Total								
Entreprises nationales	..	..	165	235	270	259	298	..
Entreprises sous contrôle étranger	..	..	102	221	256	246	285	..
Succursales d'entreprises étrangères	..	..	28	-	-	..	33	..
Ensemble des entreprises	..	..	193	235	270	259	331	246
1.3 Commissions								
Vie								
Entreprises nationales	..	..	..	3	8	9	19	21
Entreprises sous contrôle étranger	..	..	..	3	8	9	19	21
Succursales d'entreprises étrangères	..	..	..	-	0	..	..	..
Ensemble des entreprises	..	..	..	3	8	9	19	..
Non-vie								
Entreprises nationales	..	..	..	17	17	4	72	73
Entreprises sous contrôle étranger	..	..	..	16	15	2	67	69
Succursales d'entreprises étrangères	..	..	..	-	0	..	..	..
Ensemble des entreprises	..	..	..	17	17	4	72	..
Mixtes, ensemble des entreprises	x	x	x	x	x	x	x	x
Total								
Entreprises nationales	..	..	..	20	25	13	90	94
Entreprises sous contrôle étranger	..	..	..	18	23	11	86	89
Succursales d'entreprises étrangères	..	..	..	-	-	..	..	..
Ensemble des entreprises	..	..	..	20	25	13	90	..

Estonie
Tableau 1. Agrégats sélectionnés *(suite)*

Millions EUR

	2007	2008	2009	2010	2011	2012	2013	2014
1.4 Dépenses brutes d'exploitation								
Vie								
Entreprises nationales	..	..	..	21	24	23	9	9
Entreprises sous contrôle étranger	..	..	..	21	24	23	9	9
Succursales d'entreprises étrangères	..	..	..	-	0	..	..	..
Ensemble des entreprises	..	..	..	21	24	23	9	..
Non-vie								
Entreprises nationales	..	..	..	71	74	73	27	30
Entreprises sous contrôle étranger	..	..	..	64	67	67	25	29
Succursales d'entreprises étrangères	..	..	..	-	0	..	..	..
Ensemble des entreprises	..	..	..	71	74	73	27	..
Mixtes, ensemble des entreprises	x	x	x	x	x	x	x	x
Total								
Entreprises nationales	..	..	..	92	98	96	37	40
Entreprises sous contrôle étranger	..	..	..	85	91	90	35	38
Succursales d'entreprises étrangères	..	..	..	-	-	..	..	..
Ensemble des entreprises	..	..	..	92	98	96	37	..
1.5 Opérations à l'étranger par succursale, primes brutes								
Vie								
Succursales et agences	..	..	47	96	90	85	94	114
Filiales	..	..	..	-	0	..	..	..
Total	..	..	47	96	90	85	94	114
Non-vie								
Succursales et agences	..	..	28	62	68	96	170	174
Filiales	..	..	..	-	0	..	..	..
Total	..	..	28	62	68	96	170	174
Mixtes total	x	x	x	x	x	x	x	x
Total								
Succursales et agences	..	..	75	158	158	181	264	288
Filiales	..	..	..	-	-	..	..	..
Total	..	..	75	158	158	181	264	288

.. Non disponible ; - Néant ; x Sans objet

Note : Voir les métadonnées détaillées sur : http://metalinks.oecd.org/isy/20160419/b1c3.

Estonie
Tableau 2. Nombre d'entreprises et d'employés

	2007	2008	2009	2010	2011	2012	2013	2014
2.1 Nombre d'entreprises								
Vie								
Entreprises nationales	..	..	5	5	4	4	4	4
Entreprises sous contrôle étranger	..	..	4	5	4	4	4	4
Succursales d'entreprises étrangères	..	..	0	0	0	1	1	1
Ensemble des entreprises	..	..	5	5	4	5	5	5
Non-vie								
Entreprises nationales	..	..	7	8	8	8	8	8
Entreprises sous contrôle étranger	..	..	4	5	5	5	5	5
Succursales d'entreprises étrangères	..	..	5	0	0	4	4	4
Ensemble des entreprises	..	..	12	8	8	12	12	12
Mixtes, ensemble des entreprises	-	-	-	-	-	-	-	-
Réassurance								
Entreprises nationales	..	..	..	0	0	..	0	0
Entreprises sous contrôle étranger	..	..	..	0	0	..	0	0
Succursales d'entreprises étrangères	..	..	..	0	0	..	..	..
Ensemble des entreprises	..	..	..	0	0	..	..	..
Total								
Entreprises nationales	..	..	..	13	12	12	12	12
Entreprises sous contrôle étranger	..	..	..	10	9	9	9	9
Succursales d'entreprises étrangères	..	..	..	0	0	5	5	5
Ensemble des entreprises	..	..	..	13	12	17	17	17
2.2 Nombre d'employés								
Entreprises d'assurance	..	..	1 737	2 702	1 867	1 903	2 596	2 561
Intermédiaires	..	..	..	..	814	849	1 271	1 217
Total	..	..	1 737	..	2 681	2 752	3 867	3 778

.. Non disponible ; - Néant

Note : Voir les métadonnées détaillées sur : http://metalinks.oecd.org/isy/20160419/b1c3.

Finlande
Tableau 1. Agrégats sélectionnés

Millions EUR

	2007	2008	2009	2010	2011	2012	2013	2014
1.1 Opérations d'assurance conclues dans le pays déclarant								
1.1.1 Opérations d'assurance, par intérêt								
Primes brutes								
Entreprises nationales	6 057	6 207	6 817	8 770	7 279	7 279	9 834	10 632
Entreprises sous contrôle étranger	..	..	2 053	..	..	2 317	3 357	3 698
Succursales d'entreprises étrangères	-	..	..	..	..	..	..	..
Ensemble des entreprises	6 051	6 203	6 817	8 770	7 279	7 279	9 834	10 632
Primes cédées								
Entreprises nationales	237	251	245	242	240	240	257	259
Entreprises sous contrôle étranger	..	..	28	..	..	20	19	15
Succursales d'entreprises étrangères	-	..	..	..	..	..	..	..
Ensemble des entreprises	237	251	245	242	240	240	257	259
Primes nettes émises								
Entreprises nationales	5 820	5 956	6 781	8 528	7 039	7 039	9 577	10 373
Entreprises sous contrôle étranger	..	..	2 053	..	..	2 297	3 338	3 683
Succursales d'entreprises étrangères	-	..	..	..	..	..	..	..
Ensemble des entreprises	5 820	5 956	6 781	8 528	7 039	7 039	9 577	10 373
1.1.2 Opérations d'assurance par risque à l'étranger, primes brutes								
Vie	196	2	..	..	..	..	..	..
Non-vie	53	61	..	..	..	..	..	..
Mixtes total	..	..	..	..	..	..	..	..
Total	249	64	..	..	..	..	..	..
1.1.3 Paiement par catégories d'assurance, primes brutes (vie)								
Rentes	1 279	1 659	1 127	2 798	1 988	1 988	2 458	2 544
Unit linked	1 271	829	2 114	1 297	1 255	1 255	2 509	2 929
Autre assurance vie	230	319	104	1 120	505	505	614	619
Total assurance vie	2 779	2 808	3 345	5 215	3 749	3 749	5 581	6 092
dont : *Contrats de retraite*	887	1 022	949	1 491	828	828	819	756
1.1.4 Paiement par catégories d'assurance, primes brutes (non-vie)								
L'assurance automobile	1 182	1 236	1 292	1 282	1 389	1 474	1 520	1 591
Les assurances transport (y compris maritime et aérien)	70	55	57	60	64	68	70	70
L'assurance de fret	61	59	54	49	50	53	55	56
L'assurance incendie et des dommages aux bien	687	726	765	750	828	864	929	985
L'assurance des pertes pécuniaires	32	31	36	41	38	33	33	30
L'assurance de la responsabilité civile générale	178	176	167	169	191	191	239	392
Les assurances accidents et maladie	827	863	852	846	938	1 024	1 048	1 060
dont : *Maladie*	137	161	176	191	218	245	264	299
Autres assurances non-vie	108	113	115	117	129	131	144	152
Réassurance obligatoire	136	134	..	122	132	149	149	135
Total assurance non-vie	3 281	3 394	3 467	3 435	3 759	3 986	4 187	4 471
1.2 Paiements bruts des sinistres								
Vie								
Entreprises nationales	3 011	3 493	2 855	3 919	3 592	3 917	3 927	3 871
Entreprises sous contrôle étranger	..	..	..	..	1 013	1 479	1 399	1 160
Succursales d'entreprises étrangères	..	..	..	..	..	..	..	..
Ensemble des entreprises	3 011	3 493	2 855	3 919	3 592	3 917	3 927	3 871
Non-vie								
Entreprises nationales	2 221	2 350	2 345	2 568	2 706	2 873	2 858	2 939
Entreprises sous contrôle étranger	..	..	..	..	676	696	741	724
Succursales d'entreprises étrangères	0	..	..	..	..	..	..	..
Ensemble des entreprises	2 221	2 350	2 345	2 568	2 706	2 873	2 858	2 939
Mixtes, ensemble des entreprises	..	..	..	..	..	..	..	..
Total								
Entreprises nationales	5 232	5 843	5 201	6 487	6 298	6 790	6 785	6 810
Entreprises sous contrôle étranger	..	..	..	..	1 689	2 175	2 140	1 884
Succursales d'entreprises étrangères	-	..	..	..	..	..	..	..
Ensemble des entreprises	5 232	5 843	5 201	6 487	6 298	6 790	6 785	6 810
1.3 Commissions								
Vie								
Entreprises nationales	57	54	54	64	81	68	90	-83
Entreprises sous contrôle étranger	..	..	..	..	7	6	9	-10
Succursales d'entreprises étrangères	..	..	..	..	..	..	..	..
Ensemble des entreprises	57	54	54	64	81	68	90	-83
Non-vie								
Entreprises nationales	68	75	68	99	90	102	58	-142
Entreprises sous contrôle étranger	..	..	..	..	13	16	21	-18
Succursales d'entreprises étrangères	0	..	..	..	..	..	..	..
Ensemble des entreprises	68	75	68	99	90	102	58	-142
Mixtes, ensemble des entreprises	..	..	..	..	..	..	..	..
Total								
Entreprises nationales	125	130	122	163	171	170	148	-225
Entreprises sous contrôle étranger	..	..	..	..	21	22	30	-28
Succursales d'entreprises étrangères	-	..	..	..	..	..	..	..
Ensemble des entreprises	125	130	122	163	171	170	148	-225

Finlande
Tableau 1. Agrégats sélectionnés *(suite)*

Millions EUR

	2007	2008	2009	2010	2011	2012	2013	2014
1.4 Dépenses brutes d'exploitation								
Vie								
Entreprises nationales	216	216	230	255	275	283	302	317
Entreprises sous contrôle étranger	..	..	..	..	39	36	34	36
Succursales d'entreprises étrangères	..	..	..	..	..	..	..	..
Ensemble des entreprises	216	216	230	255	275	283	302	317
Non-vie								
Entreprises nationales	627	670	690	699	738	778	827	844
Entreprises sous contrôle étranger	..	..	..	..	138	143	161	158
Succursales d'entreprises étrangères	0	..	..	..	..	..	..	..
Ensemble des entreprises	627	670	690	699	738	778	827	844
Mixtes, ensemble des entreprises	..	..	..	..	..	..	..	..
Total								
Entreprises nationales	843	886	921	954	1 013	1 061	1 129	1 161
Entreprises sous contrôle étranger	..	..	..	..	177	179	195	194
Succursales d'entreprises étrangères	-	..	..	..	..	..	..	..
Ensemble des entreprises	843	886	921	954	1 013	1 061	1 129	1 161
1.5 Opérations à l'étranger par succursale, primes brutes								
Vie								
Succursales et agences	196	380	480	598	614	203	162	107
Filiales	..	..	..	..	..	..	..	..
Total	196	377	480	598	614	203	162	107
Non-vie								
Succursales et agences	48	61	9	..	..	..	..	..
Filiales	53	..	..	..	..	..	..	..
Total	53	..	9	..	..	..	..	..
Mixtes total	..	..	..	..	..	..	..	..
Total								
Succursales et agences	244	441	490	598	614	203	162	107
Filiales	53	..	..	..	..	..	..	..
Total	249	377	490	598	614	203	162	107

.. Non disponible ; - Néant

Note : Voir les métadonnées détaillées sur : http://metalinks.oecd.org/isy/20160419/e856.

Finlande
Tableau 2. Nombre d'entreprises et d'employés

	2007	2008	2009	2010	2011	2012	2013	2014
2.1 Nombre d'entreprises								
Vie								
Entreprises nationales	12	12	12	11	11	13	13	13
Entreprises sous contrôle étranger	0	..	..	..	1	1	1	1
Succursales d'entreprises étrangères	0	..	..	..	..	..	..	..
Ensemble des entreprises	12	12	12	11	11	13	13	13
Non-vie								
Entreprises nationales	104	104	103	79	78	42	42	38
Entreprises sous contrôle étranger	0	..	..	..	1	1	1	1
Succursales d'entreprises étrangères	0	..	..	..	..	..	..	..
Ensemble des entreprises	104	104	103	79	78	42	42	38
Mixtes, ensemble des entreprises	..	..	..	..	..	..	..	..
Réassurance								
Entreprises nationales	4	2	2	2	2	..	..	..
Entreprises sous contrôle étranger	0	..	..	..	..	..	..	..
Succursales d'entreprises étrangères	0	..	..	..	..	..	..	..
Ensemble des entreprises	4	2	2	2	2	..	..	..
Total								
Entreprises nationales	120	118	117	92	91	55	55	51
Entreprises sous contrôle étranger	0	..	..	..	2	2	2	2
Succursales d'entreprises étrangères	0	..	..	..	..	..	..	..
Ensemble des entreprises	120	118	117	92	91	55	55	51
2.2 Nombre d'employés								
Entreprises d'assurance	7 506	9 268	9 316	9 221	9 321	9 321	9 231	8 980
Intermédiaires	267	330	331	331	338	342	203	216
Total	7 773	9 598	9 647	9 552	9 659	9 663	9 434	9 196

.. Non disponible

Note : Voir les métadonnées détaillées sur : http://metalinks.oecd.org/isy/20160419/e856.

France
Tableau 1. Agrégats sélectionnés

Millions EUR

	2007	2008	2009	2010	2011	2012	2013	2014
1.1 Opérations d'assurance conclues dans le pays déclarant								
1.1.1 Opérations d'assurance, par intérêt								
Primes brutes								
Entreprises nationales	236 767	197 407	216 463	224 190	207 586	201 207	207 521	221 223
Entreprises sous contrôle étranger	..	..	..	..	..	..	..	..
Succursales d'entreprises étrangères	913	190	190	84	95	104	103	103
Ensemble des entreprises	228 470	190 005	216 654	224 274	207 680	201 310	207 624	221 327
Primes cédées								
Entreprises nationales	22 824	19 742	18 050	19 192	20 994	21 638	22 115	19 932
Entreprises sous contrôle étranger	..	..	..	..	..	..	..	..
Succursales d'entreprises étrangères	96	16	17	18	19	18	19	22
Ensemble des entreprises	22 920	19 758	18 067	19 210	21 013	21 657	22 135	19 954
Primes nettes émises								
Entreprises nationales	213 940	177 666	198 413	204 998	186 592	179 568	185 406	201 291
Entreprises sous contrôle étranger	..	..	..	..	..	..	..	..
Succursales d'entreprises étrangères	817	174	178	66	76	85	84	82
Ensemble des entreprises	205 749	170 371	198 591	205 064	186 668	179 654	185 490	201 373
1.1.2 Opérations d'assurance par risque à l'étranger, primes brutes								
Vie	130	188	430	429	107	83	259	73
Non-vie	353	455	367	391	1 592	1 589	1 735	1 876
Mixtes	..	..	..	..	227	206	636	468
dont :								
Vie	..	..	..	..	226	206	167	456
Non-vie	..	..	..	..	1	1	469	12
Total	483	644	797	821	1 926	1 879	2 631	2 416
1.1.3 Paiement par catégories d'assurance, primes brutes (vie)								
Rentes	..	..	..	..	..	..	..	..
Unit linked	..	..	46 699	220 612	..	..	..	..
Autre assurance vie	..	..	..	..	..	..	..	..
Total Assurance Vie	..	..	..	..	..	..	..	..
dont : *Contrats de retraite*	..	..	..	..	..	..	..	..
1.1.4 Paiement par catégories d'assurance, primes brutes (non-vie)								
L'assurance automobile	..	..	..	..	..	..	..	..
Les assurances transport (y compris maritime et aérien)	..	..	..	..	..	..	..	..
L'assurance de fret	..	..	..	..	..	..	..	..
L'assurance incendie et des dommages aux bien	..	..	..	..	..	..	..	..
L'assurance des pertes pécuniaires	..	..	..	..	..	..	..	..
L'assurance de la responsabilité civile générale	..	..	..	..	..	..	..	..
Les assurances accidents et maladie	..	..	..	..	..	..	..	..
dont : *Maladie*	..	..	..	..	..	..	..	..
Autres assurances non-vie	..	..	..	..	..	..	..	..
Réassurance obligatoire	..	..	..	..	..	..	..	..
Total assurance non-vie	82 568	67 702	68 945	71 329	71 324	76 295	..	..
1.2 Paiements bruts des sinistres								
Vie								
Entreprises nationales	85 940	97 535	21 613 |	22 766	30 961	31 131	25 663	26 144
Entreprises sous contrôle étranger	..	..	..	..	..	..	..	..
Succursales d'entreprises étrangères	640	..	..	..	..	..	..	..
Ensemble des entreprises	86 581	97 535	21 613 |	22 766	30 961	31 131	25 663	26 144
Non-vie								
Entreprises nationales	41 457	42 247	43 467 |	49 368	48 584	50 472	45 317	61 895
Entreprises sous contrôle étranger	..	..	..	..	..	..	..	..
Succursales d'entreprises étrangères	90	88	95	44	51	59	59	52
Ensemble des entreprises	41 547	42 514	43 562 |	49 412	48 635	50 531	45 376	61 947
Mixtes								
Entreprises nationales	..	..	75 111 |	73 529	93 502	98 016	97 287	86 518
Entreprises sous contrôle étranger	..	..	..	..	..	..	..	..
Succursales d'entreprises étrangères	..	..	..	..	..	..	..	..
Ensemble des entreprises	..	..	75 111 |	73 529	93 502	98 016	97 287	86 518
dont :								
Vie	..	..	..	..	..	..	88 620	..
Entreprises nationales	..	..	..	..	..	..	88 620	..
Entreprises sous contrôle étranger	..	..	..	..	..	..	..	..
Succursales d'entreprises étrangères	..	..	..	..	..	..	..	..
Ensemble des entreprises	..	..	..	..	..	..	88 620	..
Non-vie	..	..	..	..	..	..	8 667	..
Entreprises nationales	..	..	..	..	..	..	8 667	..
Entreprises sous contrôle étranger	..	..	..	..	..	..	..	..
Succursales d'entreprises étrangères	..	..	..	..	..	..	..	..
Ensemble des entreprises	..	..	..	..	..	..	8 667	..
Total								
Entreprises nationales	127 397	139 781	140 191	145 663	173 047	179 619	168 267	174 557
Entreprises sous contrôle étranger	..	..	..	..	..	..	..	..
Succursales d'entreprises étrangères	731	88	95	44	51	59	59	52
Ensemble des entreprises	128 128	140 049	140 286	145 707	173 098	179 678	168 326	174 608

France
Tableau 1. Agrégats sélectionnés *(suite)*

Millions EUR

	2007	2008	2009	2010	2011	2012	2013	2014
1.3 Commissions								
Vie								
Entreprises nationales	6 966	6 222	6 323	1 323 |	1 682	1 705	..	..
Entreprises sous contrôle étranger	..	..	..	..	..	..	..	..
Succursales d'entreprises étrangères	88	..	..	..	..	..	..	..
Ensemble des entreprises	7 053	6 222	6 323	1 323 |	1 682	1 705	..	..
Non-vie								
Entreprises nationales	9 110	9 569	9 983	10 198 |	10 449	10 610	..	..
Entreprises sous contrôle étranger	..	..	..	..	..	..	..	..
Succursales d'entreprises étrangères	54	61	66	18	19	22	..	..
Ensemble des entreprises	9 164	9 630	10 048	10 215 |	10 468	10 633	..	..
Mixtes								
Entreprises nationales	..	..	..	5 201 |	5 915	5 717	..	..
Entreprises sous contrôle étranger	..	..	..	..	..	..	..	..
Succursales d'entreprises étrangères	..	..	..	..	..	..	..	..
Ensemble des entreprises	..	..	..	5 201 |	5 915	5 717	..	..
dont :								
Vie	..	..	..	.. |	4 985	4 677	..	..
Entreprises nationales	..	..	..	.. |	4 985	4 677	..	..
Entreprises sous contrôle étranger	..	..	..	..	..	..	..	..
Succursales d'entreprises étrangères	..	..	..	..	..	..	..	..
Ensemble des entreprises	..	..	..	.. |	4 985	4 677	..	..
Non-vie	..	..	..	.. |	930	1 041	..	..
Entreprises nationales	..	..	..	.. |	930	1 041	..	..
Entreprises sous contrôle étranger	..	..	..	..	..	..	..	..
Succursales d'entreprises étrangères	..	..	..	..	..	..	..	..
Ensemble des entreprises	..	..	..	.. |	930	1 041	..	..
Total								
Entreprises nationales	16 076	15 791	16 306	16 722	18 046	18 033	..	..
Entreprises sous contrôle étranger	..	..	..	..	..	..	..	..
Succursales d'entreprises étrangères	141	61	66	18	19	22	..	..
Ensemble des entreprises	16 217	15 852	16 371	16 739	18 065	18 055	..	..
1.4 Dépenses brutes d'exploitation								
Vie								
Entreprises nationales	3 938	4 825	2 481 |	719	842	2 982	2 828	2 893
Entreprises sous contrôle étranger	..	..	..	..	..	..	..	..
Succursales d'entreprises étrangères	34	..	..	..	..	..	..	..
Ensemble des entreprises	3 972	4 825	2 481 |	719	842	2 982	2 828	2 893
Non-vie								
Entreprises nationales	4 913	5 406	14 448 |	5 842	5 487	15 726	15 969	16 156
Entreprises sous contrôle étranger	..	..	..	..	..	..	..	..
Succursales d'entreprises étrangères	19	16	17	8	10	9	..	8
Ensemble des entreprises	4 931	5 421	14 465 |	5 849	5 497	15 726	15 969	16 164
Mixtes								
Entreprises nationales	..	..	11 460 |	4 505	4 937	12 392	12 957	13 439
Entreprises sous contrôle étranger	..	..	..	..	..	..	..	..
Succursales d'entreprises étrangères	..	..	..	..	..	..	..	..
Ensemble des entreprises	..	..	11 460 |	4 505	4 937	12 392	12 957	13 439
dont :								
Vie	..	..	..	..	..	..	10 533	10 808
Entreprises nationales	..	..	..	..	..	..	10 533	..
Entreprises sous contrôle étranger	..	..	..	..	..	..	..	..
Succursales d'entreprises étrangères	..	..	..	..	..	..	..	..
Ensemble des entreprises	..	..	..	..	..	..	10 533	10 808
Non-vie	..	..	..	..	..	..	2 424	2 631
Entreprises nationales	..	..	..	..	..	..	2 424	..
Entreprises sous contrôle étranger	..	..	..	..	..	..	..	..
Succursales d'entreprises étrangères	..	..	..	..	..	..	..	..
Ensemble des entreprises	..	..	..	..	..	..	2 424	2 631
Total								
Entreprises nationales	8 851	10 230	28 389	11 066	11 266	31 100	31 754	32 488
Entreprises sous contrôle étranger	..	..	..	..	..	..	..	..
Succursales d'entreprises étrangères	53	16	17	8	10	9	..	8
Ensemble des entreprises	8 904	10 246	28 406	11 074	11 276	31 100	31 754	32 497

France
Tableau 1. Agrégats sélectionnés *(suite)*

Millions EUR

	2007	2008	2009	2010	2011	2012	2013	2014
1.5 Opérations à l'étranger par succursale, primes brutes								
Vie								
Succursales et agences	963	908	1 205	1 761	1 929	1 895	2 691	2 860
Filiales	..	..	..	..	..	..	..	..
Total	963	908	1 205	1 761	1 929	1 895	2 691	2 860
Non-vie								
Succursales et agences	3 538	3 929	4 191	5 111	5 592	4 107	4 176	4 960
Filiales	..	..	..	..	..	..	..	..
Total	3 538	3 928	4 191	5 111	5 592	4 107	4 176	4 960
Mixtes								
Succursales et agences	..	..	..	..	..	..	..	..
Filiales	..	..	..	..	..	..	..	..
Total	..	..	..	..	..	..	..	..
dont :								
Vie	..	..	..	..	..	..	..	..
Succursales et agences	..	..	..	..	..	..	..	..
Filiales	..	..	..	..	..	..	..	..
Total	..	..	..	..	..	..	..	..
Non-vie	..	..	..	..	..	..	..	..
Succursales et agences	..	..	..	..	..	..	..	..
Filiales	..	..	..	..	..	..	..	..
Total	..	..	..	..	..	..	..	..
Total								
Succursales et agences	4 501	4 837	5 396	6 872	7 521	6 001	6 867	7 820
Filiales	..	..	..	..	..	..	..	..
Total	4 501	4 836	5 396	6 872	7 521	6 001	6 867	7 820

.. Non disponible ; | Rupture de série

Note : Voir les métadonnées détaillées sur : http://metalinks.oecd.org/isy/20160419/4a5d.

France
Tableau 2. Nombre d'entreprises et d'employés

	2007	2008	2009	2010	2011	2012	2013	2014
2.1 Nombre d'entreprises								
Vie								
Entreprises nationales	67	64	63	61	61	62	59	55
Entreprises sous contrôle étranger	1	0	..	..	..	..	..	..
Succursales d'entreprises étrangères	..	..	..	..	..	..	..	..
Ensemble des entreprises	68	64	63	61	61	62	59	55
Non-vie								
Entreprises nationales	241	226	259	257	250	221	212	206
Entreprises sous contrôle étranger	10	10	9	8	7	5	..	..
Succursales d'entreprises étrangères	..	..	..	..	..	..	4	4
Ensemble des entreprises	251	236	259	257	250	221	216	210
Mixtes								
Entreprises nationales	41	43	38	39	40	40	38	38
Entreprises sous contrôle étranger	..	..	..	..	..	..	..	..
Succursales d'entreprises étrangères	..	..	..	..	..	..	..	..
Ensemble des entreprises	41	43	38	39	40	40	38	38
Réassurance								
Entreprises nationales	27	26	26	24	20	16	16	15
Entreprises sous contrôle étranger	..	..	..	..	..	..	..	..
Succursales d'entreprises étrangères	..	..	..	..	..	..	..	..
Ensemble des entreprises	27	26	26	24	20	16	16	15
Total								
Entreprises nationales	376	359	386	381	371	339	325	314
Entreprises sous contrôle étranger	11	10	..	..	7	5	..	..
Succursales d'entreprises étrangères	..	..	..	..	..	..	4	4
Ensemble des entreprises	387	369	386	381	371	339	329	318
2.2 Nombre d'employés								
Entreprises d'assurance	..	..	..	..	..	..	..	..
Intermédiaires	..	..	..	..	..	..	..	..
Total	..	..	..	..	..	..	..	..

.. Non disponible

Note : Voir les métadonnées détaillées sur : http://metalinks.oecd.org/isy/20160419/4a5d.

Allemagne
Tableau 1. Agrégats sélectionnés

Millions EUR

	2007	2008	2009	2010	2011	2012	2013	2014
1.1 Opérations d'assurance conclues dans le pays déclarant								
1.1.1 Opérations d'assurance, par intérêt								
Primes brutes								
Entreprises nationales	202 207	203 214	174 647	180 083	178 145	233 661	243 304	246 201
Entreprises sous contrôle étranger	40 282	40 241	35 702	37 912	35 602	37 194	39 396	38 694
Succursales d'entreprises étrangères	2 490	3 000	3 000	1 744	5 560	8 062	7 963	8 796
Ensemble des entreprises	204 697	206 214	177 647	181 828	183 705	235 634	251 267	254 997
Primes cédées								
Entreprises nationales	24 193	22 757	15 976	14 656	15 996	23 045	25 709	27 853
Entreprises sous contrôle étranger	6 281	5 838	3 899	3 414	3 905	3 947	4 645	4 615
Succursales d'entreprises étrangères	311	362	..	..	..	100	108	103
Ensemble des entreprises	24 504	23 119	..	..	..	23 145	25 817	27 956
Primes nettes émises								
Entreprises nationales	178 014	180 457	158 671	165 427	162 149	210 616	217 596	218 348
Entreprises sous contrôle étranger	34 000	34 403	31 804	34 499	31 696	33 247	34 751	34 078
Succursales d'entreprises étrangères	2 180	2 639	..	..	..	1 873	7 854	8 693
Ensemble des entreprises	180 194	183 096	..	..	..	212 489	225 450	227 041
1.1.2 Opérations d'assurance par risque à l'étranger, primes brutes								
Vie	..	..	..	..	..	..	..	..
Non-vie	..	..	..	..	..	..	..	..
Mixtes total	x	x	x	x	x	x	x	x
Total	..	..	..	..	..	..	..	..
1.1.3 Paiement par catégories d'assurance, primes brutes (vie)								
Rentes	18 050	18 333	23 949	27 898	27 237	29 443	32 863	34 019
Unit linked	10 053	11 051	12 113	13 466	12 808	12 721	12 919	13 863
Autre assurance vie	46 395	45 885	44 304	44 734	40 660	40 822	41 934	40 891
Total assurance vie	74 498	75 269	80 365	86 098	80 705	82 986	87 716	88 774
***dont :** Contrats de retraite*	..	..	..	..	..	..	..	..
1.1.4 Paiement par catégories d'assurance, primes brutes (non-vie)								
L'assurance automobile	26 945	26 110	25 745	24 680	26 350	27 577	28 592	31 425
Les assurances transport (y compris maritime et aérien)	4 822	4 701	4 689	4 535	4 156	4 537	4 476	4 379
L'assurance de fret	..	..	..	..	..	..	..	..
L'assurance incendie et des dommages aux bien	50 434	30 254	32 555	33 154	36 611	34 420	36 832	35 422
L'assurance des pertes pécuniaires	2 370	2 484	1 245	2 910	2 979	2 754	2 815	2 088
L'assurance de la responsabilité civile générale	12 030	11 801	11 887	11 648	12 321	12 623	13 265	14 213
Les assurances accidents et maladie	39 349	39 990	50 621	45 055	47 235	48 823	49 395	48 811
***dont :** Maladie*	31 557	32 225	33 350	37 290	39 555	41 036	41 747	40 924
Autres assurances non-vie	3 996	4 147	3 819	4 195	4 316	4 794	4 841	4 865
Réassurance obligatoire	..	..	..	..	..	..	..	..
Total assurance non-vie	119 109	119 487	130 561	126 177	133 968	135 526	140 215	141 203
1.2 Paiements bruts des sinistres								
Vie								
Entreprises nationales	64 051	69 881	62 837	71 181	85 244	66 288	69 267	74 625
Entreprises sous contrôle étranger	13 539	15 304	..	..	..	15 284	17 017	17 510
Succursales d'entreprises étrangères	..	..	..	..	..	..	..	..
Ensemble des entreprises	64 051	69 881	62 837	71 181	85 244	66 288	69 267	74 625
Non-vie								
Entreprises nationales	79 720	79 917	91 083	84 864	93 574	101 839	113 293	72 709
Entreprises sous contrôle étranger	9 636	9 337	..	..	..	12 192	12 402	8 955
Succursales d'entreprises étrangères	..	..	..	..	..	..	..	..
Ensemble des entreprises	79 720	79 917	91 083	84 864	93 574	101 839	113 293	72 709
Mixtes, ensemble des entreprises	x	x	x	x	x	x	x	x
Total								
Entreprises nationales	143 771	149 797	153 920	156 045	178 818	168 127	182 560	147 334
Entreprises sous contrôle étranger	23 174	24 641	..	..	..	27 475	29 419	26 465
Succursales d'entreprises étrangères	..	..	..	..	..	..	..	..
Ensemble des entreprises	143 771	149 797	153 920	156 045	178 818	168 127	182 560	147 334
1.3 Commissions								
Vie								
Entreprises nationales	5 380	5 229	5 514	5 875	6 312	6 005	5 367	5 583
Entreprises sous contrôle étranger	1 771	1 929	..	..	..	1 771	1 604	1 533
Succursales d'entreprises étrangères	..	..	..	..	..	..	..	..
Ensemble des entreprises	5 380	5 229	5 514	5 875	6 312	6 005	5 367	5 583
Non-vie								
Entreprises nationales	8 829	9 369	9 904	9 627	9 908	10 069	10 048	10 221
Entreprises sous contrôle étranger	1 882	2 005	..	..	..	1 985	1 720	1 626
Succursales d'entreprises étrangères	..	..	..	..	..	..	..	..
Ensemble des entreprises	8 829	9 369	9 904	9 627	9 908	10 069	10 048	10 221
Mixtes, ensemble des entreprises	x	x	x	x	x	x	x	x
Total								
Entreprises nationales	14 208	14 598	15 419	15 502	16 220	16 074	15 416	15 805
Entreprises sous contrôle étranger	3 652	3 934	..	..	..	3 756	3 323	3 159
Succursales d'entreprises étrangères	..	..	..	..	..	..	..	..
Ensemble des entreprises	14 208	14 598	15 419	15 502	16 220	16 074	15 416	15 805

Allemagne
Tableau 1. Agrégats sélectionnés (*suite*)

Millions EUR

	2007	2008	2009	2010	2011	2012	2013	2014
1.4 Dépenses brutes d'exploitation								
Vie								
Entreprises nationales	13 016	13 339	9 827	14 203	14 545	4 051	3 954	3 963
Entreprises sous contrôle étranger	3 041	3 214	..	..	..	925	921	894
Succursales d'entreprises étrangères	..	..	..	..	..	..	..	..
Ensemble des entreprises	13 016	13 339	9 827	14 203	14 545	4 051	3 954	3 963
Non-vie								
Entreprises nationales	26 505	26 694	30 298	27 565	28 382	11 593	11 599	10 296
Entreprises sous contrôle étranger	3 641	3 664	..	..	..	1 528	1 400	1 187
Succursales d'entreprises étrangères	..	..	..	..	..	..	..	..
Ensemble des entreprises	26 505	26 694	30 298	27 565	28 382	11 593	11 599	10 296
Mixtes, ensemble des entreprises	x	x	x	x	x	x	x	x
Total								
Entreprises nationales	39 521	40 034	40 125	41 768	42 927	15 644	15 553	14 259
Entreprises sous contrôle étranger	6 681	6 878	..	..	..	2 453	2 321	2 081
Succursales d'entreprises étrangères	..	..	..	..	..	..	..	..
Ensemble des entreprises	39 521	40 034	40 125	41 768	42 927	15 644	15 553	14 259
1.5 Opérations à l'étranger par succursale, primes brutes								
Vie								
Succursales et agences	158	160	142	..	..	..	..	..
Filiales	..	..	..	..	..	..	..	..
Total	158	160	142	..	..	..	..	..
Non-vie								
Succursales et agences	1 336	991	988	..	..	..	..	..
Filiales	..	..	..	..	..	..	..	..
Total	1 336	991	988	..	..	..	..	..
Mixtes total	x	x	x	x	x	x	x	x
Total								
Succursales et agences	1 494	1 151	1 129	..	..	..	..	..
Filiales	..	..	..	..	..	..	..	..
Total	1 494	1 151	1 129	..	..	..	..	..

.. Non disponible ; x Sans objet

Note : Voir les métadonnées détaillées sur : http://metalinks.oecd.org/isy/20160419/6dc8.

Allemagne
Tableau 2. Nombre d'entreprises et d'employés

	2007	2008	2009	2010	2011	2012	2013	2014
2.1 Nombre d'entreprises								
Vie								
Entreprises nationales	102	100	96	96	95	90	91	91
Entreprises sous contrôle étranger	23	21	22	19	20	19	17	17
Succursales d'entreprises étrangères	21	24	21	21	20	19	2	2
Ensemble des entreprises	123	124	117	117	115	109	93	93
Non-vie								
Entreprises nationales	279	278	266	261	265	256	259	255
Entreprises sous contrôle étranger	34	32	27	25	25	25	23	21
Succursales d'entreprises étrangères	67	68	64	72	69	62	3	3
Ensemble des entreprises	346	346	330	333	334	318	262	258
Mixtes, ensemble des entreprises	-	-	-	-	-	-	-	-
Réassurance								
Entreprises nationales	41	41	38	35	33	30	29	27
Entreprises sous contrôle étranger	10	10	5	5	5	6	4	3
Succursales d'entreprises étrangères	0	0	0	7	7	7	1	1
Ensemble des entreprises	41	41	38	42	40	37	30	28
Total								
Entreprises nationales	422	419	400	392	393	376	379	373
Entreprises sous contrôle étranger	67	63	54	49	50	50	44	41
Succursales d'entreprises étrangères	88	92	85	100	96	88	6	6
Ensemble des entreprises	510	511	485	492	489	464	385	379
2.2 Nombre d'employés								
Entreprises d'assurance	140 228	128 180	140 609	123 595	125 783	126 625	128 755	126 755
Intermédiaires	32 525	29 991	8 120	27 927	27 952	27 407	27 331	26 982
Total	172 753	158 171	148 729	151 522	153 735	154 032	156 086	153 737

- Néant

Note : Voir les métadonnées détaillées sur : http://metalinks.oecd.org/isy/20160419/6dc8.

Grèce
Tableau 1. Agrégats sélectionnés

Millions EUR

	2007	2008	2009	2010	2011	2012	2013	2014
1.1 Opérations d'assurance conclues dans le pays déclarant								
1.1.1 Opérations d'assurance, par intérêt								
Primes brutes								
Entreprises nationales	5 141	4 851	2 354	4 818	4 691	4 289	4 071	3 806
Entreprises sous contrôle étranger	2 027	..	1 208	1 877	2 130	2 071	1 730	1 696
Succursales d'entreprises étrangères	75	460	481	427	261	211	0	0
Ensemble des entreprises	5 216	5 311	5 194	5 246	4 952	4 499	4 071	3 806
Primes cédées								
Entreprises nationales	581	528	193	523	737	534	824	471
Entreprises sous contrôle étranger	272	..	96	226	439	235	214	206
Succursales d'entreprises étrangères	3	106	116	96	90	0	0	0
Ensemble des entreprises	583	633	310	619	827	534	824	471
Primes nettes émises								
Entreprises nationales	4 561	4 323	2 161	4 295	3 954	3 754	3 247	3 334
Entreprises sous contrôle étranger	1 755	..	1 111	1 651	1 691	1 836	1 516	1 490
Succursales d'entreprises étrangères	72	354	365	332	171	211	0	0
Ensemble des entreprises	4 633	4 678	2 526	4 627	4 125	3 965	3 247	3 335
1.1.2 Opérations d'assurance par risque à l'étranger, primes brutes								
Vie	..	..	..	..	..	..	..	..
Non-vie	..	..	..	..	..	..	..	..
Mixtes	..	..	..	..	..	..	..	..
dont :								
Vie	..	..	..	..	..	..	..	..
Non-vie	..	..	..	..	..	..	..	..
Total	..	..	..	..	..	..	..	..
1.1.3 Paiement par catégories d'assurance, primes brutes (vie)								
Rentes	..	180	..	..	..	165	142	129
Unit linked	728	560	..	..	..	368	240	396
Autre assurance vie	1 792	1 756	..	..	..	1 406	1 299	1 353
Total Assurance Vie	2 520	2 496	..	..	..	1 939	1 681	1 879
***dont :** Contrats de retraite*	282	237	..	..	..	205	143	151
1.1.4 Paiement par catégories d'assurance, primes brutes (non-vie)								
L'assurance automobile	1 636	1 691	1 713	1 965	1 840	1 569	1 417	1 154
Les assurances transport (y compris maritime et aérien)	37	36	33	28	25	21	19	19
L'assurance de fret	49	51	37	33	27	24	24	21
L'assurance incendie et des dommages aux bien	573	603	604	576	529	538	529	448
L'assurance des pertes pécuniaires	70	75	81	65	69	78	69	30
L'assurance de la responsabilité civile générale	80	82	86	81	73	78	76	67
Les assurances accidents et maladie	74	82	79	76	76	68	64	57
***dont :** Maladie*	..	11	20	18	19	20	0	0
Autres assurances non-vie	169	189	181	153	146	179	188	128
Réassurance obligatoire	0	0	..	0	0	0	0	0
Total assurance non-vie	2 690	2 809	2 814	2 995	2 786	2 556	2 386	1 924
1.2 Paiements bruts des sinistres								
Vie								
Entreprises nationales	1 238	1 289	655 |	692	822	1 300	1 072	900
Entreprises sous contrôle étranger	734	..	524 |	506	591	1 017	707	1
Succursales d'entreprises étrangères	..	183	240	269	263	0	0	0
Ensemble des entreprises	1 238	1 471	894 |	961	1 085	1 300	1 072	900
Non-vie								
Entreprises nationales	1 209	1 285	540 |	550	501	431	373	355
Entreprises sous contrôle étranger	289	..	139 |	144	146	142	121	224
Succursales d'entreprises étrangères	..	57	70	35	47	0	1	1
Ensemble des entreprises	1 209	1 342	610 |	586	549	431	375	356
Mixtes								
Entreprises nationales	..	..	1 270 |	1 317	1 408	1 291	1 096	1 018
Entreprises sous contrôle étranger	..	..	399 |	422	430	441	364	412
Succursales d'entreprises étrangères	..	..	..	0	0	0	0	0
Ensemble des entreprises	..	..	1 270 |	1 317	1 408	1 291	1 096	1 018
dont :								
Vie	..	..	648 |	703	866	791	669	613
Entreprises nationales	..	..	648 |	703	866	791	669	613
Entreprises sous contrôle étranger	..	..	194 |	255	285	282	226	7
Succursales d'entreprises étrangères	..	..	..	0	0	0	0	0
Ensemble des entreprises	..	..	648 |	703	866	791	669	613
Non-vie	..	..	622 |	614	541	501	426	405
Entreprises nationales	..	..	622 |	614	541	501	426	405
Entreprises sous contrôle étranger	..	..	205 |	166	145	159	138	405
Succursales d'entreprises étrangères	..	..	..	0	0	0	0	0
Ensemble des entreprises	..	..	622 |	614	541	501	426	405
Total								
Entreprises nationales	2 446	2 574	2 464	2 559	2 731	3 022	2 541	2 273
Entreprises sous contrôle étranger	1 023	..	1 061	1 072	1 167	1 600	1 192	637
Succursales d'entreprises étrangères	..	239	310	304	310	0	1	1
Ensemble des entreprises	2 446	2 813	2 774	2 864	3 042	3 022	2 542	2 274

Grèce
Tableau 1. Agrégats sélectionnés *(suite)*

Millions EUR

	2007	2008	2009	2010	2011	2012	2013	2014
1.3 Commissions								
Vie								
Entreprises nationales	323	267	..	..	..	..	..	95
Entreprises sous contrôle étranger	169	139	..	..	..	..	..	70
Succursales d'entreprises étrangères	..	42	..	..	..	..	..	0
Ensemble des entreprises	323	309	..	..	..	..	..	95
Non-vie								
Entreprises nationales	505	425	..	..	..	..	..	161
Entreprises sous contrôle étranger	110	121	..	..	..	..	..	63
Succursales d'entreprises étrangères	..	37	..	..	..	..	..	0
Ensemble des entreprises	505	462	..	..	..	..	..	162
Mixtes								
Entreprises nationales	..	..	..	..	..	..	..	276
Entreprises sous contrôle étranger	..	..	..	..	..	..	..	115
Succursales d'entreprises étrangères	..	..	..	..	..	..	..	0
Ensemble des entreprises	..	..	..	..	..	..	..	276
dont :								
Vie	..	..	..	..	..	..	..	102
Entreprises nationales	..	..	..	..	..	..	..	102
Entreprises sous contrôle étranger	..	..	..	..	..	..	..	39
Succursales d'entreprises étrangères	..	..	..	..	..	..	..	0
Ensemble des entreprises	..	..	..	..	..	..	..	102
Non-vie	..	..	..	..	..	..	..	174
Entreprises nationales	..	..	..	..	..	..	..	174
Entreprises sous contrôle étranger	..	..	..	..	..	..	..	76
Succursales d'entreprises étrangères	..	..	..	..	..	..	..	0
Ensemble des entreprises	..	..	..	..	..	..	..	174
Total								
Entreprises nationales	827	692	..	..	..	..	..	532
Entreprises sous contrôle étranger	279	259	..	..	..	..	..	248
Succursales d'entreprises étrangères	..	79	..	..	..	..	..	0
Ensemble des entreprises	827	771	..	..	..	..	..	532
1.4 Dépenses brutes d'exploitation								
Vie								
Entreprises nationales	345	305	192 |	177	182	82	79	176
Entreprises sous contrôle étranger	225	168	163 |	137	139	75	66	141
Succursales d'entreprises étrangères	..	32	62	59	57	0	0	0
Ensemble des entreprises	345	336	254 |	236	239	82	79	176
Non-vie								
Entreprises nationales	369	412	342 |	395	373	104	124	264
Entreprises sous contrôle étranger	137	113	113 |	135	137	59	61	115
Succursales d'entreprises étrangères	..	18	64	53	60	1	0	0
Ensemble des entreprises	369	430	406 |	448	432	106	124	264
Mixtes								
Entreprises nationales	..	..	509 |	608	543	67	169	404
Entreprises sous contrôle étranger	..	..	158 |	189	191	16	57	154
Succursales d'entreprises étrangères	..	..	..	0	0	0	0	0
Ensemble des entreprises	..	..	509 |	608	543	67	169	404
dont :								
Vie	..	..	157 |	195	176	36	53	144
Entreprises nationales	..	..	157 |	195	176	36	53	144
Entreprises sous contrôle étranger	..	..	51 |	70	69	11	21	53
Succursales d'entreprises étrangères	..	..	..	0	0	0	0	0
Ensemble des entreprises	..	..	157 |	195	176	36	53	144
Non-vie	..	..	352 |	413	368	31	116	260
Entreprises nationales	..	..	352 |	413	368	31	116	260
Entreprises sous contrôle étranger	..	..	106 |	119	122	4	36	101
Succursales d'entreprises étrangères	..	..	..	0	0	0	0	0
Ensemble des entreprises	..	..	352 |	413	368	31	116	260
Total								
Entreprises nationales	713	717	1 043	1 179	1 098	253	372	844
Entreprises sous contrôle étranger	362	282	434	461	467	150	184	410
Succursales d'entreprises étrangères	..	49	125	112	117	1	0	0
Ensemble des entreprises	713	766	1 169	1 291	1 215	254	372	844

Grèce
Tableau 1. Agrégats sélectionnés (*suite*)

Millions EUR

	2007	2008	2009	2010	2011	2012	2013	2014
1.5 Opérations à l'étranger par succursale, primes brutes								
Vie								
Succursales et agences	..	9	3	16	0	..	..	..
Filiales	..	..	..	..	..	..	..	..
Total	..	9	..	16	0	..	..	..
Non-vie								
Succursales et agences	..	3	2	14	0	..	..	..
Filiales	..	..	..	..	..	..	..	..
Total	..	3	..	14	0	..	..	..
Mixtes								
Succursales et agences	..	..	..	..	..	..	..	..
Filiales	..	..	..	..	..	..	..	..
Total	..	..	..	..	..	..	..	..
dont :								
Vie	..	..	..	..	..	..	..	..
Succursales et agences	..	..	..	..	..	..	..	..
Filiales	..	..	..	..	..	..	..	..
Total	..	..	..	..	..	..	..	..
Non-vie	..	..	..	..	..	..	..	..
Succursales et agences	..	..	..	..	..	..	..	..
Filiales	..	..	..	..	..	..	..	..
Total	..	..	..	..	..	..	..	..
Total								
Succursales et agences	..	12	6	30	-	..	..	..
Filiales	..	..	..	..	..	..	..	..
Total	..	12	..	30	-	..	..	..

.. Non disponible ; - Néant ; | Rupture de série

Note : Voir les métadonnées détaillées sur : http://metalinks.oecd.org/isy/20160419/57bd.

Grèce
Tableau 2. Nombre d'entreprises et d'employés

	2007	2008	2009	2010	2011	2012	2013	2014
2.1 Nombre d'entreprises								
Vie								
Entreprises nationales	14	14	14	11	10	11	11	11
Entreprises sous contrôle étranger	9	9	9	6	6	7	7	7
Succursales d'entreprises étrangères	1	3	3	1	1	0	0	0
Ensemble des entreprises	15	26	17	12	11	11	11	11
Non-vie								
Entreprises nationales	43	42	30	32	31	31	28	24
Entreprises sous contrôle étranger	12	12	10	7	7	7	7	6
Succursales d'entreprises étrangères	10	18	17	2	2	2	2	2
Ensemble des entreprises	53	72	47	34	33	33	30	26
Mixtes								
Entreprises nationales	12	12	11	12	11	11	11	11
Entreprises sous contrôle étranger	3	3	4	4	4	4	4	4
Succursales d'entreprises étrangères	0	0	..	0	0	0	0	0
Ensemble des entreprises	12	15	11	12	11	11	11	11
Réassurance								
Entreprises nationales	0	0	..	0	0	0	0	0
Entreprises sous contrôle étranger	0	0	..	0	0	0	0	0
Succursales d'entreprises étrangères	0	0	..	0	0	0	0	0
Ensemble des entreprises	0	0	..	0	0	0	0	0
Total								
Entreprises nationales	69	68	55	55	52	53	50	46
Entreprises sous contrôle étranger	24	24	..	17	17	18	18	17
Succursales d'entreprises étrangères	11	21	20	3	3	2	2	2
Ensemble des entreprises	80	113	75	58	55	55	52	48
2.2 Nombre d'employés								
Entreprises d'assurance	8 820	8 653	..	..	..	..	..	..
Intermédiaires	18 915	18 915	..	..	..	..	..	..
Total	27 735	27 568	..	..	..	..	..	..

.. Non disponible

Note : Voir les métadonnées détaillées sur : http://metalinks.oecd.org/isy/20160419/57bd.

Hongrie
Tableau 1. Agrégats sélectionnés

Millions HUF

	2007	2008	2009	2010	2011	2012	2013	2014
1.1 Opérations d'assurance conclues dans le pays déclarant								
1.1.1 Opérations d'assurance, par intérêt								
Primes brutes								
Entreprises nationales	930 754	885 590	825 793	842 781	815 038	760 249	801 210	833 664
Entreprises sous contrôle étranger	795 422	774 940	788 388	802 202	770 794	718 932	763 286	796 332
Succursales d'entreprises étrangères	-	..	..	..	..	..	..	..
Ensemble des entreprises	930 754	885 590	825 793	842 781	815 038	760 249	801 210	833 664
Primes cédées								
Entreprises nationales	126 880	110 046	131 366	134 572	131 231	127 261	111 755	116 117
Entreprises sous contrôle étranger	112 063	98 068	121 701	123 702	120 088	118 373	104 254	108 557
Succursales d'entreprises étrangères	-	..	..	..	..	..	..	..
Ensemble des entreprises	126 880	110 046	131 366	134 572	131 231	127 261	111 755	116 117
Primes nettes émises								
Entreprises nationales	803 873	775 544	694 427	708 209	683 807	632 989	689 455	717 547
Entreprises sous contrôle étranger	683 359	676 872	666 687	678 500	650 706	600 559	659 032	687 774
Succursales d'entreprises étrangères	-	..	..	..	..	..	..	..
Ensemble des entreprises	803 873	775 544	694 427	708 209	683 807	632 989	689 455	717 547
1.1.2 Opérations d'assurance par risque à l'étranger, primes brutes								
Vie	428	964	1 831	2 501	30 145	3 284	3 358	3 533
Non-vie	6 110	7 168	1 243	1 568	2 165	1 257	1 840	1 923
Mixtes	..	..	3 701	5 030	5 326	7 943	4 500	2 829
dont :								
Vie	..	..	39	64	80	279	781	228
Non-vie	..	..	3 662	4 965	5 246	7 665	3 719	2 602
Total	6 538	8 132	6 775	9 099	37 636	12 484	9 698	8 285
1.1.3 Paiement par catégories d'assurance, primes brutes (vie)								
Rentes	5 897	9 843	6 234	4 459	4 247	3 529	2 975	3 147
Unit linked	338 898	289 155	253 623	295 752	298 106	261 098	286 919	282 059
Autre assurance vie	166 296	165 725	155 725	147 947	142 599	138 251	146 439	171 738
Total Assurance Vie	511 091	464 724	415 582	448 159	444 952	402 878	436 333	456 944
***dont :** Contrats de retraite*	103	85	68	51	37	..	19	..
1.1.4 Paiement par catégories d'assurance, primes brutes (non-vie)								
L'assurance automobile	235 046	228 627	219 468	200 559	164 432	147 428	144 515	152 283
Les assurances transport (y compris maritime et aérien)	1 208	742	1 080	1 098	933	663	661	793
L'assurance de fret	3 206	3 008	2 615	2 798	3 082	2 405	2 552	2 856
L'assurance incendie et des dommages aux bien	130 337	137 801	138 136	140 943	147 551	152 904	159 562	158 219
L'assurance des pertes pécuniaires	5 303	4 633	4 387	3 829	4 922	2 930	3 739	3 672
L'assurance de la responsabilité civile générale	17 389	18 806	18 556	17 560	17 956	18 856	20 074	21 904
Les assurances accidents et maladie	20 139	20 215	19 161	20 323	22 596	23 361	25 922	28 358
***dont :** Maladie*	6 979	8 238	7 593	7 599	5 929	7 128	8 559	9 558
Autres assurances non-vie	7 206	7 009	6 780	7 479	8 811	8 758	7 781	8 557
Réassurance obligatoire	0	0	..	..	..	..	..	..
Total assurance non-vie	419 835	420 840	410 183	394 588	370 284	357 305	364 806	376 641
1.2 Paiements bruts des sinistres								
Vie								
Entreprises nationales	266 583	303 727	132 391	142 272	170 016	153 649	139 994	130 633
Entreprises sous contrôle étranger	224 961	261 985	124 751	131 643	158 484	150 320	129 594	121 318
Succursales d'entreprises étrangères	0	..	..	..	..	..	..	..
Ensemble des entreprises	266 583	303 727	132 391	142 272	170 016	153 649	139 994	130 633
Non-vie								
Entreprises nationales	220 574	217 975	18 943	19 173	18 824	22 516	25 692	27 416
Entreprises sous contrôle étranger	201 787	191 543	9 618	12 193	11 865	11 387	12 611	13 973
Succursales d'entreprises étrangères	..	..	..	..	..	..	..	..
Ensemble des entreprises	220 574	217 975	18 943	19 173	18 824	22 516	25 692	27 416
Mixtes								
Entreprises nationales	..	..	359 394	441 811	411 093	413 298	422 789	379 879
Entreprises sous contrôle étranger	..	..	359 394	441 811	411 093	413 298	422 789	379 879
Succursales d'entreprises étrangères	..	..	..	..	..	..	..	..
Ensemble des entreprises	..	..	359 394	441 811	411 093	413 298	422 789	379 879
dont :								
Vie	..	..	176 947	228 884	236 953	240 059	242 802	212 244
Entreprises nationales	..	..	176 947	228 884	236 953	240 059	242 802	212 244
Entreprises sous contrôle étranger	..	..	176 947	228 884	236 953	240 059	242 802	212 244
Succursales d'entreprises étrangères	..	..	..	..	..	..	..	..
Ensemble des entreprises	..	..	176 947	228 884	236 953	240 059	242 802	212 244
Non-vie	..	..	182 447	212 928	174 139	173 240	179 988	167 635
Entreprises nationales	..	..	182 447	212 928	174 139	173 240	179 988	167 635
Entreprises sous contrôle étranger	..	..	182 447	212 928	174 139	173 240	179 988	167 635
Succursales d'entreprises étrangères	..	..	..	..	..	..	..	..
Ensemble des entreprises	..	..	182 447	212 928	174 139	173 240	179 988	167 635
Total								
Entreprises nationales	487 158	521 702	510 729	603 256	599 932	589 464	588 475	537 928
Entreprises sous contrôle étranger	426 748	453 528	493 763	585 648	581 441	575 006	564 995	515 171
Succursales d'entreprises étrangères	-	..	..	..	..	..	..	..
Ensemble des entreprises	487 158	521 702	510 729	603 256	599 932	589 464	588 475	537 928

Hongrie
Tableau 1. Agrégats sélectionnés (*suite*)

Millions HUF

	2007	2008	2009	2010	2011	2012	2013	2014
1.3 Commissions								
Vie								
Entreprises nationales	55 422	55 718	21 500 |	23 836	23 907	20 760	14 900	14 024
Entreprises sous contrôle étranger	53 509	51 963	16 617 |	13 107	13 391	14 215	11 559	11 559
Succursales d'entreprises étrangères	0	..	..	..	..	..	..	..
Ensemble des entreprises	55 422	55 718	21 500 |	23 836	23 907	20 760	14 900	14 024
Non-vie								
Entreprises nationales	50 156	52 409	5 302 |	5 722	6 479	6 319	7 349	7 243
Entreprises sous contrôle étranger	42 825	45 215	2 933 |	5 088	5 335	4 457	4 813	4 948
Succursales d'entreprises étrangères	..	..	..	..	..	..	..	..
Ensemble des entreprises	50 156	52 409	5 302 |	5 722	6 479	6 319	7 349	7 243
Mixtes								
Entreprises nationales	..	..	72 427 |	74 369	74 891	69 058	75 007	72 592
Entreprises sous contrôle étranger	..	..	72 427 |	74 369	74 891	69 058	75 007	72 592
Succursales d'entreprises étrangères	..	..	..	..	..	..	..	..
Ensemble des entreprises	..	..	72 427 |	74 369	74 891	69 058	75 007	72 592
dont :								
Vie	..	..	27 160 |	28 121	30 426	26 909	29 847	30 235
Entreprises nationales	..	..	27 160 |	28 121	30 426	26 909	29 847	30 235
Entreprises sous contrôle étranger	..	..	27 160 |	28 121	30 426	26 909	29 847	30 235
Succursales d'entreprises étrangères	..	..	..	..	..	..	..	..
Ensemble des entreprises	..	..	27 160 |	28 121	30 426	26 909	29 847	30 235
Non-vie	..	..	45 267 |	46 248	44 465	42 148	45 160	42 357
Entreprises nationales	..	..	45 267 |	46 248	44 465	42 148	45 160	42 357
Entreprises sous contrôle étranger	..	..	45 267 |	46 248	44 465	42 148	45 160	42 357
Succursales d'entreprises étrangères	..	..	..	..	..	..	..	..
Ensemble des entreprises	..	..	45 267 |	46 248	44 465	42 148	45 160	42 357
Total								
Entreprises nationales	105 577	108 127	99 230	103 927	105 277	96 136	97 256	93 859
Entreprises sous contrôle étranger	96 334	97 179	91 977	92 564	93 617	87 729	91 380	89 099
Succursales d'entreprises étrangères	-	..	..	..	..	..	..	..
Ensemble des entreprises	105 577	108 127	99 230	103 927	105 277	96 136	97 256	93 859
1.4 Dépenses brutes d'exploitation								
Vie								
Entreprises nationales	99 435	105 164	42 768 |	56 566	52 633	37 846	32 595	35 399
Entreprises sous contrôle étranger	93 033	92 507	15 559 |	37 256	36 587	32 963	27 473	30 053
Succursales d'entreprises étrangères	0	..	..	..	..	..	..	..
Ensemble des entreprises	99 435	105 164	42 768 |	56 566	52 633	37 846	32 595	35 399
Non-vie								
Entreprises nationales	125 391	132 374	14 175 |	15 324	17 229	16 277	17 413	17 638
Entreprises sous contrôle étranger	103 020	106 404	7 192 |	11 678	12 859	10 465	11 126	11 890
Succursales d'entreprises étrangères	..	..	..	..	..	..	..	..
Ensemble des entreprises	125 391	132 374	14 175 |	15 324	17 229	16 277	17 413	17 638
Mixtes								
Entreprises nationales	..	..	160 403 |	175 554	170 062	155 577	172 680	181 142
Entreprises sous contrôle étranger	..	..	160 403 |	175 554	170 062	155 577	172 680	181 142
Succursales d'entreprises étrangères	..	..	..	..	..	..	..	..
Ensemble des entreprises	..	..	160 403 |	175 554	170 062	155 577	172 680	181 142
dont :								
Vie	..	..	47 882 |	65 371	68 791	55 125	56 633	70 675
Entreprises nationales	..	..	47 882 |	65 371	68 791	55 125	56 633	70 675
Entreprises sous contrôle étranger	..	..	47 882 |	65 371	68 791	55 125	56 633	70 675
Succursales d'entreprises étrangères	..	..	..	..	..	..	..	..
Ensemble des entreprises	..	..	47 882 |	65 371	68 791	55 125	56 633	70 675
Non-vie	..	..	112 521 |	110 183	101 271	100 451	116 047	110 467
Entreprises nationales	..	..	112 521 |	110 183	101 271	100 451	116 047	110 467
Entreprises sous contrôle étranger	..	..	112 521 |	110 183	101 271	100 451	116 047	110 467
Succursales d'entreprises étrangères	..	..	..	..	..	..	..	..
Ensemble des entreprises	..	..	112 521 |	110 183	101 271	100 451	116 047	110 467
Total								
Entreprises nationales	224 826	237 538	217 346	247 444	239 924	209 699	222 687	234 179
Entreprises sous contrôle étranger	196 054	198 911	183 154	224 487	219 509	199 004	211 279	223 085
Succursales d'entreprises étrangères	-	..	..	..	..	..	..	..
Ensemble des entreprises	224 826	237 538	217 346	247 444	239 924	209 699	222 687	234 179

Hongrie
Tableau 1. Agrégats sélectionnés *(suite)*

Millions HUF

	2007	2008	2009	2010	2011	2012	2013	2014
1.5 Opérations à l'étranger par succursale, primes brutes								
Vie								
Succursales et agences	..	..	..	..	..	..	..	..
Filiales	..	..	..	..	..	..	..	..
Total	..	..	..	..	..	..	..	..
Non-vie								
Succursales et agences	..	..	..	..	..	..	..	..
Filiales	..	..	..	..	..	..	..	..
Total	..	..	..	..	..	..	..	..
Mixtes								
Succursales et agences	..	..	..	..	..	..	..	..
Filiales	..	..	..	..	..	..	..	..
Total	..	..	..	..	..	..	..	..
dont :								
Vie								
Succursales et agences	..	..	..	..	..	..	..	..
Filiales	..	..	..	..	..	..	..	..
Total	..	..	..	..	..	..	..	..
Non-vie								
Succursales et agences	..	..	..	..	..	..	..	..
Filiales	..	..	..	..	..	..	..	..
Total	..	..	..	..	..	..	..	..
Total								
Succursales et agences	..	..	..	..	..	..	..	..
Filiales	..	..	..	..	..	..	..	..
Total	..	..	..	..	..	..	..	..

.. Non disponible ; - Néant ; | Rupture de série

Note : Voir les métadonnées détaillées sur : http://metalinks.oecd.org/isy/20160419/a1fc.

Hongrie
Tableau 2. Nombre d'entreprises et d'employés

	2007	2008	2009	2010	2011	2012	2013	2014
2.1 Nombre d'entreprises								
Vie								
Entreprises nationales	12	11	12	12	12	12	10	10
Entreprises sous contrôle étranger	8	8	9	9	9	9	7	7
Succursales d'entreprises étrangères	0	0	0	0	..	..	..	..
Ensemble des entreprises	12	11	12	12	12	12	10	10
Non-vie								
Entreprises nationales	12	13	15	15	15	13	12	12
Entreprises sous contrôle étranger	4	7	7	9	9	7	6	6
Succursales d'entreprises étrangères	8	11	11	14	12	14	14	14
Ensemble des entreprises	20	24	26	29	27	27	26	26
Mixtes								
Entreprises nationales	10	11	10	10	10	10	10	10
Entreprises sous contrôle étranger	11	10	10	10	10	10	10	10
Succursales d'entreprises étrangères	0	1	1	0	1	1	1	1
Ensemble des entreprises	10	12	11	10	11	11	11	11
Réassurance								
Entreprises nationales	0	0	..	..	..	..	..	..
Entreprises sous contrôle étranger	0	0	..	..	..	..	..	..
Succursales d'entreprises étrangères	0	0	..	..	..	..	..	..
Ensemble des entreprises	0	0	..	..	..	..	..	..
Total								
Entreprises nationales	34	35	37	37	37	35	32	32
Entreprises sous contrôle étranger	23	25	26	28	28	26	23	23
Succursales d'entreprises étrangères	8	12	12	14	13	15	15	15
Ensemble des entreprises	42	47	49	51	50	50	47	47
2.2 Nombre d'employés								
Entreprises d'assurance	14 181	14 467	..	10 547	9 580	9 701	9 363	9 229
Intermédiaires	14 561	15 384	..	17 067	16 950	13 572	13 083	12 768
Total	28 742	29 851	..	27 615	26 530	23 273	22 445	21 997

.. Non disponible

Note : Voir les métadonnées détaillées sur : http://metalinks.oecd.org/isy/20160419/a1fc.

Islande
Tableau 1. Agrégats sélectionnés

Millions ISK

	2007	2008	2009	2010	2011	2012	2013	2014
1.1 Opérations d'assurance conclues dans le pays déclarant								
1.1.1 Opérations d'assurance, par intérêt								
Primes brutes								
Entreprises nationales	37 519	41 724	34 293	46 636	48 117	50 490	51 142	51 849
Entreprises sous contrôle étranger	-	-	3 732	4 082	4 464	4 788	5 088	5 401
Succursales d'entreprises étrangères	-	-	-	-	-	..	..	..
Ensemble des entreprises	37 435	41 721	34 293	46 636	48 117	50 490	51 142	51 849
Primes cédées								
Entreprises nationales	3 127	3 061	2 546	3 621	3 425	3 371	3 136	2 918
Entreprises sous contrôle étranger	-	-	260	476	328	318	310	310
Succursales d'entreprises étrangères	-	-	-	-	-	..	..	..
Ensemble des entreprises	2 696	3 061	2 546	3 621	3 425	3 371	3 136	2 918
Primes nettes émises								
Entreprises nationales	34 392	38 663	31 747	43 015	44 692	47 118	48 005	48 931
Entreprises sous contrôle étranger	-	-	3 472	3 606	4 136	4 470	4 779	5 091
Succursales d'entreprises étrangères	-	-	-	-	-	..	..	..
Ensemble des entreprises	34 944	38 674	31 747	43 015	44 692	47 118	48 005	48 931
1.1.2 Opérations d'assurance par risque à l'étranger, primes brutes								
Vie	..	0	6 786	3 510	0	0	0	0
Non-vie	521	2 215	41 886	43 506	2 528	2 632	2 156	2 563
Mixtes total	x	x	x	x	x	x	x	x
Total	521	2 215	48 673	47 016	2 528	2 632	2 156	2 563
1.1.3 Paiement par catégories d'assurance, primes brutes (vie)								
Rentes	36	0	47	65	57	61	61	111
Unit linked	562	185	108	104	110	87	86	87
Autre assurance vie	2 398	2 867	3 118	3 216	3 227	3 532	3 913	4 042
Total assurance vie	2 996	3 052	3 273	3 385	3 395	3 680	4 061	4 240
***dont** : Contrats de retraite*	0	..	0	0	0	0	0	0
1.1.4 Paiement par catégories d'assurance, primes brutes (non-vie)								
L'assurance automobile	..	19 153	20 424	20 479	20 205	21 226	21 522	22 084
Les assurances transport (y compris maritime et aérien)	..	2 691	2 204	2 483	2 629	2 746	3 372	3 419
L'assurance de fret	..	703	577	602	632	667	638	646
L'assurance incendie et des dommages aux bien	..	8 182	11 557	12 193	12 838	14 028	13 816	13 903
L'assurance des pertes pécuniaires	..	164	58	77	100	77	45	23
L'assurance de la responsabilité civile générale	..	2 316	2 452	2 372	2 782	2 932	2 556	2 565
Les assurances accidents et maladie	..	4 141	4 707	5 012	5 318	5 108	5 102	4 947
***dont** : Maladie*	..	1 912	717	..	..	..	..	..
Autres assurances non-vie	..	0	0	12	27	27	30	22
Réassurance obligatoire	..	0	0	0	0	0	0	0
Total assurance non-vie	..	39 262	41 980	43 230	44 530	46 809	47 081	47 608
1.2 Paiements bruts des sinistres								
Vie								
Entreprises nationales	1 075	1 003	1 101	882	1 139	1 434	1 381	1 529
Entreprises sous contrôle étranger	0	0	26	15	21	56	47	30
Succursales d'entreprises étrangères	..	0	..	0	..	..	..	..
Ensemble des entreprises	..	1 003	1 101	882	1 139	1 434	1 381	1 529
Non-vie								
Entreprises nationales	25 048	29 986	33 871	27 092	28 721	30 190	31 417	32 554
Entreprises sous contrôle étranger	0	0	2 858	2 859	3 132	2 931	3 412	3 520
Succursales d'entreprises étrangères	0	0	0	0	..	..	..	..
Ensemble des entreprises	25 048	29 986	33 871	27 092	28 721	30 190	31 417	32 554
Mixtes, ensemble des entreprises	x	x	x	x	x	x	x	x
Total								
Entreprises nationales	26 123	30 989	34 972	27 974	29 861	31 624	32 798	34 083
Entreprises sous contrôle étranger	-	-	2 884	2 874	3 152	2 987	3 459	3 550
Succursales d'entreprises étrangères	-	-	-	-	..	..	..	..
Ensemble des entreprises	25 048	30 989	34 972	27 974	29 861	31 624	32 798	34 083
1.3 Commissions								
Vie								
Entreprises nationales	59	47	57	41	74	71	66	118
Entreprises sous contrôle étranger	0	0	4	6	4	12	20	42
Succursales d'entreprises étrangères	..	0	..	0	..	..	..	..
Ensemble des entreprises	..	47	57	41	74	71	66	118
Non-vie								
Entreprises nationales	126	125	168	121	101	122	102	39
Entreprises sous contrôle étranger	0	0	20	0	0	0	0	0
Succursales d'entreprises étrangères	0	0	0	0	..	..	..	..
Ensemble des entreprises	126	125	168	121	101	122	102	39
Mixtes, ensemble des entreprises	x	x	x	x	x	x	x	x
Total								
Entreprises nationales	185	172	224	162	175	193	168	157
Entreprises sous contrôle étranger	-	-	24	6	4	12	20	42
Succursales d'entreprises étrangères	-	-	-	-	..	..	..	..
Ensemble des entreprises	126	172	224	162	175	193	168	157

Islande
Tableau 1. Agrégats sélectionnés *(suite)*

Millions ISK

	2007	2008	2009	2010	2011	2012	2013	2014
1.4 Dépenses brutes d'exploitation								
Vie								
Entreprises nationales	792	873	782	851	945	1 119	1 384	1 098
Entreprises sous contrôle étranger	..	0	43	52	57	77	90	18
Succursales d'entreprises étrangères	..	0	..	0	..	..	..	..
Ensemble des entreprises	792	873	782	851	945	1 119	1 384	1 098
Non-vie								
Entreprises nationales	6 210	7 224	7 646	8 563	9 081	9 987	9 860	9 680
Entreprises sous contrôle étranger	..	0	785	859	965	996	1 084	1 086
Succursales d'entreprises étrangères	..	0	0	0	..	..	..	..
Ensemble des entreprises	6 210	7 224	7 646	8 563	9 081	9 987	9 860	9 680
Mixtes, ensemble des entreprises	x	x	x	x	x	x	x	x
Total								
Entreprises nationales	7 002	8 098	8 428	9 414	10 027	11 106	11 244	10 778
Entreprises sous contrôle étranger	..	-	828	911	1 022	1 072	1 173	1 104
Succursales d'entreprises étrangères	..	-	-	-	..	..	..	..
Ensemble des entreprises	7 002	8 098	8 428	9 414	10 027	11 106	11 244	10 778
1.5 Opérations à l'étranger par succursale, primes brutes								
Vie								
Succursales et agences	0	0	0	0	0	0	..	..
Filiales	0	..	0	0	0	0	..	..
Total	0	..	0	0	0	0	..	..
Non-vie								
Succursales et agences	0	0	0	277	551	914	..	..
Filiales	0	..	0	0	0	0	..	..
Total	0	..	0	277	551	914	..	..
Mixtes total	x	x	x	x	x	x	x	x
Total								
Succursales et agences	-	-	-	277	551	914	..	..
Filiales	-	..	-	-	-	-	..	..
Total	-	..	-	277	551	914	..	..

.. Non disponible ; - Néant ; x Sans objet

Note : Voir les métadonnées détaillées sur : http://metalinks.oecd.org/isy/20160419/ba22.

Islande
Tableau 2. Nombre d'entreprises et d'employés

	2007	2008	2009	2010	2011	2012	2013	2014
2.1 Nombre d'entreprises								
Vie								
Entreprises nationales	4	4	5	5	5	5	5	5
Entreprises sous contrôle étranger	0	0	1	1	1	1	1	1
Succursales d'entreprises étrangères	1	1	0	0	0	1	1	1
Ensemble des entreprises	5	5	5	5	5	6	6	6
Non-vie								
Entreprises nationales	7	7	6	6	6	6	5	5
Entreprises sous contrôle étranger	0	0	1	1	1	1	1	1
Succursales d'entreprises étrangères	0	0	0	0	0	1	1	1
Ensemble des entreprises	7	7	6	6	6	7	6	6
Mixtes, ensemble des entreprises	-	-	-	-	-	-	-	-
Réassurance								
Entreprises nationales	1	1	2	2	2	2	2	2
Entreprises sous contrôle étranger	0	0	0	0	0	0	..	..
Succursales d'entreprises étrangères	0	0	0	0	0	0	..	..
Ensemble des entreprises	1	1	2	2	2	2	2	2
Total								
Entreprises nationales	12	12	13	13	13	13	12	12
Entreprises sous contrôle étranger	0	0	2	2	2	2	2	2
Succursales d'entreprises étrangères	1	1	0	0	0	2	2	2
Ensemble des entreprises	13	13	13	13	13	15	14	14
2.2 Nombre d'employés								
Entreprises d'assurance	591	596	615	617	652	641	614	..
Intermédiaires	..	..	..	..	0	..	..	592
Total	..	..	617	617	652	..	614	592

.. Non disponible ; - Néant

Note : Voir les métadonnées détaillées sur : http://metalinks.oecd.org/isy/20160419/ba22.

Irlande
Tableau 1. Agrégats sélectionnés

Millions EUR

	2007	2008	2009	2010	2011	2012	2013	2014
1.1 Opérations d'assurance conclues dans le pays déclarant								
1.1.1 Opérations d'assurance, par intérêt								
Primes brutes								
Entreprises nationales	44 230	57 485	32 162	31 340	30 304	33 133	31 818	36 377
Entreprises sous contrôle étranger	..	..	..	-	..	..	..	..
Succursales d'entreprises étrangères	1 931	1 901	1 425	2 840	1 731	2 348	2 301	3 184
Ensemble des entreprises	46 161	59 376	33 587	34 180	32 035	35 481	34 119	39 561
Primes cédées								
Entreprises nationales	4 112	8 965	3 068	2 950	3 478	3 755	3 908	3 891
Entreprises sous contrôle étranger	..	..	..	-	..	..	..	..
Succursales d'entreprises étrangères	479	370	283	800	772	356	268	371
Ensemble des entreprises	4 591	9 335	3 351	3 750	4 250	4 111	4 176	4 262
Primes nettes émises								
Entreprises nationales	40 118	48 520	29 094	28 390	26 826	29 379	27 910	32 486
Entreprises sous contrôle étranger	..	..	..	-	..	..	..	..
Succursales d'entreprises étrangères	1 452	1 531	1 142	2 040	960	1 992	2 033	2 813
Ensemble des entreprises	41 570	34 630	30 236	30 430	27 786	31 371	29 943	35 299
1.1.2 Opérations d'assurance par risque à l'étranger, primes brutes								
Vie	20 461	16 045	14 534	15 779	15 627	15 038	16 125	21 410
Non-vie	3 542	3 540	2 868	3 016	3 195	3 676	3 826	3 960
Mixtes total	x	x	x	x	x	x	x	x
Total	24 003	19 585	17 402	18 796	18 821	18 714	19 951	25 370
1.1.3 Paiement par catégories d'assurance, primes brutes (vie)								
Rentes	..	..	..	..	..	..	..	..
Unit linked	..	..	..	..	..	..	..	..
Autre assurance vie	..	..	..	..	..	..	..	..
Total assurance vie	..	..	..	..	..	28 140	27 207	32 171
***dont :** Contrats de retraite*	..	..	..	..	..	..	..	..
1.1.4 Paiement par catégories d'assurance, primes brutes (non-vie)								
L'assurance automobile	2 203	2 036	1 687	1 649	1 423	1 486	1 435	1 599
Les assurances transport (y compris maritime et aérien)	147	205	175	204	237	243	183	143
L'assurance de fret	..	..	..	..	0	..	..	..
L'assurance incendie et des dommages aux bien	1 873	1 757	1 667	1 785	1 728	1 906	1 763	1 758
L'assurance des pertes pécuniaires	93	109	91	47	67	..	105	124
L'assurance de la responsabilité civile générale	1 484	1 348	1 133	1 108	1 072	1 147	1 127	1 301
Les assurances accidents et maladie	1 060	1 254	1 278	1 267	1 432	1 288	1 171	1 235
***dont :** Maladie*	..	..	..	..	..	..	..	..
Autres assurances non-vie	605	563	474	518	485	563	504	494
Réassurance obligatoire	108	4 836	137	168	284	374	330	373
Total assurance non-vie	7 573	12 108	6 642	6 745	6 729	7 007	6 618	7 027
1.2 Paiements bruts des sinistres								
Vie								
Entreprises nationales	18 380	18 876	16 760	21 393	..	27 921	28 263	27 434
Entreprises sous contrôle étranger	..	..	..	0	..	..	..	x
Succursales d'entreprises étrangères	1 440	1 333	1 095	626	..	..	1 235	1 114
Ensemble des entreprises	19 820	20 209	17 855	22 019	..	27 921	29 498	28 548
Non-vie								
Entreprises nationales	1 999	5 051	4 196	4 438	4 938	4 842	4 369	3 853
Entreprises sous contrôle étranger	..	..	..	0	..	..	..	x
Succursales d'entreprises étrangères	425	531	38	474	1 023	983	677	1 177
Ensemble des entreprises	2 424	5 582	4 234	4 912	5 961	5 825	5 046	5 030
Mixtes, ensemble des entreprises	x	x	x	x	x	x	x	x
Total								
Entreprises nationales	20 379	23 927	20 956	25 831	4 938	32 763	32 632	39 251
Entreprises sous contrôle étranger	..	..	..	-	..	..	..	..
Succursales d'entreprises étrangères	1 865	1 864	1 133	1 099	1 023	983	1 912	2 291
Ensemble des entreprises	22 244	25 791	22 089	26 931	5 961	33 746	34 544	41 542
1.3 Commissions								
Vie								
Entreprises nationales	..	..	1 371	1 310	..	1 593	1 844	2 051
Entreprises sous contrôle étranger	..	..	..	0	..	..	..	x
Succursales d'entreprises étrangères	..	..	37	25	..	..	43	64
Ensemble des entreprises	..	..	1 408	1 335	..	1 593	1 887	2 115
Non-vie								
Entreprises nationales	..	..	857	767	764	657	737	764
Entreprises sous contrôle étranger	..	..	..	0	..	..	..	x
Succursales d'entreprises étrangères	..	..	120	130	104	171	130	248
Ensemble des entreprises	..	..	977	897	868	828	867	1 012
Mixtes, ensemble des entreprises	x	x	x	x	x	x	x	x
Total								
Entreprises nationales	..	..	2 228	2 077	764	2 250	2 581	2 815
Entreprises sous contrôle étranger	..	..	..	-	..	..	..	..
Succursales d'entreprises étrangères	..	..	157	155	104	171	173	312
Ensemble des entreprises	..	..	2 385	2 232	868	2 420	2 754	3 127

Irlande
Tableau 1. Agrégats sélectionnés *(suite)*

Millions EUR

	2007	2008	2009	2010	2011	2012	2013	2014
1.4 Dépenses brutes d'exploitation								
Vie								
Entreprises nationales	1 240	1 170	1 152	1 127	..	1 268	1 346	1 429
Entreprises sous contrôle étranger	..	..	..	0	..	..	..	x
Succursales d'entreprises étrangères	93	101	99	68	..	..	154	657
Ensemble des entreprises	1 333	1 254	1 251	1 195	..	1 268	1 500	2 086
Non-vie								
Entreprises nationales	641	761	668	726	688	622	650	589
Entreprises sous contrôle étranger	..	..	..	0	..	..	..	x
Succursales d'entreprises étrangères	115	150	72	79	186	295	159	223
Ensemble des entreprises	756	911	740	805	874	917	809	812
Mixtes, ensemble des entreprises	x	x	x	x	x	x	x	x
Total								
Entreprises nationales	1 881	1 931	1 820	1 853	688	1 891	1 996	3 032
Entreprises sous contrôle étranger	..	..	..	-	..	..	..	..
Succursales d'entreprises étrangères	208	251	171	147	186	295	313	880
Ensemble des entreprises	2 089	2 165	1 991	2 000	874	2 185	2 309	3 912
1.5 Opérations à l'étranger par succursale, primes brutes								
Vie								
Succursales et agences	3 065	5 810	3 026	3 701	2 434	3 422	5 563	5 970
Filiales	..	..	..	0	..	..	..	..
Total	3 065	5 810	3 026	3 701	2 434	3 422	5 563	5 970
Non-vie								
Succursales et agences	2 403	2 487	5 322	8 628	9 626	9 599	9 228	9 640
Filiales	..	..	..	0	..	..	..	..
Total	2 403	2 486	5 322	8 628	9 626	9 599	9 228	9 640
Mixtes total	x	x	x	x	x	x	x	x
Total								
Succursales et agences	5 468	8 297	8 348	12 329	12 060	13 021	14 791	15 610
Filiales	..	..	..	-	..	..	..	..
Total	5 468	8 296	8 348	12 329	12 060	13 021	14 791	15 610

.. Non disponible ; - Néant ; x Sans objet

Note : Voir les métadonnées détaillées sur : http://metalinks.oecd.org/isy/20160419/a420.

Irlande
Tableau 2. Nombre d'entreprises et d'employés

	2007	2008	2009	2010	2011	2012	2013	2014
2.1 Nombre d'entreprises								
Vie								
Entreprises nationales	54	59	59	61	62	55	53	51
Entreprises sous contrôle étranger	..	..	..	0	0	0	..	x
Succursales d'entreprises étrangères	11	12	10	10	9	8	8	8
Ensemble des entreprises	65	71	69	71	71	63	61	59
Non-vie								
Entreprises nationales	135	133	129	123	121	111	104	102
Entreprises sous contrôle étranger	..	..	..	0	0	0	..	x
Succursales d'entreprises étrangères	31	32	29	30	28	28	27	30
Ensemble des entreprises	166	165	158	153	149	139	131	132
Mixtes, ensemble des entreprises	-	-	-	-	-	-	-	-
Réassurance								
Entreprises nationales	..	119	120	115	102	87	77	75
Entreprises sous contrôle étranger	..	..	..	0	0	0	..	x
Succursales d'entreprises étrangères	..	3	0	3	0	0	0	0
Ensemble des entreprises	..	119	120	118	102	87	77	75
Total								
Entreprises nationales	189	311	..	299	285	253	234	228
Entreprises sous contrôle étranger	..	..	..	0	..	..	..	x
Succursales d'entreprises étrangères	42	44	..	43	37	36	35	38
Ensemble des entreprises	231	355	..	342	322	289	269	266
2.2 Nombre d'employés								
Entreprises d'assurance	12 168	13 021	11 476	10 626	9 696	8 682	8 887	8 095
Intermédiaires	..	..	..	..	..	..	..	..
Total	..	..	..	..	9 696	8 682	8 887	..

.. Non disponible ; - Néant ; x Sans objet

Note : Voir les métadonnées détaillées sur : http://metalinks.oecd.org/isy/20160419/a420.

Israël
Tableau 1. Agrégats sélectionnés

Millions ILS

	2007	2008	2009	2010	2011	2012	2013	2014
1.1 Opérations d'assurance conclues dans le pays déclarant								
1.1.1 Opérations d'assurance, par intérêt								
Primes brutes								
Entreprises nationales	36 109	38 666	40 320	42 003	45 317	48 086	50 339	51 400
Entreprises sous contrôle étranger	7 683	8 294	8 397	8 903	9 663	840	889	953
Succursales d'entreprises étrangères	-	..	-	-	..	..	..	..
Ensemble des entreprises	36 109	38 666	40 320	42 003	45 317	48 086	50 339	51 400
Primes cédées								
Entreprises nationales	4 590	5 179	6 367	5 868	6 529	6 877	6 418	5 934
Entreprises sous contrôle étranger	739	730	..	816	894	185	164	162
Succursales d'entreprises étrangères	-	..	..	..	..	..	..	..
Ensemble des entreprises	4 590	5 179	6 367	5 868	6 529	6 877	6 418	5 934
Primes nettes émises								
Entreprises nationales	31 519	33 487	33 953	36 135	38 788	41 209	43 921	45 466
Entreprises sous contrôle étranger	6 943	7 564	8 397	8 087	8 769	656	726	791
Succursales d'entreprises étrangères	-	..	-	..	..	..	..	..
Ensemble des entreprises	31 519	33 487	33 953	36 135	38 788	41 209	43 921	45 466
1.1.2 Opérations d'assurance par risque à l'étranger, primes brutes								
Vie	..	0	- |	..	..	..	..	..
Non-vie	..	15	2 234 |	..	..	..	..	..
Mixtes	..	..	38 085 |	..	3	..	..	..
dont :								
Vie	..	..	19 785 |	..	..	..	..	..
Non-vie	..	..	18 300 |	..	3	..	..	..
Total	..	15	40 320	..	3	..	..	..
1.1.3 Paiement par catégories d'assurance, primes brutes (vie)								
Rentes	..	1 630	1 445	1 772	1 593	1 542	1 361	1 194
Unit linked	..	10 763	13 950	14 974	16 662	17 673	18 557	18 236
Autre assurance vie	..	6 948	4 373	4 911	5 654	6 242	6 709	7 141
Total Assurance Vie	..	19 341	19 768	21 656	23 909	25 458	26 627	26 571
***dont :** Contrats de retraite*	..	..	13 512	14 762	..	..	..	..
1.1.4 Paiement par catégories d'assurance, primes brutes (non-vie)								
L'assurance automobile	..	9 928	10 201	9 867	10 358	10 673	11 040	11 439
Les assurances transport (y compris maritime et aérien)	..	40	44	43	41	41	38	38
L'assurance de fret	..	167	156	160	173	180	169	170
L'assurance incendie et des dommages aux bien	..	3 097	3 256	3 326	3 475	4 082	4 283	4 292
L'assurance des pertes pécuniaires	..	84	209	226	0	277	284	278
L'assurance de la responsabilité civile générale	..	2 144	2 343	2 353	2 354	2 487	2 575	2 697
Les assurances accidents et maladie	..	3 008	3 402	3 607	3 950	4 396	4 869	5 425
***dont :** Maladie*	..	2 671	2 930	3 066	..	3 580	3 859	4 189
Autres assurances non-vie	..	858	927	766	1 056	492	452	492
Réassurance obligatoire	..	..	0	0	..	..	..	0
Total assurance non-vie	..	19 325	20 538	20 347	21 408	22 628	23 712	24 830
1.2 Paiements bruts des sinistres								
Vie								
Entreprises nationales	..	8 567	..	..	..	..	0	3
Entreprises sous contrôle étranger	..	2 639	..	0	..	..	..	..
Succursales d'entreprises étrangères	..	..	..	..	..	..	..	..
Ensemble des entreprises	..	8 567	..	0	..	..	0	3
Non-vie								
Entreprises nationales	..	14 109	1 082 |	1 138	1 303	1 395	2 013	2 470
Entreprises sous contrôle étranger	..	1 490	12 |	0	..	..	..	..
Succursales d'entreprises étrangères	..	..	..	..	..	..	..	..
Ensemble des entreprises	..	14 109	1 082 |	1 138	1 303	1 395	2 013	2 470
Mixtes								
Entreprises nationales	..	..	21 015 |	22 199	24 636	25 830	24 594	27 644
Entreprises sous contrôle étranger	..	..	4 256 |	4 398	5 004	393	280	462
Succursales d'entreprises étrangères	..	..	..	..	..	..	..	..
Ensemble des entreprises	..	..	21 015 |	22 199	24 636	25 830	24 594	27 644
dont :								
Vie	..	..	9 208 |	10 349	11 651	12 472	12 644	13 825
Entreprises nationales	..	..	9 208 |	10 349	11 651	12 472	12 644	13 825
Entreprises sous contrôle étranger	..	..	2 716 |	3 054	3 564	27	18	26
Succursales d'entreprises étrangères	..	..	..	..	..	..	..	..
Ensemble des entreprises	..	..	9 208 |	10 349	11 651	12 472	12 644	13 825
Non-vie	..	..	11 807 |	11 849	12 985	13 358	11 949	13 819
Entreprises nationales	..	..	11 807 |	11 849	12 985	13 358	11 949	13 819
Entreprises sous contrôle étranger	..	..	1 540 |	1 344	1 440	366	262	436
Succursales d'entreprises étrangères	..	..	..	..	..	..	..	..
Ensemble des entreprises	..	..	11 807 |	11 849	12 985	13 358	11 949	13 819
Total								
Entreprises nationales	..	22 676	22 096	23 337	25 939	27 225	26 607	30 117
Entreprises sous contrôle étranger	..	4 129	4 268	4 398	5 004	393	280	462
Succursales d'entreprises étrangères	..	..	..	..	..	..	..	..
Ensemble des entreprises	..	22 676	22 096	23 337	25 939	27 225	26 607	30 117

Israël
Tableau 1. Agrégats sélectionnés *(suite)*

Millions ILS

	2007	2008	2009	2010	2011	2012	2013	2014
1.3 Commissions								
Vie								
Entreprises nationales	..	1 989	..	0	..	..	0	6
Entreprises sous contrôle étranger	..	574	..	0	..	..	..	..
Succursales d entreprises étrangères	..	..	..	..	..	..	..	..
Ensemble des entreprises	..	1 989	..	0	..	..	0	6
Non-vie								
Entreprises nationales	..	2 584	143	1 138	159	175	248	281
Entreprises sous contrôle étranger	..	283	-	0	..	..	..	..
Succursales d entreprises étrangères	..	..	..	..	..	..	..	..
Ensemble des entreprises	..	2 584	143	1 138	159	175	248	281
Mixtes								
Entreprises nationales	..	..	4 497	4 783	5 070	5 512	5 688	5 940
Entreprises sous contrôle étranger	..	..	844	897	947	41	39	..
Succursales d'entreprises étrangères	..	..	..	..	..	..	..	..
Ensemble des entreprises	..	..	4 497	4 783	5 070	5 512	5 688	5 940
dont :								
Vie	..	..	2 011	2 201	2 328	2 577	2 571	2 639
Entreprises nationales	..	..	2 011	2 201	2 328	2 577	2 571	2 639
Entreprises sous contrôle étranger	..	..	571	614	635	1	1	1
Succursales d'entreprises étrangères	..	..	..	..	..	..	..	..
Ensemble des entreprises	..	..	2 011	2 201	2 328	2 577	2 571	2 639
Non-vie	..	..	2 486	2 583	2 742	2 936	3 118	3 300
Entreprises nationales	..	..	2 486	2 583	2 742	2 936	3 118	3 300
Entreprises sous contrôle étranger	..	..	273	283	312	40	38	38
Succursales d'entreprises étrangères	..	..	..	..	..	..	..	..
Ensemble des entreprises	..	..	2 486	2 583	2 742	2 936	3 118	3 300
Total								
Entreprises nationales	..	4 574	4 640	5 921	5 229	5 688	5 936	6 226
Entreprises sous contrôle étranger	..	857	844	897	947	41	39	..
Succursales d'entreprises étrangères	..	..	..	..	..	..	..	..
Ensemble des entreprises	..	4 574	4 640	5 921	5 229	5 688	5 936	6 226
1.4 Dépenses brutes d'exploitation								
Vie								
Entreprises nationales	..	..	..	0	..	..	1	10
Entreprises sous contrôle étranger	..	..	..	0	..	..	..	..
Succursales d'entreprises étrangères	..	..	..	..	..	..	..	..
Ensemble des entreprises	..	..	..	0	..	..	1	10
Non-vie								
Entreprises nationales	..	..	250	184	306	305	449	322
Entreprises sous contrôle étranger	..	..	24	0	..	..	..	..
Succursales d'entreprises étrangères	..	..	..	..	..	..	..	..
Ensemble des entreprises	..	..	250	184	306	305	449	322
Mixtes								
Entreprises nationales	..	..	3 798	4 136	5 198	5 270	5 285	5 169
Entreprises sous contrôle étranger	..	..	812	881	1 158	260	272	276
Succursales d'entreprises étrangères	..	..	..	..	..	..	..	..
Ensemble des entreprises	..	..	3 798	4 136	5 198	5 270	5 285	5 169
dont :								
Vie	..	..	1 784	1 965	2 104	2 323	2 542	2 608
Entreprises nationales	..	..	1 784	1 965	2 104	2 323	2 542	2 608
Entreprises sous contrôle étranger	..	..	465	521	565	53	61	56
Succursales d'entreprises étrangères	..	..	..	..	..	..	..	..
Ensemble des entreprises	..	..	1 784	1 965	2 104	2 323	2 542	2 608
Non-vie	..	..	2 014	2 172	2 445	2 373	2 502	2 561
Entreprises nationales	..	..	2 014	2 172	2 445	2 373	2 502	2 561
Entreprises sous contrôle étranger	..	..	347	360	368	208	212	220
Succursales d'entreprises étrangères	..	..	..	..	..	..	..	..
Ensemble des entreprises	..	..	2 014	2 172	2 445	2 373	2 502	2 561
Total								
Entreprises nationales	..	180	4 048	4 321	5 504	5 574	5 736	5 501
Entreprises sous contrôle étranger	..	2 086	836	881	1 158	260	272	276
Succursales d'entreprises étrangères	..	501	..	..	..	..	..	..
Ensemble des entreprises	..	..	4 048	4 321	5 504	5 574	5 736	5 501

Israël
Tableau 1. Agrégats sélectionnés *(suite)*

Millions ILS

	2007	2008	2009	2010	2011	2012	2013	2014
1.5 Opérations à l'étranger par succursale, primes brutes								
Vie								
Succursales et agences	..	0	..	..	..	..	..	..
Filiales	..	0	..	..	..	..	..	..
Total	..	0	..	..	..	..	..	..
Non-vie								
Succursales et agences	..	0	..	..	..	..	..	..
Filiales	..	0	..	..	..	..	..	..
Total	..	0	..	..	..	..	..	..
Mixtes								
Succursales et agences	..	..	..	..	..	..	..	..
Filiales	..	..	..	..	..	..	..	..
Total	..	..	..	..	..	..	..	..
dont :								
Vie	..	..	..	..	..	..	..	..
Succursales et agences	..	..	..	..	..	..	..	..
Filiales	..	..	..	..	..	..	..	..
Total	..	..	..	..	..	..	..	..
Non-vie	..	..	..	..	..	..	..	..
Succursales et agences	..	..	..	..	..	..	..	..
Filiales	..	..	..	..	..	..	..	..
Total	..	..	..	..	..	..	..	..
Total								
Succursales et agences	..	-	..	..	..	..	..	..
Filiales	..	-	..	..	..	..	..	..
Total	..	-	..	..	..	..	..	..

.. Non disponible ; - Néant ; | Rupture de série

Note : Voir les métadonnées détaillées sur : http://metalinks.oecd.org/isy/20160419/65e9..

Les données statistiques concernant Israël sont fournies par et sous la responsabilité des autorités israéliennes compétentes. L'utilisation de ces données par l'OCDE est sans préjudice du statut des hauteurs du Golan, de Jérusalem Est et des colonies de peuplement israéliennes en Cisjordanie aux termes du droit international.

Israël
Tableau 2. Nombre d'entreprises et d'employés

	2007	2008	2009	2010	2011	2012	2013	2014
2.1 Nombre d'entreprises								
Vie								
Entreprises nationales	0	0	0	..	..	..	1	1
Entreprises sous contrôle étranger	0	0	..	..	..	..	..	..
Succursales d'entreprises étrangères	0	0	..	..	..	..	..	..
Ensemble des entreprises	0	0	..	0	..	..	1	1
Non-vie								
Entreprises nationales	11	11	11	11	10	10	12	12
Entreprises sous contrôle étranger	1	2	1	..	..	..	..	..
Succursales d'entreprises étrangères	2	2	2	2	..	2	2	3
Ensemble des entreprises	13	13	13	13	10	12	14	15
Mixtes								
Entreprises nationales	12	13	13	13	13	13	10	10
Entreprises sous contrôle étranger	2	1	2	3	2	1	1	1
Succursales d'entreprises étrangères	0	0	..	..	2	..	..	..
Ensemble des entreprises	12	13	..	13	15	13	10	10
Réassurance								
Entreprises nationales	0	0	0	0	..	..	..	..
Entreprises sous contrôle étranger	0	0	..	..	..	..	..	..
Succursales d'entreprises étrangères	0	0	..	..	..	..	..	..
Ensemble des entreprises	0	0	..	0	..	..	..	0
Total								
Entreprises nationales	23	24	24	24	23	23	23	23
Entreprises sous contrôle étranger	3	3	3	3	2	1	1	1
Succursales d'entreprises étrangères	2	2	2	2	2	2	2	3
Ensemble des entreprises	25	26	13	26	25	25	25	26
2.2 Nombre d'employés								
Entreprises d'assurance	..	12 630	..	..	..	..	..	..
Intermédiaires	11 358	11 553	..	..	..	..	..	..
Total	11 358	24 183	..	..	..	..	..	..

.. Non disponible

Note : Voir les métadonnées détaillées sur : http://metalinks.oecd.org/isy/20160419/65e9..

Les données statistiques concernant Israël sont fournies par et sous la responsabilité des autorités israéliennes compétentes. L'utilisation de ces données par l'OCDE est sans préjudice du statut des hauteurs du Golan, de Jérusalem Est et des colonies de peuplement israéliennes en Cisjordanie aux termes du droit international.

Italie
Tableau 1. Agrégats sélectionnés

Millions EUR

	2007	2008	2009	2010	2011	2012	2013	2014
1.1 Opérations d'assurance conclues dans le pays déclarant								
1.1.1 Opérations d'assurance, par intérêt								
Primes brutes								
Entreprises nationales	100 571	92 648	118 279	127 810	112 362	107 192	120 973	145 244
Entreprises sous contrôle étranger	32 405	26 017	34 921	37 340	32 577	29 138	34 302	44 419
Succursales d'entreprises étrangères	6 915	5 376	1 818	355	416	399	373	375
Ensemble des entreprises	107 486	98 024	120 097	128 165	112 778	107 591	121 345	145 619
Primes cédées								
Entreprises nationales	5 998	5 481	5 436	5 257	5 043	5 178	4 513	4 203
Entreprises sous contrôle étranger	2 146	1 644	669	1 624	1 166	1 392	1 116	991
Succursales d'entreprises étrangères	294	101	92	52	57	45	49	58
Ensemble des entreprises	6 292	5 581	5 528	5 308	5 099	5 223	4 563	4 262
Primes nettes émises								
Entreprises nationales	94 573	87 167	112 843	122 553	107 319	102 014	116 459	141 041
Entreprises sous contrôle étranger	30 259	24 372	34 251	35 715	31 411	27 746	33 186	43 428
Succursales d'entreprises étrangères	6 620	5 276	1 726	304	359	354	323	317
Ensemble des entreprises	101 194	92 443	114 569	122 857	107 678	102 368	116 782	141 358
1.1.2 Opérations d'assurance par risque à l'étranger, primes brutes								
Vie	929	990	8	6	1	0	1	1
Non-vie	519	451	79	88	60	50	53	59
Mixtes	..	..	1 356	1 554	1 608	1 935	2 044	1 904
dont :								
Vie	..	..	1 020	1 216	1 213	1 327	1 232	1 073
Non-vie	..	..	336	339	395	607	811	831
Total	1 447	1 441	1 442	1 648	1 670	1 984	2 098	1 963
1.1.3 Paiement par catégories d'assurance, primes brutes (vie)								
Rentes	1 538	1 324	1 253	1 077	1 309	1 243	1 012	956
Unit linked	14 981	10 442	9 732	15 409	12 496	13 800	15 497	21 829
Autre assurance vie	44 921	42 799	70 130	73 627	60 064	54 597	68 501	87 639
Total Assurance Vie	61 439	54 565	81 116	90 114	73 869	69 639	85 010	110 424
***dont :** Contrats de retraite*	2 120	3 227	3 548	4 026	4 116	4 296	3 825	4 873
1.1.4 Paiement par catégories d'assurance, primes brutes (non-vie)								
L'assurance automobile	21 640	20 858	20 169	19 886	20 815	20 247	18 661	17 468
Les assurances transport (y compris maritime et aérien)	485	460	473	461	432	366	327	334
L'assurance de fret	313	291	243	225	234	227	208	212
L'assurance incendie et des dommages aux bien	5 482	5 226	5 184	5 090	5 127	5 056	5 269	5 611
L'assurance des pertes pécuniaires	1 532	1 490	1 434	1 319	1 223	961	967	1 018
L'assurance de la responsabilité civile générale	3 368	3 349	3 384	3 006	2 979	2 972	2 905	2 879
Les assurances accidents et maladie	5 388	5 400	5 428	5 281	5 306	5 151	5 144	5 221
***dont :** Maladie*	2 135	2 190	2 230	2 210	2 229	2 150	2 114	2 149
Autres assurances non-vie	848	880	922	897	944	698	1 163	988
Réassurance obligatoire	303	266	227	240	275	417	0	0
Total assurance non-vie	39 358	38 219	37 463	36 405	37 333	36 095	34 646	33 730
1.2 Paiements bruts des sinistres								
Vie								
Entreprises nationales	73 429	66 127	21 489	28 862	31 179	29 764	23 754	22 852
Entreprises sous contrôle étranger	25 181	22 354	8 319	9 213	14 849	14 078	11 058	10 413
Succursales d'entreprises étrangères	0	0	0	0	0	0	0	0
Ensemble des entreprises	73 429	66 127	21 489	28 862	31 179	29 764	23 754	22 852
Non-vie								
Entreprises nationales	25 030	27 361	5 736	5 907	5 191	5 084	5 061	5 016
Entreprises sous contrôle étranger	6 311	6 857	1 892	1 767	1 748	1 802	1 758	1 853
Succursales d'entreprises étrangères	949	1 133	1 319	217	249	257	231	257
Ensemble des entreprises	25 979	28 494	7 055	6 124	5 440	5 341	5 292	5 273
Mixtes								
Entreprises nationales	..	..	58 580	59 344	66 523	67 451	64 138	61 204
Entreprises sous contrôle étranger	..	..	16 313	16 318	17 536	16 282	16 899	14 972
Succursales d'entreprises étrangères	..	..	0	0	0	0	0	0
Ensemble des entreprises	..	..	58 580	59 344	66 523	67 451	64 138	61 204
dont :								
Vie	..	..	36 286	37 621	45 192	47 143	44 754	43 279
Entreprises nationales	..	..	36 286	37 621	45 192	47 143	44 754	43 279
Entreprises sous contrôle étranger	..	..	10 864	11 065	12 633	11 858	12 685	11 217
Succursales d'entreprises étrangères	..	..	0	0	0	0	0	0
Ensemble des entreprises	..	..	36 286	37 621	45 192	47 143	44 754	43 279
Non-vie	..	..	22 294	21 723	21 330	20 308	19 384	17 925
Entreprises nationales	..	..	22 294	21 723	21 330	20 308	19 384	17 925
Entreprises sous contrôle étranger	..	..	5 448	217	4 903	4 424	4 215	3 754
Succursales d'entreprises étrangères	..	..	0	0	0	0	0	0
Ensemble des entreprises	..	..	22 294	21 723	21 330	20 308	19 384	17 925
Total								
Entreprises nationales	98 460	93 487	85 805	94 113	102 893	102 298	92 953	89 071
Entreprises sous contrôle étranger	31 492	29 211	26 524	27 298	34 132	32 162	29 715	27 238
Succursales d'entreprises étrangères	949	1 133	1 319	217	249	257	231	257
Ensemble des entreprises	99 408	94 620	87 124	94 331	103 141	102 555	93 185	89 328

Italie

Tableau 1. Agrégats sélectionnés *(suite)*

Millions EUR

	2007	2008	2009	2010	2011	2012	2013	2014
1.3 Commissions								
Vie								
Entreprises nationales	3 673	3 065	886 |	988	727	601	576	650
Entreprises sous contrôle étranger	1 497	1 159	565 |	607	532	405	384	430
Succursales d'entreprises étrangères	0	0	0	0	0	0	0	0
Ensemble des entreprises	3 673	3 065	886 |	988	727	601	576	650
Non-vie								
Entreprises nationales	6 892	6 925	1 777 |	1 932	1 721	1 620	1 576	1 656
Entreprises sous contrôle étranger	1 935	1 900	628 |	655	629	560	548	608
Succursales d'entreprises étrangères	284	319	336	72	82	78	73	72
Ensemble des entreprises	7 176	7 244	2 113 |	2 004	1 803	1 698	1 649	1 729
Mixtes								
Entreprises nationales	..	..	7 468 |	7 578	7 516	7 101	7 278	7 573
Entreprises sous contrôle étranger	..	..	2 094 |	2 041	1 916	1 778	1 830	1 978
Succursales d'entreprises étrangères	..	..	0	0	0	0	0	0
Ensemble des entreprises	..	..	7 468 |	7 578	7 516	7 101	7 278	7 573
dont :								
Vie	..	..	2 313 |	2 384	2 187	1 868	2 088	2 273
Entreprises nationales	..	..	2 313 |	2 384	2 187	1 868	2 088	2 273
Entreprises sous contrôle étranger	..	..	746 |	696	560	413	450	510
Succursales d'entreprises étrangères	..	..	0	0	0	0	0	0
Ensemble des entreprises	..	..	2 313 |	2 384	2 187	1 868	2 088	2 273
Non-vie	..	..	5 155 |	5 194	5 329	5 232	5 190	5 300
Entreprises nationales	..	..	5 155 |	5 194	5 329	5 232	5 190	5 300
Entreprises sous contrôle étranger	..	..	1 348 |	1 346	1 356	1 366	1 380	1 468
Succursales d'entreprises étrangères	..	..	0	0	0	0	0	0
Ensemble des entreprises	..	..	5 155 |	5 194	5 329	5 232	5 190	5 300
Total								
Entreprises nationales	10 565	9 990	10 131	10 498	9 964	9 322	9 431	9 879
Entreprises sous contrôle étranger	3 433	3 058	3 288	3 304	3 078	2 743	2 763	3 015
Succursales d'entreprises étrangères	284	319	336	72	82	78	73	72
Ensemble des entreprises	10 849	10 309	10 466	10 570	10 046	9 399	9 504	9 952
1.4 Dépenses brutes d'exploitation								
Vie								
Entreprises nationales	962	918	1 172 |	1 310	1 033	912	876	953
Entreprises sous contrôle étranger	320	313	724 |	778	734	600	570	622
Succursales d'entreprises étrangères	0	0	0	0	0	0	0	0
Ensemble des entreprises	962	918	1 172 |	1 310	1 033	912	876	953
Non-vie								
Entreprises nationales	1 815	1 696	2 410 |	2 443	2 324	2 168	2 154	2 252
Entreprises sous contrôle étranger	591	505	874 |	884	873	750	794	818
Succursales d'entreprises étrangères	127	128	512	109	119	115	112	110
Ensemble des entreprises	1 942	1 823	2 922 |	2 552	2 442	2 283	2 266	2 362
Mixtes								
Entreprises nationales	..	..	9 289 |	9 367	9 381	9 321	9 490	9 686
Entreprises sous contrôle étranger	..	..	2 533 |	2 485	2 363	2 304	2 294	2 443
Succursales d'entreprises étrangères	..	..	0	0	0	0	0	0
Ensemble des entreprises	..	..	9 289 |	9 367	9 381	9 321	9 490	9 686
dont :								
Vie	..	..	3 006 |	3 069	2 867	2 788	2 970	3 109
Entreprises nationales	..	..	3 006 |	3 069	2 867	2 788	2 970	3 109
Entreprises sous contrôle étranger	..	..	905 |	857	724	635	628	696
Succursales d'entreprises étrangères	..	..	0	0	0	0	0	0
Ensemble des entreprises	..	..	3 006 |	3 069	2 867	2 788	2 970	3 109
Non-vie	..	..	6 284 |	6 299	6 514	6 532	6 520	6 577
Entreprises nationales	..	..	6 284 |	6 299	6 514	6 532	6 520	6 577
Entreprises sous contrôle étranger	..	..	1 629 |	1 628	1 639	1 669	1 667	1 747
Succursales d'entreprises étrangères	..	..	0	0	0	0	0	0
Ensemble des entreprises	..	..	6 284 |	6 299	6 514	6 532	6 520	6 577
Total								
Entreprises nationales	2 777	2 613	12 871	13 121	12 737	12 401	12 520	12 891
Entreprises sous contrôle étranger	911	818	4 131	4 147	3 971	3 653	3 658	3 883
Succursales d'entreprises étrangères	127	128	512	109	119	115	112	110
Ensemble des entreprises	2 904	2 741	13 384	13 229	12 856	12 516	12 633	13 001

Italie
Tableau 1. Agrégats sélectionnés *(suite)*

Millions EUR

	2007	2008	2009	2010	2011	2012	2013	2014
1.5 Opérations à l'étranger par succursale, primes brutes								
Vie								
Succursales et agences	94	79	0 |	0	0	0	0	1
Filiales	43 990	39 277	1 175 |	1 327	1 938	2 813	3 333	3 469
Total	44 084	39 356	1 175 |	1 327	1 938	2 813	3 333	3 469
Non-vie								
Succursales et agences	550	542	28 |	22	24	9	12	12
Filiales	14 810	16 952	- |	29	0	0	0	0
Total	15 359	17 494	28 |	51	24	9	12	12
Mixtes								
Succursales et agences	..	..	603 |	667	717	762	823	892
Filiales	..	..	57 773 |	58 418	56 657	57 155	56 340	54 902
Total	..	..	58 376 |	59 085	57 375	57 917	57 163	55 795
dont :								
Vie	..	..	40 905 |	41 238	38 781	39 265	39 445	39 878
Succursales et agences	..	..	83 |	88	106	127	154	175
Filiales	..	..	40 821 |	41 151	38 675	39 138	39 291	39 703
Total	..	..	40 905 |	41 238	38 781	39 265	39 445	39 878
Non-vie	..	..	17 471 |	17 847	18 593	18 652	17 718	15 917
Succursales et agences	..	..	520 |	579	611	634	668	718
Filiales	..	..	16 952 |	17 268	17 982	18 018	17 049	15 199
Total	..	..	17 471 |	17 847	18 593	18 652	17 718	15 917
Total								
Succursales et agences	643	622	631	689	741	771	835	905
Filiales	58 800	56 229	58 948	59 775	58 596	59 968	59 673	58 371
Total	59 443	56 850	59 579	60 464	59 337	60 739	60 508	59 276

.. Non disponible ; - Néant ; | Rupture de série

Note : Voir les métadonnées détaillées sur : http://metalinks.oecd.org/isy/20160419/6e9d.

Italie
Tableau 2. Nombre d'entreprises et d'employés

	2007	2008	2009	2010	2011	2012	2013	2014
2.1 Nombre d'entreprises								
Vie								
Entreprises nationales	68	65	48	45	43	41	41	38
Entreprises sous contrôle étranger	29	30	25	23	24	23	23	20
Succursales d'entreprises étrangères	18	14	16	20	21	20	17	19
Ensemble des entreprises	86	79	64	65	64	61	58	57
Non-vie								
Entreprises nationales	77	80	77	76	71	69	67	63
Entreprises sous contrôle étranger	27	29	29	25	24	21	20	18
Succursales d'entreprises étrangères	54	54	53	55	59	61	65	60
Ensemble des entreprises	131	134	130	131	130	130	132	123
Mixtes								
Entreprises nationales	17	17	31	30	28	25	23	21
Entreprises sous contrôle étranger	4	4	10	10	11	9	8	8
Succursales d'entreprises étrangères	1	9	9	9	9	12	13	14
Ensemble des entreprises	18	26	40	39	37	37	36	35
Réassurance								
Entreprises nationales	1	1	0	0	0	0	0	0
Entreprises sous contrôle étranger	1	1	0	0	0	0	0	0
Succursales d'entreprises étrangères	6	7	7	7	8	7	7	7
Ensemble des entreprises	7	8	7	7	8	7	7	7
Total								
Entreprises nationales	163	163	156	151	142	135	131	122
Entreprises sous contrôle étranger	61	64	64	58	59	53	51	46
Succursales d'entreprises étrangères	80	84	85	91	97	100	102	100
Ensemble des entreprises	243	247	241	242	239	235	233	222
2.2 Nombre d'employés								
Entreprises d'assurance	38 660	39 233	41 549	41 234	40 817	40 798	39 887	40 259
Intermédiaires	210 000	217 180	220 903	221 417	226 235	220 130	227 444	220 288
Total	248 660	256 413	262 452	262 651	267 052	260 928	267 331	260 547

Note : Voir les métadonnées détaillées sur : http://metalinks.oecd.org/isy/20160419/6e9d.

Japon
Tableau 1. Agrégats sélectionnés

Millions JPY

	2007	2008	2009	2010	2011	2012	2013	2014
1.1 Opérations d'assurance conclues dans le pays déclarant								
1.1.1 Opérations d'assurance, par intérêt								
Primes brutes								
Entreprises nationales	38 286 351	41 153 951	41 054 599	40 592 027	41 906 428	44 184 695	42 971 395	46 031 579
Entreprises sous contrôle étranger	5 386 638	4 570 251	4 138 808	3 937 600	4 089 357	6 746 278	6 184 716	6 724 592
Succursales d'entreprises étrangères	3 094 930	3 101 278	3 051 836	3 184 939	4 051 225	2 028 538	1 699 621	1 548 143
Ensemble des entreprises	41 381 281	44 255 229	44 106 435	43 776 966	45 360 413	37 140 563	34 738 150	37 222 352
Primes cédées								
Entreprises nationales	2 298 853	2 355 437	2 236 509	2 211 394	2 596 877	3 820 152	3 823 919	4 207 229
Entreprises sous contrôle étranger	732 209	959 460	852 369	827 426	1 012 341	2 083 368	1 802 239	2 084 233
Succursales d'entreprises étrangères	404 984	974 015	438 803	381 244	554 339	20 507	38 391	47 768
Ensemble des entreprises	2 703 837	3 329 452	2 675 312	2 592 633	3 041 779	2 188 965	1 780 848	2 129 106
Primes nettes émises								
Entreprises nationales	35 987 500	38 798 513	38 818 088	38 380 635	39 309 551	40 364 544	39 147 476	41 824 350
Entreprises sous contrôle étranger	4 654 432	3 610 791	3 286 440	3 080 177	3 077 014	4 662 910	4 382 477	4 640 359
Succursales d'entreprises étrangères	2 690 432	2 128 085	2 614 781	2 804 409	3 500 605	2 008 031	1 661 230	1 500 375
Ensemble des entreprises	38 677 932	40 926 598	41 432 869	41 185 044	42 322 354	34 951 598	32 957 302	35 093 246
1.1.2 Opérations d'assurance par risque à l'étranger, primes brutes								
Vie	0	0	..	..	..	..	..	..
Non-vie	..	..	..	..	..	..	..	..
Mixtes total	x	x	x	x	x	x	x	x
Total	-	-	..	..	..	..	..	..
1.1.3 Paiement par catégories d'assurance, primes brutes (vie)								
Rentes	..	..	..	..	..	4 374 166	4 312 468	5 154 122
Unit linked	..	..	..	..	..	..	..	..
Autre assurance vie	..	..	..	..	..	29 076 673	27 864 772	30 015 418
Total assurance vie	30 909 689	34 063 950	34 116 113	34 454 319	35 863 385	33 450 839	32 177 240	35 169 540
***dont :** Contrats de retraite*	..	..	..	..	..	3 683 892	3 851 878	4 175 622
1.1.4 Paiement par catégories d'assurance, primes brutes (non-vie)								
L'assurance automobile	3 690 387	3 642 285	3 642 285	3 541 931	3 650 671	5 268 338	5 632 807	5 786 949
Les assurances transport (y compris maritime et aérien)	340 705	316 510	316 510	305 343	305 977	149 531	170 502	170 115
L'assurance de fret	77 007	76 230	76 230	64 556	67 288	217 090	242 939	248 817
L'assurance incendie et des dommages aux bien	1 546 742	1 560 319	1 560 319	1 619 666	1 762 054	1 787 943	1 983 049	2 104 111
L'assurance des pertes pécuniaires	62 388	..	..	..	..	216 797	266 835	299 082
L'assurance de la responsabilité civile générale	499 585	503 436	503 436	521 081	535 395	519 985	584 318	598 945
Les assurances accidents et maladie	876 220	857 015	857 015	1 211 200	1 262 653	780 078	897 507	979 477
***dont :** Maladie*	..	..	..	..	..	-216	76	214
Autres assurances non-vie	2 451 512	..	..	..	2 096 987	132 908	154 909	169 874
Réassurance obligatoire	..	..	..	..	..	..	..	..
Total assurance non-vie	9 544 546	9 048 425	9 049 235	7 263 777	9 730 581	9 072 670	9 932 866	10 357 370
1.2 Paiements bruts des sinistres								
Vie								
Entreprises nationales	25 148 216	33 689 120	33 689 120	30 677 277	29 178 265	31 012 138	33 069 327	34 214 304
Entreprises sous contrôle étranger	2 859 004	3 391 492	3 391 509	2 821 726	2 738 842	5 218 820	6 584 738	6 428 288
Succursales d'entreprises étrangères	1 142 966	2 129 021	2 129 021	1 372 136	1 583 330	673 623	709 471	738 243
Ensemble des entreprises	26 291 182	35 818 141	35 818 141	32 049 413	30 761 595	31 685 761	33 778 798	34 952 547
Non-vie								
Entreprises nationales	4 312 683	4 535 152	4 235 152	4 243 987	9 249 885	6 215 207	5 904 278	5 953 809
Entreprises sous contrôle étranger	38 505	137 240	137 240	218 720	400 264	251 245	341 353	373 601
Succursales d'entreprises étrangères	177 134	58 211	58 211	174 446	366 743	..	..	..
Ensemble des entreprises	4 489 817	4 593 363	4 293 363	4 418 433	9 616 628	..	..	..
Mixtes, ensemble des entreprises	x	x	x	x	x	x	x	x
Total								
Entreprises nationales	29 460 899	38 224 272	37 924 272	34 921 264	38 428 150	37 227 345	38 973 605	40 168 113
Entreprises sous contrôle étranger	2 897 509	3 528 732	3 528 749	3 040 446	3 139 106	5 470 065	6 926 091	6 801 889
Succursales d'entreprises étrangères	1 320 100	2 187 232	2 187 232	1 546 582	1 950 073	673 623	709 471	738 243
Ensemble des entreprises	30 780 999	40 411 504	40 111 504	36 467 846	40 378 223	31 685 761	33 778 798	34 952 547
1.3 Commissions								
Vie								
Entreprises nationales	..	..	..	..	..	..	..	..
Entreprises sous contrôle étranger	..	..	..	..	..	..	..	..
Succursales d'entreprises étrangères	..	..	..	..	..	..	..	..
Ensemble des entreprises	..	..	..	..	..	..	..	..
Non-vie								
Entreprises nationales	1 222 519	1 248 888	1 248 888	1 190 122	1 241 891	1 141 653	1 149 357	1 229 205
Entreprises sous contrôle étranger	-15 248	17 123	17 123	70 683	71 775	48 003	25 883	33 975
Succursales d'entreprises étrangères	63 864	64 076	64 076	64 395	67 079	..	..	..
Ensemble des entreprises	1 286 383	1 330 087	1 312 964	1 254 517	1 308 970	..	..	..
Mixtes, ensemble des entreprises	x	x	x	x	x	x	x	x
Total								
Entreprises nationales	1 222 519	1 248 888	1 248 888	1 190 122	1 241 891	1 141 653	1 149 357	1 229 205
Entreprises sous contrôle étranger	-15 248	17 123	17 123	70 683	71 775	48 003	25 883	33 975
Succursales d'entreprises étrangères	63 864	64 076	64 076	64 395	67 079	..	..	..
Ensemble des entreprises	1 286 383	1 330 087	1 312 964	1 254 517	1 308 970	..	..	..

Japon
Tableau 1. Agrégats sélectionnés *(suite)*

Millions JPY

	2007	2008	2009	2010	2011	2012	2013	2014
1.4 Dépenses brutes d'exploitation								
Vie								
Entreprises nationales	3 527 543	3 815 075	3 815 075	3 768 382	3 679 493	4 030 195	4 068 896	4 178 568
Entreprises sous contrôle étranger	620 276	565 470	567 522	529 937	494 700	838 416	862 622	893 811
Succursales d'entreprises étrangères	489 572	509 117	509 117	537 616	565 754	319 261	320 576	320 518
Ensemble des entreprises	4 017 115	4 324 192	4 324 192	4 305 998	4 245 247	4 349 456	4 389 472	4 499 086
Non-vie								
Entreprises nationales	1 690 859	1 744 828	1 744 828	1 637 090	1 688 096	1 229 758	3 034 716	3 189 416
Entreprises sous contrôle étranger	29 467	30 565	30 565	87 975	85 470	69 136	176 725	238 092
Succursales d'entreprises étrangères	120 405	112 093	112 093	114 656	124 057	..	..	..
Ensemble des entreprises	1 811 264	1 856 921	1 856 921	1 751 746	1 812 153	..	..	..
Mixtes, ensemble des entreprises	x	x	x	x	x	x	x	x
Total								
Entreprises nationales	5 218 402	5 559 903	5 559 903	5 405 472	5 367 589	5 259 953	7 103 612	7 367 984
Entreprises sous contrôle étranger	649 743	596 035	598 087	617 912	580 170	907 552	1 039 347	1 131 903
Succursales d'entreprises étrangères	609 977	621 210	621 210	652 272	689 811	319 261	320 576	320 518
Ensemble des entreprises	5 828 379	6 181 113	6 181 113	6 057 744	6 057 400	4 349 456	4 389 472	4 499 086
1.5 Opérations à l'étranger par succursale, primes brutes								
Vie								
Succursales et agences	0	0	..	..	..	..	..	..
Filiales	0	0	..	..	..	..	..	..
Total	0	0	..	..	..	..	..	..
Non-vie								
Succursales et agences	..	..	..	..	..	..	..	..
Filiales	..	..	..	..	..	..	..	..
Total	..	..	..	..	..	..	..	..
Mixtes total	x	x	x	x	x	x	x	x
Total								
Succursales et agences	-	-	..	..	..	..	..	..
Filiales	-	-	..	..	..	..	..	..
Total	-	-	..	..	..	..	..	..

.. Non disponible ; - Néant ; x Sans objet

Note : Voir les métadonnées détaillées sur : http://metalinks.oecd.org/isy/20160419/b41e.

Japon
Tableau 2. Nombre d'entreprises et d'employés

	2007	2008	2009	2010	2011	2012	2013	2014
2.1 Nombre d'entreprises								
Vie								
Entreprises nationales	38	42	42	43	39	40	40	39
Entreprises sous contrôle étranger	13	13	15	15	14	15	15	13
Succursales d'entreprises étrangères	4	4	4	4	4	3	3	3
Ensemble des entreprises	42	46	46	47	43	43	43	42
Non-vie								
Entreprises nationales	27	27	30	28	29	30	30	30
Entreprises sous contrôle étranger	4	4	4	5	5	5	6	7
Succursales d'entreprises étrangères	19	18	21	22	23	23	22	22
Ensemble des entreprises	46	45	51	50	52	53	52	52
Mixtes, ensemble des entreprises	-	-	-	-	-	-	-	-
Réassurance								
Entreprises nationales	3	3	..	..	2	..	..	..
Entreprises sous contrôle étranger	0	0	..	..	0	..	..	..
Succursales d'entreprises étrangères	3	3	..	..	5	..	..	..
Ensemble des entreprises	6	6	..	..	7	..	..	..
Total								
Entreprises nationales	68	72	..	..	..	..	..	..
Entreprises sous contrôle étranger	17	17	..	..	..	..	..	..
Succursales d'entreprises étrangères	26	25	..	..	..	..	..	..
Ensemble des entreprises	94	97	..	..	..	..	..	..
2.2 Nombre d'employés								
Entreprises d'assurance	421 477	434 622	453 584	..	..	447 435	221 675	226 043
Intermédiaires	..	..	..	..	..	..	2 283 335	2 293 863
Total	..	..	..	..	..	..	2 505 010	2 519 906

.. Non disponible ; - Néant

Note : Voir les métadonnées détaillées sur : http://metalinks.oecd.org/isy/20160419/b41e.

Corée
Tableau 1. Agrégats sélectionnés

Millions KRW

	2007	2008	2009	2010	2011	2012	2013	2014
1.1 Opérations d'assurance conclues dans le pays déclarant								
1.1.1 Opérations d'assurance, par intérêt								
Primes brutes								
Entreprises nationales	110 393 054	115 859 968	122 132 179	135 405 614	148 670 607	179 792 881	180 479 019	192 380 611
Entreprises sous contrôle étranger	12 820 314	13 480 118	14 088 283	14 764 615	15 090 753	16 543 211	15 928 630	13 324 532
Succursales d'entreprises étrangères	3 430 441	3 587 701	4 270 391	4 250 510	4 083 506	3 894 692	4 755 050	4 594 745
Ensemble des entreprises	111 321 037	116 577 984	126 402 570	139 656 124	152 754 113	183 687 573	185 234 069	196 975 356
Primes cédées								
Entreprises nationales	7 344 189	8 108 554	8 454 320	8 248 307	7 618 035	8 770 133	9 411 425	9 694 294
Entreprises sous contrôle étranger	309 793	320 610	546 607	529 774	322 429	581 696	538 227	478 174
Succursales d'entreprises étrangères	333 763	369 098	553 407	407 499	614 890	448 135	456 049	651 726
Ensemble des entreprises	7 677 952	8 477 652	9 007 727	8 655 806	8 232 925	9 218 268	9 867 474	10 346 020
Primes nettes émises								
Entreprises nationales	103 048 865	107 751 414	113 677 859	127 157 307	141 052 572	171 022 748	171 067 594	182 686 317
Entreprises sous contrôle étranger	12 510 521	13 159 509	13 541 676	14 234 841	14 768 324	15 961 515	15 390 403	12 846 358
Succursales d'entreprises étrangères	3 096 678	3 218 603	3 716 984	3 843 011	3 468 616	3 446 557	4 299 001	3 943 019
Ensemble des entreprises	106 145 543	110 970 018	117 394 843	131 000 318	144 521 188	174 469 305	175 366 595	186 629 336
1.1.2 Opérations d'assurance par risque à l'étranger, primes brutes								
Vie	..	..	..	..	..	..	..	..
Non-vie	896 455	1 221 109	8 061 186	1 393 220	..	..	..	..
Mixtes total	x	x	x	x	x	x	x	x
Total	896 455	1 221 109	8 061 186	1 393 220	..	..	..	..
1.1.3 Paiement par catégories d'assurance, primes brutes (vie)								
Rentes	..	..	14 516 005	16 493 331	17 029 899	29 118 668	25 867 249	23 905 884
Unit linked	..	..	16 767 780	18 570 246	21 278 374	21 003 522	21 073 957	20 670 949
Autre assurance vie	..	..	44 163 041	45 875 642	48 349 089	57 004 710	61 618 265	65 998 453
Total assurance vie	..	..	75 446 826	80 939 219	86 657 362	107 126 900	108 559 471	110 575 286
***dont :** Contrats de retraite*	..	..	2 944 502	4 037 523	7 039 411	6 187 541	8 103 216	11 817 288
1.1.4 Paiement par catégories d'assurance, primes brutes (non-vie)								
L'assurance automobile	10 575 656	11 026 121	11 513 159	12 712 741	13 714 894	13 667 642	13 692 186	14 188 378
Les assurances transport (y compris maritime et aérien)	631 851	815 631	1 169 236	1 079 971	1 173 162	1 249 845	1 062 919	1 006 367
L'assurance de fret	..	..	..	..	..	..	0	0
L'assurance incendie et des dommages aux bien	305 804	290 036	481 100	343 250	433 977	509 590	515 217	484 799
L'assurance des pertes pécuniaires	1 008 466	1 114 250	1 293 541	1 367 999	1 551 994	1 697 064	1 637 782	1 601 517
L'assurance de la responsabilité civile générale	407 663	421 467	775 149	834 878	828 088	870 395	947 583	910 341
Les assurances accidents et maladie	9 764 507	10 859 083	12 398 730	14 665 164	16 518 450	18 558 162	49 501 658	24 196 315
***dont :** Maladie*	7 676 120	8 388 970	4 921 216	5 877 040	6 537 864	7 171 480	83 983	10 090 810
Autres assurances non-vie	10 663 864	12 167 879	20 344 004	25 457 371	30 630 990	38 774 054	8 105 434	32 685 216
Réassurance obligatoire	..	..	..	..	..	..	0	0
Total assurance non-vie	..	..	47 974 919	56 461 374	64 851 555	75 326 752	75 462 779	85 163 744
1.2 Paiements bruts des sinistres								
Vie								
Entreprises nationales	39 384 005	45 144 764	46 039 241	50 304 985	50 774 694	50 571 293	51 098 146	61 070 702
Entreprises sous contrôle étranger	4 637 566	5 968 643	5 652 840	7 571 937	7 803 732	7 981 965	8 103 569	69 035 817
Succursales d'entreprises étrangères	773 568	1 991 711	1 180 688	1 268 464	1 295 108	1 251 467	1 252 924	1 292 842
Ensemble des entreprises	40 157 573	47 136 475	47 219 929	51 573 449	52 069 802	51 822 760	52 351 070	62 363 544
Non-vie								
Entreprises nationales	13 683 416	16 254 621	18 867 283	21 683 043	23 980 095	26 319 367	22 119 519	30 233 735
Entreprises sous contrôle étranger	0	0	580 375	664 566	620 798	833 963	516 770	844 722
Succursales d'entreprises étrangères	193 377	280 765	1 052 992	1 043 797	919 952	914 946	7 033 799	1 098 087
Ensemble des entreprises	13 876 793	16 535 386	19 920 275	22 726 840	24 900 047	27 234 313	29 153 318	31 331 823
Mixtes, ensemble des entreprises	x	x	x	x	x	x	x	x
Total								
Entreprises nationales	53 067 421	61 399 384	64 906 524	71 988 028	74 754 789	76 890 660	73 217 665	91 304 438
Entreprises sous contrôle étranger	4 637 566	5 968 643	6 233 215	8 236 503	8 424 530	8 815 928	8 620 339	69 880 539
Succursales d'entreprises étrangères	966 945	2 272 476	2 233 680	2 312 261	2 215 060	2 166 413	8 286 723	2 390 929
Ensemble des entreprises	54 034 366	63 671 861	67 140 204	74 300 289	76 969 849	79 057 073	81 504 388	93 695 367
1.3 Commissions								
Vie								
Entreprises nationales	15 603 919	16 027 714	8 315 606	4 774 647	..	..	..	..
Entreprises sous contrôle étranger	3 260 784	3 493 518	1 801 392	1 125 660	..	..	..	..
Succursales d'entreprises étrangères	833 657	842 042	324 907	43 548	..	..	..	..
Ensemble des entreprises	16 437 575	16 869 756	8 640 513	4 818 195	..	..	..	..
Non-vie								
Entreprises nationales	9 106 421	10 778 474	4 992 487	2 242 103	..	..	..	..
Entreprises sous contrôle étranger	0	0	1 697	162 058	..	..	..	..
Succursales d'entreprises étrangères	69 133	76 212	13 541	68 803	..	..	..	..
Ensemble des entreprises	9 175 554	10 854 686	5 006 028	2 310 906	..	..	..	..
Mixtes, ensemble des entreprises	x	x	x	x	x	x	x	x
Total								
Entreprises nationales	24 710 340	26 806 188	13 308 093	7 016 750	..	..	..	..
Entreprises sous contrôle étranger	3 260 784	3 493 518	1 803 089	1 287 718	..	..	..	..
Succursales d'entreprises étrangères	902 790	918 254	338 448	112 351	..	..	..	..
Ensemble des entreprises	25 613 129	27 724 442	13 646 541	7 129 101	..	..	..	..

Corée

Tableau 1. Agrégats sélectionnés *(suite)*

Millions KRW

	2007	2008	2009	2010	2011	2012	2013	2014
1.4 Dépenses brutes d'exploitation								
Vie								
Entreprises nationales	46 394 068	49 761 801	18 170 539	19 832 046	27 793 931	23 307 641	25 608 456	27 511 983
Entreprises sous contrôle étranger	6 136 005	7 628 903	4 094 498	4 698 261	7 229 266	5 189 114	5 278 175	806 034
Succursales d'entreprises étrangères	1 461 002	2 693 323	762 857	845 704	1 024 103	734 416	770 753	4 595 483
Ensemble des entreprises	47 855 069	52 455 124	18 933 396	20 677 750	28 818 034	24 042 057	26 379 209	32 107 466
Non-vie								
Entreprises nationales	18 258 718	21 485 231	9 308 928	9 722 605	9 820 687	11 569 785	11 294 192	16 760 436
Entreprises sous contrôle étranger	0	0	151 338	174 348	121 666	320 770	129 781	245 017
Succursales d'entreprises étrangères	391 644	509 523	492 471	479 237	428 369	331 833	1 592 503	1 116 586
Ensemble des entreprises	18 650 363	21 994 754	9 801 399	10 201 842	10 249 056	11 901 618	12 886 695	17 877 022
Mixtes, ensemble des entreprises	x	x	x	x	x	x	x	x
Total								
Entreprises nationales	64 652 786	71 247 032	27 479 467	29 554 651	37 614 618	34 877 426	36 902 648	44 272 419
Entreprises sous contrôle étranger	6 136 005	7 628 903	4 245 836	4 872 609	7 350 932	5 509 884	5 407 956	1 051 051
Succursales d'entreprises étrangères	1 852 646	3 202 846	1 255 328	1 324 941	1 452 472	1 066 249	2 363 256	5 712 069
Ensemble des entreprises	66 505 432	74 449 878	28 734 795	30 879 592	39 067 090	35 943 675	39 265 904	49 984 488
1.5 Opérations à l'étranger par succursale, primes brutes								
Vie								
Succursales et agences	..	..	..	..	..	..	..	..
Filiales	..	..	..	..	..	..	..	..
Total	..	..	..	..	..	..	..	..
Non-vie								
Succursales et agences	..	..	..	..	..	..	..	..
Filiales	..	..	..	..	..	..	..	..
Total	896 455	1 221 109	8 061 186	1 393 220	..	..	..	..
Mixtes total	x	x	x	x	x	x	x	x
Total								
Succursales et agences	..	..	..	..	..	..	..	..
Filiales	..	..	..	..	..	..	..	..
Total	896 455	1 221 109	8 061 186	1 393 220	..	..	..	..

.. Non disponible ; x Sans objet

Note : Voir les métadonnées détaillées sur : http://metalinks.oecd.org/isy/20160419/6a7a.

Corée
Tableau 2. Nombre d'entreprises et d'employés

	2007	2008	2009	2010	2011	2012	2013	2014
2.1 Nombre d'entreprises								
Vie								
Entreprises nationales	21	21	21	22	22	23	24	24
Entreprises sous contrôle étranger	7	7	8	8	8	8	8	7
Succursales d'entreprises étrangères	1	1	1	1	1	1	1	1
Ensemble des entreprises	22	22	22	23	23	24	25	25
Non-vie								
Entreprises nationales	15	15	15	15	15	16	16	17
Entreprises sous contrôle étranger	0	0	3	3	6	6	3	4
Succursales d'entreprises étrangères	7	8	8	8	8	8	8	5
Ensemble des entreprises	22	23	23	23	23	24	24	22
Mixtes, ensemble des entreprises	-	-	-	-	-	-	-	-
Réassurance								
Entreprises nationales	1	1	1	1	1	1	1	1
Entreprises sous contrôle étranger	0	0	0	0	0	..	..	0
Succursales d'entreprises étrangères	5	6	6	6	6	6	6	8
Ensemble des entreprises	6	7	7	7	7	7	7	9
Total								
Entreprises nationales	37	37	37	38	38	40	41	42
Entreprises sous contrôle étranger	7	7	11	11	14	14	11	11
Succursales d'entreprises étrangères	13	15	15	15	15	15	15	14
Ensemble des entreprises	50	52	52	53	53	55	56	56
2.2 Nombre d'employés								
Entreprises d'assurance	54 040	54 719	53 812	55 927	57 861	62 155	63 859	61 158
Intermédiaires	264 333	286 685	227 919	270 786	278 594	288 362	280 087	245 127
Total	318 373	341 404	281 731	326 713	336 455	350 517	343 946	306 285

.. Non disponible ; - Néant

Note : Voir les métadonnées détaillées sur : http://metalinks.oecd.org/isy/20160419/6a7a.

Luxembourg
Tableau 1. Agrégats sélectionnés

Millions EUR

	2007	2008	2009	2010	2011	2012	2013	2014
1.1 Opérations d'assurance conclues dans le pays déclarant								
1.1.1 Opérations d'assurance, par intérêt								
Primes brutes								
Entreprises nationales	11 054	10 702	16 437	20 584	13 626	19 445	18 410	21 712
Entreprises sous contrôle étranger	10 353	9 984	15 490	19 165	12 583	17 930	17 036	20 356
Succursales d'entreprises étrangères	139	144	165	133	150	144	191	76
Ensemble des entreprises	11 193	10 846	16 602	20 717	13 776	19 589	18 601	21 788
Primes cédées								
Entreprises nationales	1 004	2 362	4 425	5 362	2 935	6 109	4 624	6 122
Entreprises sous contrôle étranger	853	2 217	4 299	5 220	2 737	5 892	4 246	5 863
Succursales d'entreprises étrangères	32	42	34	37	37	40	37	33
Ensemble des entreprises	1 036	2 405	4 459	5 399	2 973	6 149	4 661	6 155
Primes nettes émises								
Entreprises nationales	10 049	8 340	12 012	15 222	10 691	13 336	13 787	15 590
Entreprises sous contrôle étranger	9 499	7 767	11 191	13 945	9 846	12 037	12 790	14 493
Succursales d'entreprises étrangères	108	102	131	96	113	104	153	43
Ensemble des entreprises	10 157	8 441	12 143	15 318	10 804	13 440	13 940	15 633
1.1.2 Opérations d'assurance par risque à l'étranger, primes brutes								
Vie	9 457	8 562	14 265	18 170	11 564	17 115	15 837	18 455
Non-vie	515	396	410	426	547	476	572	438
Mixtes	..	..	0	0	0	..	0	0
dont :								
Vie	..	..	0	0	0	..	0	0
Non-vie	..	..	0	0	0	..	0	0
Total	9 971	8 958	14 675	18 596	12 112	17 591	16 408	18 893
1.1.3 Paiement par catégories d'assurance, primes brutes (vie)								
Rentes	..	..	..	..	..	..	..	..
Unit linked	8 898	7 658	11 546	13 371	8 836	11 224	10 516	11 086
Autre assurance vie	..	..	..	..	3 382	6 826	6 413	9 103
Total Assurance Vie	10 005	9 744	15 464	19 392	12 218	18 050	16 929	20 190
***dont :** Contrats de retraite*	..	..	..	19 392	..	..	..	..
1.1.4 Paiement par catégories d'assurance, primes brutes (non-vie)								
L'assurance automobile	..	..	..	..	426	..	..	..
Les assurances transport (y compris maritime et aérien)	..	..	..	..	0	..	..	..
L'assurance de fret	..	..	..	..	30	..	..	..
L'assurance incendie et des dommages aux bien	..	..	..	..	271	..	..	..
L'assurance des pertes pécuniaires	..	..	..	..	321	..	..	..
L'assurance de la responsabilité civile générale	..	..	..	..	106	..	..	..
Les assurances accidents et maladie	..	..	..	..	90	..	..	..
***dont :** Maladie*	..	..	..	..	59	..	..	..
Autres assurances non-vie	..	..	..	..	53	..	..	..
Réassurance obligatoire	..	..	..	..	27	..	..	..
Total assurance non-vie	1 187	1 101	1 124	1 184	1 325	1 300	1 501	1 339
1.2 Paiements bruts des sinistres								
Vie								
Entreprises nationales	4 608	5 601	5 150	6 078	7 091	11 111	11 696	10 597
Entreprises sous contrôle étranger	4 417	5 424	5 052	5 827	6 863	10 823	11 179	10 214
Succursales d'entreprises étrangères	63	18	4	9	34	10	25	25
Ensemble des entreprises	4 671	5 619	5 154	6 087	7 125	11 122	11 721	10 622
Non-vie								
Entreprises nationales	363	1 284	496	731	606	623	1 105	809
Entreprises sous contrôle étranger	211	1 069	270	411	315	348	691	428
Succursales d'entreprises étrangères	50	68	25	27	31	27	39	36
Ensemble des entreprises	413	1 351	521	758	637	650	1 143	845
Mixtes								
Entreprises nationales	..	..	0	0	0	..	0	0
Entreprises sous contrôle étranger	..	..	0	0	0	..	0	0
Succursales d'entreprises étrangères	..	..	34	32	39	38	27	133
Ensemble des entreprises	..	..	34	32	39	38	27	133
dont :								
Vie	..	..	16	15	19	20	15	130
Entreprises nationales	..	..	0	0	0	..	0	0
Entreprises sous contrôle étranger	..	..	0	0	0	..	0	0
Succursales d'entreprises étrangères	..	..	16	15	19	20	15	130
Ensemble des entreprises	..	..	16	15	19	20	15	130
Non-vie	..	..	18	17	20	18	12	3
Entreprises nationales	..	..	0	0	0	..	0	0
Entreprises sous contrôle étranger	..	..	0	0	0	..	0	0
Succursales d'entreprises étrangères	..	..	18	17	20	18	12	3
Ensemble des entreprises	..	..	18	17	20	18	12	3
Total								
Entreprises nationales	4 971	6 884	5 646	6 809	7 697	11 734	12 801	11 406
Entreprises sous contrôle étranger	4 627	6 493	5 322	6 238	7 178	11 171	11 869	10 642
Succursales d'entreprises étrangères	112	85	63	68	104	76	90	195
Ensemble des entreprises	5 084	6 970	5 709	6 878	7 800	11 810	12 891	11 600

Luxembourg
Tableau 1. Agrégats sélectionnés *(suite)*

Millions EUR

	2007	2008	2009	2010	2011	2012	2013	2014
1.3 Commissions								
Vie								
Entreprises nationales	373	371	313	367	353	328	327	317
Entreprises sous contrôle étranger	360	357	299	351	..	328	309	297
Succursales d'entreprises étrangères	4	5	0	0	0	0	0	0
Ensemble des entreprises	377	376	314	367	353	328	328	317
Non-vie								
Entreprises nationales	148	192	382	206	217	205	217	211
Entreprises sous contrôle étranger	79	119	307	126	..	205	119	109
Succursales d'entreprises étrangères	14	16	9	11	12	11	12	9
Ensemble des entreprises	162	208	391	217	229	217	229	221
Mixtes								
Entreprises nationales	..	..	0	0	0	..	0	0
Entreprises sous contrôle étranger	..	..	0	0	..	..	0	0
Succursales d'entreprises étrangères	..	..	12	12	11	12	12	3
Ensemble des entreprises	..	..	12	12	11	12	12	3
dont :								
Vie	..	..	4	4	5	5	5	3
Entreprises nationales	..	..	0	0	0	..	0	0
Entreprises sous contrôle étranger	..	..	0	0	..	..	0	0
Succursales d'entreprises étrangères	..	..	4	4	5	5	5	3
Ensemble des entreprises	..	..	4	4	5	5	5	3
Non-vie	..	..	8	8	7	7	7	0
Entreprises nationales	..	..	0	0	0	..	0	0
Entreprises sous contrôle étranger	..	..	0	0	..	..	0	0
Succursales d'entreprises étrangères	..	..	8	8	7	7	7	0
Ensemble des entreprises	..	..	8	8	7	7	7	0
Total								
Entreprises nationales	520	563	695	573	570	533	544	528
Entreprises sous contrôle étranger	440	477	606	477	..	533	428	406
Succursales d'entreprises étrangères	18	21	21	23	23	24	25	13
Ensemble des entreprises	538	584	716	596	593	557	569	541
1.4 Dépenses brutes d'exploitation								
Vie								
Entreprises nationales	572	208	229	243	288	656	362	376
Entreprises sous contrôle étranger	549	197	218	231	274	622	347	358
Succursales d'entreprises étrangères	5	2	0	0	0	0	0	1
Ensemble des entreprises	578	209	229	243	288	656	362	376
Non-vie								
Entreprises nationales	199	71	49	54	53	270	66	72
Entreprises sous contrôle étranger	109	48	25	30	27	270	34	41
Succursales d'entreprises étrangères	20	7	3	14	3	14	3	2
Ensemble des entreprises	220	78	52	68	55	285	69	74
Mixtes								
Entreprises nationales	..	..	0	0	0	..	0	0
Entreprises sous contrôle étranger	..	..	0	0	0	..	0	0
Succursales d'entreprises étrangères	..	..	5	17	6	18	7	1
Ensemble des entreprises	..	..	5	17	6	18	7	1
dont :								
Vie	..	..	1	6	2	7	3	1
Entreprises nationales	..	..	0	0	0	..	0	0
Entreprises sous contrôle étranger	..	..	0	0	0	..	0	0
Succursales d'entreprises étrangères	..	..	1	6	2	7	3	1
Ensemble des entreprises	..	..	1	6	2	7	3	1
Non-vie	..	..	3	12	3	11	4	0
Entreprises nationales	..	..	0	0	0	..	0	0
Entreprises sous contrôle étranger	..	..	0	0	0	..	0	0
Succursales d'entreprises étrangères	..	..	3	12	3	11	4	0
Ensemble des entreprises	..	..	3	12	3	11	4	0
Total								
Entreprises nationales	772	279	278	297	341	926	429	448
Entreprises sous contrôle étranger	658	245	243	261	302	892	381	399
Succursales d'entreprises étrangères	26	9	8	31	8	33	9	4
Ensemble des entreprises	798	288	286	328	349	959	438	451

Luxembourg
Tableau 1. Agrégats sélectionnés (*suite*)

Millions EUR

	2007	2008	2009	2010	2011	2012	2013	2014
1.5 Opérations à l'étranger par succursale, primes brutes								
Vie								
Succursales et agences	984	1 059	2 355	2 830	2 161	2 619	2 648	3 250
Filiales	0	..	0	0	0	0	..	..
Total	984	..	2 355	2 830	2 161	2 619	2 648	3 250
Non-vie								
Succursales et agences	263	1 272	1 014	1 122	1 088	1 417	1 546	1 831
Filiales	0	..	0	0	0	0	..	..
Total	263	..	1 014	1 122	1 088	1 417	1 546	1 831
Mixtes								
Succursales et agences	..	..	0	0	0	..	0	0
Filiales	..	..	0	0	0	..	..	..
Total	..	..	0	0	0	..	0	0
dont :								
Vie	..	..	0	0	0	..	0	0
Succursales et agences	..	..	0	0	0	..	0	0
Filiales	..	..	0	0	0	..	..	..
Total	..	..	0	0	0	..	0	0
Non-vie	..	..	0	0	0	..	0	0
Succursales et agences	..	..	0	0	0	..	0	0
Filiales	..	..	0	0	0	..	..	..
Total	..	..	0	0	0	..	0	0
Total								
Succursales et agences	1 247	2 331	3 369	3 952	3 250	4 036	4 194	5 082
Filiales	-	..	-	-	-	-	..	..
Total	1 247	..	3 369	3 952	3 250	4 036	4 194	5 082

.. Non disponible ; - Néant ; | Rupture de série

Note : Voir les métadonnées détaillées sur : http://metalinks.oecd.org/isy/20160419/86e0.

Luxembourg
Tableau 2. Nombre d'entreprises et d'employés

	2007	2008	2009	2010	2011	2012	2013	2014
2.1 Nombre d'entreprises								
Vie								
Entreprises nationales	52	47	47	46	45	43	42	44
Entreprises sous contrôle étranger	48	43	43	42	41	39	34	39
Succursales d'entreprises étrangères	2	2	2	2	2	1	2	2
Ensemble des entreprises	54	49	49	48	47	44	44	46
Non-vie								
Entreprises nationales	27	30	31	29	29	31	34	34
Entreprises sous contrôle étranger	23	26	27	25	25	27	27	8
Succursales d'entreprises étrangères	10	10	10	11	10	11	10	10
Ensemble des entreprises	37	40	41	40	39	42	44	44
Mixtes								
Entreprises nationales	0	0	0	0	0	0	0	0
Entreprises sous contrôle étranger	0	0	0	0	0	0	0	0
Succursales d'entreprises étrangères	3	3	3	3	3	3	3	3
Ensemble des entreprises	3	3	3	3	3	3	3	3
Réassurance								
Entreprises nationales	262	261	251	244	242	238	226	224
Entreprises sous contrôle étranger	243	238	234	225	222	219	207	205
Succursales d'entreprises étrangères	0	0	0	8	0	0	0	0
Ensemble des entreprises	262	261	251	252	242	238	226	224
Total								
Entreprises nationales	341	338	329	319	316	312	302	302
Entreprises sous contrôle étranger	314	307	304	292	288	285	268	252
Succursales d'entreprises étrangères	15	15	15	24	15	15	15	15
Ensemble des entreprises	356	353	344	343	331	327	317	317
2.2 Nombre d'employés								
Entreprises d'assurance	3 242	3 087	3 710	3 956	3 967	4 326	5 692	6 057
Intermédiaires	8 168	9 297	9 503	9 859	9 375	9 659	10 030	550
Total	11 410	12 384	13 213	13 815	13 342	13 985	15 722	6 607

Note : Voir les métadonnées détaillées sur : http://metalinks.oecd.org/isy/20160419/86e0.

Mexique
Tableau 1. Agrégats sélectionnés

Millions MXN

	2007	2008	2009	2010	2011	2012	2013	2014
1.1 Opérations d'assurance conclues dans le pays déclarant								
1.1.1 Opérations d'assurance, par intérêt								
Primes brutes								
Entreprises nationales	193 456	209 851	236 860	247 010	281 792	310 747	347 196	363 530
Entreprises sous contrôle étranger	114 934	129 075	143 428	153 858	167 708	189 698	207 890	220 225
Succursales d'entreprises étrangères	..	..	..	..	..	..	..	..
Ensemble des entreprises	193 456	209 851	236 860	247 010	281 792	310 747	347 196	363 530
Primes cédées								
Entreprises nationales	29 983	30 100	42 795	36 018	49 771	50 188	60 551	58 378
Entreprises sous contrôle étranger	14 345	16 949	18 449	19 495	21 903	24 728	26 822	29 932
Succursales d'entreprises étrangères	..	..	..	..	..	..	..	..
Ensemble des entreprises	29 983	30 100	42 795	36 018	49 771	50 188	60 551	58 378
Primes nettes émises								
Entreprises nationales	163 473	179 751	194 065	210 991	232 021	260 559	286 645	305 152
Entreprises sous contrôle étranger	100 225	112 127	124 979	134 363	145 805	164 970	181 068	190 293
Succursales d'entreprises étrangères	..	..	..	..	..	..	..	..
Ensemble des entreprises	163 473	179 751	194 065	210 991	232 021	260 559	286 645	305 152
1.1.2 Opérations d'assurance par risque à l'étranger, primes brutes								
Vie	..	451	..	..	..	..	..	..
Non-vie	..	826	..	323	349	425	402	..
Mixtes	..	..	..	1 463	1 553	1 787	1 692	..
dont :								
Vie	..	..	407	..	..	..	..	..
Non-vie	..	..	1 052	..	..	..	..	..
Total	..	1 277	..	1 786	1 902	2 212	2 093	..
1.1.3 Paiement par catégories d'assurance, primes brutes (vie)								
Rentes	..	..	..	15 849	15 749	17 633	20 099	20 521
Unit linked	..	..	..	0	..	..	..	..
Autre assurance vie	..	..	..	97 352	109 511	125 175	138 959	148 624
Total Assurance Vie	83 634	92 688	103 431	113 201	125 260	142 808	159 058	169 145
***dont :** Contrats de retraite*	6 377	7 728	8 756	0	..	..	..	..
1.1.4 Paiement par catégories d'assurance, primes brutes (non-vie)								
L'assurance automobile	44 371	47 419	46 947	50 357	56 099	62 944	66 562	68 735
Les assurances transport (y compris maritime et aérien)	5 251	5 226	5 951	5 765	7 049	7 691	7 851	9 356
L'assurance de fret	..	..	..	..	..	..	..	..
L'assurance incendie et des dommages aux bien	9 999	7 512	16 884	8 026	14 010	9 980	16 520	12 232
L'assurance des pertes pécuniaires	412	456	518	636	686	749	5 210	501
L'assurance de la responsabilité civile générale	4 142	4 362	5 265	5 185	5 914	6 920	7 341	7 201
Les assurances accidents et maladie	27 644	32 121	34 511	37 557	41 814	45 526	51 189	56 686
***dont :** Maladie*	1 260	1 351	1 631	1 626	1 835	1 918	2 682	2 719
Autres assurances non-vie	16 105	19 246	22 314	24 316	30 214	33 390	32 581	38 511
Réassurance obligatoire	..	..	..	..	..	..	..	..
Total assurance non-vie	109 183	116 341	132 389	131 842	155 785	167 200	187 253	193 221
1.2 Paiements bruts des sinistres								
Vie								
Entreprises nationales	40 318	48 836	8 634	9 487	9 566	10 279	11 800	12 325
Entreprises sous contrôle étranger	26 203	31 235	3 784	4 314	4 663	..	..	5 875
Succursales d'entreprises étrangères	..	..	..	..	..	..	..	..
Ensemble des entreprises	40 318	48 836	8 634	9 487	9 566	10 279	11 800	12 325
Non-vie								
Entreprises nationales	55 579	57 896	13 280	14 463	14 750	14 874	21 716	17 912
Entreprises sous contrôle étranger	28 720	29 915	4 819	5 042	4 751	..	..	4 093
Succursales d'entreprises étrangères	..	..	..	..	..	..	..	..
Ensemble des entreprises	55 579	57 896	13 280	14 463	14 750	14 874	21 716	17 912
Mixtes								
Entreprises nationales	..	..	96 118	100 430	109 005	115 041	159 315	148 932
Entreprises sous contrôle étranger	..	..	62 564	67 094	70 654	..	..	104 822
Succursales d'entreprises étrangères	..	..	..	..	..	..	..	..
Ensemble des entreprises	..	..	96 118	100 430	109 005	115 041	159 315	148 932
dont :								
Vie	..	..	47 586	48 676	50 966	55 436	76 467	81 643
Entreprises nationales	..	..	47 586	48 676	50 966	55 436	76 467	81 643
Entreprises sous contrôle étranger	..	..	35 236	37 971	38 918	..	..	67 855
Succursales d'entreprises étrangères	..	..	..	..	..	..	..	..
Ensemble des entreprises	..	..	47 586	48 676	50 966	55 436	76 467	81 643
Non-vie	..	..	48 531	51 753	58 039	59 605	82 848	67 289
Entreprises nationales	..	..	48 531	51 753	58 039	59 605	82 848	67 289
Entreprises sous contrôle étranger	..	..	27 328	29 122	31 736	..	..	36 968
Succursales d'entreprises étrangères	..	..	..	..	..	..	..	..
Ensemble des entreprises	..	..	48 531	51 753	58 039	59 605	82 848	67 289
Total								
Entreprises nationales	95 897	106 731	118 032	124 380	133 321	140 195	192 832	179 169
Entreprises sous contrôle étranger	54 924	61 149	71 168	76 449	80 068	..	..	114 791
Succursales d'entreprises étrangères	..	..	..	..	..	..	..	..
Ensemble des entreprises	95 897	106 731	118 032	124 380	133 321	140 195	192 832	179 169

Mexique
Tableau 1. Agrégats sélectionnés *(suite)*

Millions MXN

	2007	2008	2009	2010	2011	2012	2013	2014
1.3 Commissions								
Vie								
Entreprises nationales	10 625	11 668	1 053	976	1 257	1 133	1 075	749
Entreprises sous contrôle étranger	7 049	7 652	324	234	268	277	251	74
Succursales d'entreprises étrangères	..	..	..	..	..	..	..	..
Ensemble des entreprises	10 625	11 668	1 053	976	1 257	1 133	1 075	749
Non-vie								
Entreprises nationales	17 003	17 707	4 811	5 078	5 935	6 911	8 410	9 458
Entreprises sous contrôle étranger	10 029	17 707	2 073	2 230	2 373	2 721	3 523	3 808
Succursales d'entreprises étrangères	..	..	..	..	..	..	..	..
Ensemble des entreprises	17 003	17 707	4 811	5 078	5 935	6 911	8 410	9 458
Mixtes								
Entreprises nationales	..	..	31 881	34 055	38 671	44 178	46 777	49 973
Entreprises sous contrôle étranger	..	..	20 206	21 885	24 611	28 060	29 464	31 616
Succursales d'entreprises étrangères	..	..	..	..	..	..	..	..
Ensemble des entreprises	..	..	31 881	34 055	38 671	44 178	46 777	49 973
dont :								
Vie	..	..	12 184	13 741	15 773	18 508	19 316	21 023
Entreprises nationales	..	..	12 184	13 741	15 773	18 508	19 316	21 023
Entreprises sous contrôle étranger	..	..	8 294	9 518	10 807	12 501	12 940	17 514
Succursales d'entreprises étrangères	..	..	..	..	..	..	..	..
Ensemble des entreprises	..	..	12 184	13 741	15 773	18 508	19 316	21 023
Non-vie	..	..	19 698	20 315	22 898	25 670	27 462	28 950
Entreprises nationales	..	..	19 698	20 315	22 898	25 670	27 462	28 950
Entreprises sous contrôle étranger	..	..	11 694	12 367	13 803	15 559	16 524	14 103
Succursales d'entreprises étrangères	..	..	..	..	..	..	..	..
Ensemble des entreprises	..	..	19 698	20 315	22 898	25 670	27 462	28 950
Total								
Entreprises nationales	27 629	29 375	37 746	40 110	45 863	52 222	56 263	60 180
Entreprises sous contrôle étranger	17 077	25 359	22 603	24 349	27 251	31 058	33 239	35 498
Succursales d'entreprises étrangères	..	..	..	..	..	..	..	..
Ensemble des entreprises	27 629	29 375	37 746	40 110	45 863	52 222	56 263	60 180
1.4 Dépenses brutes d'exploitation								
Vie								
Entreprises nationales	5 564	6 208	634	942	1 095	1 313	1 486	1 156
Entreprises sous contrôle étranger	4 052	4 524	305	530	675	..	..	570
Succursales d'entreprises étrangères	..	..	..	..	..	..	..	..
Ensemble des entreprises	5 564	6 208	634	942	1 095	1 313	1 486	1 156
Non-vie								
Entreprises nationales	7 620	10 271	2 656	2 353	2 337	2 968	3 545	4 198
Entreprises sous contrôle étranger	3 289	5 334	1 290	1 220	1 402	..	..	2 010
Succursales d'entreprises étrangères	..	..	..	..	..	..	..	..
Ensemble des entreprises	7 620	10 271	2 656	2 353	2 337	2 968	3 545	4 198
Mixtes								
Entreprises nationales	..	..	12 630	14 102	14 115	14 382	16 389	16 621
Entreprises sous contrôle étranger	..	..	8 263	9 018	8 627	..	..	10 470
Succursales d'entreprises étrangères	..	..	..	..	..	..	..	..
Ensemble des entreprises	..	..	12 630	14 102	14 115	14 382	16 389	16 621
dont :								
Vie	..	..	5 917	6 925	6 838	7 085	8 530	8 486
Entreprises nationales	..	..	5 917	6 925	6 838	7 085	8 530	8 486
Entreprises sous contrôle étranger	..	..	4 573	5 339	5 052	..	..	6 273
Succursales d'entreprises étrangères	..	..	..	..	..	..	..	..
Ensemble des entreprises	..	..	5 917	6 925	6 838	7 085	8 530	8 486
Non-vie	..	..	6 714	7 178	7 277	7 298	7 859	8 135
Entreprises nationales	..	..	6 714	7 178	7 277	7 298	7 859	8 135
Entreprises sous contrôle étranger	..	..	3 674	3 679	3 575	..	..	4 198
Succursales d'entreprises étrangères	..	..	..	..	..	..	..	..
Ensemble des entreprises	..	..	6 714	7 178	7 277	7 298	7 859	8 135
Total								
Entreprises nationales	13 183	16 479	15 920	17 398	17 548	18 662	21 420	21 974
Entreprises sous contrôle étranger	7 341	9 858	9 859	10 768	10 704	..	..	13 050
Succursales d'entreprises étrangères	..	..	..	..	..	..	..	..
Ensemble des entreprises	13 183	16 479	15 920	17 398	17 548	18 662	21 420	21 974

Mexique
Tableau 1. Agrégats sélectionnés *(suite)*

Millions MXN

	2007	2008	2009	2010	2011	2012	2013	2014
1.5 Opérations à l'étranger par succursale, primes brutes								
Vie								
Succursales et agences	..	..	..	..	..	..	..	..
Filiales	..	..	..	..	..	..	..	..
Total	..	..	..	..	..	..	..	..
Non-vie								
Succursales et agences	..	..	..	..	..	..	..	..
Filiales	..	..	..	..	..	..	..	..
Total	..	..	..	..	..	..	..	..
Mixtes								
Succursales et agences	..	..	..	..	..	..	..	..
Filiales	..	..	..	..	..	..	..	..
Total	..	..	..	..	..	..	..	..
dont :								
Vie	..	..	..	..	..	..	..	..
Succursales et agences	..	..	..	..	..	..	..	..
Filiales	..	..	..	..	..	..	..	..
Total	..	..	..	..	..	..	..	..
Non-vie	..	..	..	..	..	..	..	..
Succursales et agences	..	..	..	..	..	..	..	..
Filiales	..	..	..	..	..	..	..	..
Total	..	..	..	..	..	..	..	..
Total								
Succursales et agences	..	..	..	..	..	..	..	..
Filiales	..	..	..	..	..	..	..	..
Total	..	..	..	..	..	..	..	..

.. Non disponible ; | Rupture de série

Note : Voir les métadonnées détaillées sur : http://metalinks.oecd.org/isy/20160419/2ab4.

Mexique
Tableau 2. Nombre d'entreprises et d'employés

	2007	2008	2009	2010	2011	2012	2013	2014
2.1 Nombre d'entreprises								
Vie								
Entreprises nationales	18	20	20	21	21	20	20	16
Entreprises sous contrôle étranger	10	12	11	12	12	11	11	9
Succursales d'entreprises étrangères	0	..	..	..	..	..	..	x
Ensemble des entreprises	18	20	20	21	21	20	20	16
Non-vie								
Entreprises nationales	40	45	43	42	44	47	45	49
Entreprises sous contrôle étranger	24	27	26	25	27	27	27	26
Succursales d'entreprises étrangères	0	..	..	..	..	..	..	x
Ensemble des entreprises	40	45	43	42	44	47	45	49
Mixtes								
Entreprises nationales	35	33	33	34	35	35	37	38
Entreprises sous contrôle étranger	20	20	20	21	20	21	21	22
Succursales d'entreprises étrangères	0	..	..	..	..	..	..	x
Ensemble des entreprises	35	33	33	34	35	35	37	38
Réassurance								
Entreprises nationales	2	2	2	2	2	2	2	2
Entreprises sous contrôle étranger	0	0	0	0	..	0	0	0
Succursales d'entreprises étrangères	0	..	..	..	..	..	..	x
Ensemble des entreprises	2	2	2	2	2	2	2	2
Total								
Entreprises nationales	95	100	98	99	102	104	104	105
Entreprises sous contrôle étranger	54	59	57	58	59	59	59	57
Succursales d'entreprises étrangères	0	..	..	..	..	..	..	x
Ensemble des entreprises	95	100	98	99	102	104	104	105
2.2 Nombre d'employés								
Entreprises d'assurance	12 903	14 044	14 064	14 133	14 487	14 491	14 500	14 799
Intermédiaires	30 511	31 497	33 186	34 265	35 173	36 190	46 712	51 780
Total	43 414	45 541	47 250	48 398	49 660	50 681	61 212	66 579

.. Non disponible ; x Sans objet

Note : Voir les métadonnées détaillées sur : http://metalinks.oecd.org/isy/20160419/2ab4.

Pays-Bas
Tableau 1. Agrégats sélectionnés

Millions EUR

	2007	2008	2009	2010	2011	2012	2013	2014
1.1 Opérations d'assurance conclues dans le pays déclarant								
1.1.1 Opérations d'assurance, par intérêt								
Primes brutes								
Entreprises nationales	46 092	47 671	47 256	38 602	41 183	39 012	38 077	36 523
Entreprises sous contrôle étranger	10 586	9 299	8 469	7 430	9 625	9 255	7 674	2 969
Succursales d'entreprises étrangères	1 561	1 207	1 093	961	955	891	430	62
Ensemble des entreprises	47 653	48 879	48 349	39 564	42 138	39 903	38 507	36 585
Primes cédées								
Entreprises nationales	3 588	3 683	3 619	3 407	5 720	3 109	2 951	3 880
Entreprises sous contrôle étranger	968	1 081	1 055	995	1 701	1 706	1 484	1 615
Succursales d'entreprises étrangères	6	41	48	42	116	79	20	-
Ensemble des entreprises	3 594	3 724	3 667	3 449	5 836	3 188	2 971	3 880
Primes nettes émises								
Entreprises nationales	42 504	43 988	43 637	35 195	35 463	35 903	35 126	32 643
Entreprises sous contrôle étranger	9 619	8 218	7 414	6 434	7 923	7 549	6 190	1 354
Succursales d'entreprises étrangères	1 555	1 167	1 045	919	839	812	410	62
Ensemble des entreprises	44 059	45 155	44 682	36 115	36 302	36 715	35 536	32 705
1.1.2 Opérations d'assurance par risque à l'étranger, primes brutes								
Vie	..	..	..	..	..	..	..	..
Non-vie	..	..	..	..	..	..	..	..
Mixtes total	x	x	x	x	x	x	x	x
Total	..	..	..	..	..	..	..	..
1.1.3 Paiement par catégories d'assurance, primes brutes (vie)								
Rentes	14 943	15 911	12 960	12 058	12 001	10 892	10 998	10 806
Unit linked	11 176	10 233	8 474	7 758	9 332	7 836	7 086	6 504
Autre assurance vie	523	469	398	355	329	247	188	150
Total assurance vie	26 642	26 613	21 832	20 171	21 662	18 975	18 272	17 460
***dont** : Contrats de retraite*	8 740	9 178	6 410	6 941	6 887	6 034	5 810	5 552
1.1.4 Paiement par catégories d'assurance, primes brutes (non-vie)								
L'assurance automobile	4 769	4 853	4 539	4 635	4 587	4 500	4 376	3 934
Les assurances transport (y compris maritime et aérien)	418	556	559	543	563	596	525	435
L'assurance de fret	298	376	299	275	291	263	256	231
L'assurance incendie et des dommages aux bien	3 687	3 913	3 675	3 732	3 515	3 698	3 664	3 449
L'assurance des pertes pécuniaires	358	498	428	1 192	309	278	206	164
L'assurance de la responsabilité civile générale	1 202	1 361	1 158	1 140	1 045	1 116	1 125	1 064
Les assurances accidents et maladie	8 115	8 373	8 156	8 285	8 585	8 560	8 167	7 867
***dont** : Maladie*	..	..	..	..	..	..	..	..
Autres assurances non-vie	2 093	2 277	2 132	1 419	2 027	1 907	1 919	1 976
Réassurance obligatoire	..	..	..	..	..	..	..	..
Total assurance non-vie	20 942	22 207	20 946	21 221	20 923	20 918	20 238	19 120
1.2 Paiements bruts des sinistres								
Vie								
Entreprises nationales	21 852	23 203	21 698	21 020	23 689	25 331	24 085	25 487
Entreprises sous contrôle étranger	4 547	3 124	3 178	3 870	3 206	3 538	3 205	1 136
Succursales d'entreprises étrangères	728	89	74	3 281	378	401	420	0
Ensemble des entreprises	22 580	23 292	21 772	24 301	24 067	25 732	24 505	25 487
Non-vie								
Entreprises nationales	13 072	13 727	13 994	13 434	13 957	13 999	14 304	13 666
Entreprises sous contrôle étranger	2 713	1 847	3 292	2 046	2 840	2 870	2 915	867
Succursales d'entreprises étrangères	77	165	72	305	42	41	41	149
Ensemble des entreprises	13 149	13 892	14 066	13 739	13 999	14 040	14 345	13 815
Mixtes, ensemble des entreprises	x	x	x	x	x	x	x	x
Total								
Entreprises nationales	34 924	36 930	35 692	34 454	37 646	39 330	38 389	39 153
Entreprises sous contrôle étranger	7 260	4 971	6 470	5 916	6 046	6 408	6 120	2 003
Succursales d'entreprises étrangères	805	254	146	3 586	420	442	461	149
Ensemble des entreprises	35 729	37 184	35 838	38 040	38 066	39 772	38 850	39 302
1.3 Commissions								
Vie								
Entreprises nationales	855	956	825	605	614	473	243	190
Entreprises sous contrôle étranger	187	331	379	342	325	196	64	17
Succursales d'entreprises étrangères	33	4	3	62	14	17	12	0
Ensemble des entreprises	888	960	828	667	628	490	255	190
Non-vie								
Entreprises nationales	3 031	3 055	3 054	2 999	3 070	3 197	2 891	2 713
Entreprises sous contrôle étranger	766	668	579	682	851	833	734	282
Succursales d'entreprises étrangères	47	120	133	24	23	22	22	21
Ensemble des entreprises	3 078	3 175	3 187	3 023	3 093	3 219	2 913	2 734
Mixtes, ensemble des entreprises	x	x	x	x	x	x	x	x
Total								
Entreprises nationales	3 886	4 011	3 879	3 604	3 684	3 670	3 134	2 903
Entreprises sous contrôle étranger	953	999	958	1 024	1 176	1 029	798	299
Succursales d'entreprises étrangères	80	124	136	86	37	39	34	21
Ensemble des entreprises	3 966	4 135	4 015	3 690	3 721	3 709	3 168	2 924

Pays-Bas
Tableau 1. Agrégats sélectionnés (*suite*)

Millions EUR

	2007	2008	2009	2010	2011	2012	2013	2014
1.4 Dépenses brutes d'exploitation								
Vie								
Entreprises nationales	3 579	4 092	3 461	2 642	2 768	2 827	2 266	2 497
Entreprises sous contrôle étranger	745	715	473	646	349	342	297	113
Succursales d'entreprises étrangères	152	10	8	488	59	37	44	0
Ensemble des entreprises	3 731	4 102	3 469	3 130	2 827	2 864	2 310	2 497
Non-vie								
Entreprises nationales	4 999	6 175	5 278	4 775	4 863	4 933	4 809	4 635
Entreprises sous contrôle étranger	1 193	876	690	845	1 244	1 181	1 136	373
Succursales d'entreprises étrangères	59	160	146	26	25	24	25	23
Ensemble des entreprises	5 058	6 335	5 424	4 801	4 888	4 957	4 834	4 658
Mixtes, ensemble des entreprises	x	x	x	x	x	x	x	x
Total								
Entreprises nationales	8 578	10 267	8 739	7 417	7 631	7 759	7 075	7 132
Entreprises sous contrôle étranger	1 938	1 591	1 163	1 491	1 593	1 523	1 433	486
Succursales d'entreprises étrangères	211	170	154	514	84	61	69	23
Ensemble des entreprises	8 789	10 437	8 893	7 931	7 715	7 820	7 144	7 155
1.5 Opérations à l'étranger par succursale, primes brutes								
Vie								
Succursales et agences	..	636	..	621	662	540	370	276
Filiales	..	..	..	..	..	..	..	..
Total	..	636	..	621	662	540	370	276
Non-vie								
Succursales et agences	..	1 785	1 684	1 789	1 067	1 276	1 132	1 289
Filiales	..	..	..	..	..	..	..	..
Total	..	1 785	..	1 789	1 067	1 276	1 132	1 289
Mixtes total	x	x	x	x	x	x	x	x
Total								
Succursales et agences	..	2 421	1 684	2 410	1 729	1 816	1 502	1 565
Filiales	..	..	..	..	..	..	..	..
Total	..	2 421	..	2 410	1 729	1 816	1 502	1 565

.. Non disponible ; - Néant ; x Sans objet

Note : Voir les métadonnées détaillées sur : http://metalinks.oecd.org/isy/20160419/c391.

Pays-Bas
Tableau 2. Nombre d'entreprises et d'employés

	2007	2008	2009	2010	2011	2012	2013	2014
2.1 Nombre d'entreprises								
Vie								
Entreprises nationales	68	64	64	49	52	41	36	38
Entreprises sous contrôle étranger	16	12	12	8	8	6	6	7
Succursales d'entreprises étrangères	1	1	1	1	1	4	4	0
Ensemble des entreprises	69	65	65	50	53	45	40	38
Non-vie								
Entreprises nationales	224	217	205	193	174	158	316	136
Entreprises sous contrôle étranger	25	18	17	14	5	15	14	8
Succursales d'entreprises étrangères	6	7	6	4	4	2	1	2
Ensemble des entreprises	230	224	211	197	178	160	317	138
Mixtes, ensemble des entreprises	-	-	-	-	-	-	-	-
Réassurance								
Entreprises nationales	6	..	6	14	16	15	11	10
Entreprises sous contrôle étranger	0	..	0	2	1	1	0	0
Succursales d'entreprises étrangères	0	..	..	..	..	0	0	0
Ensemble des entreprises	6	..	6	14	16	15	11	10
Total								
Entreprises nationales	292	281	275	256	242	214	363	184
Entreprises sous contrôle étranger	41	30	29	24	14	22	20	15
Succursales d'entreprises étrangères	7	8	7	5	5	6	5	2
Ensemble des entreprises	299	289	282	261	247	220	368	186
2.2 Nombre d'employés								
Entreprises d'assurance	..	..	..	..	..	..	..	..
Intermédiaires	..	..	..	..	..	..	..	..
Total	..	..	..	..	..	..	..	..

.. Non disponible ; - Néant

Note : Voir les métadonnées détaillées sur : http://metalinks.oecd.org/isy/20160419/c391.

Nouvelle-Zélande
Tableau 1. Agrégats sélectionnés

Millions NZD

	2007	2008	2009	2010	2011	2012	2013	2014
1.1 Opérations d'assurance conclues dans le pays déclarant								
1.1.1 Opérations d'assurance, par intérêt								
Primes brutes								
Entreprises nationales	..	..	..	..	..	..	..	..
Entreprises sous contrôle étranger	..	..	..	..	..	..	..	..
Succursales d'entreprises étrangères	..	..	..	..	..	..	..	..
Ensemble des entreprises	4 510	4 480	4 719	4 680	..	5 665	6 266	6 460
Primes cédées								
Entreprises nationales	..	..	..	..	..	..	..	..
Entreprises sous contrôle étranger	..	..	..	..	..	..	..	..
Succursales d'entreprises étrangères	..	..	..	..	..	..	..	..
Ensemble des entreprises	480	528	610	610	..	1 207	1 412	1 292
Primes nettes émises								
Entreprises nationales	..	..	..	..	..	..	..	..
Entreprises sous contrôle étranger	..	..	..	..	..	..	..	..
Succursales d'entreprises étrangères	..	..	..	..	..	..	..	..
Ensemble des entreprises	4 917	5 170	5 365	5 730	..	6 365	6 758	7 186
1.1.2 Opérations d'assurance par risque à l'étranger, primes brutes								
Vie	..	..	..	..	..	..	..	..
Non-vie	..	..	..	..	..	..	..	..
Mixtes	..	..	..	..	..	..	..	..
dont :								
Vie	..	..	..	..	..	..	..	..
Non-vie	..	..	..	..	..	..	..	..
Total	..	..	..	..	..	..	..	..
1.1.3 Paiement par catégories d'assurance, primes brutes (vie)								
Rentes	..	..	..	..	..	..	..	..
Unit linked	..	..	..	..	..	..	..	..
Autre assurance vie	..	..	..	..	..	..	..	..
Total Assurance Vie	..	..	..	..	..	..	..	..
***dont :** Contrats de retraite*	..	..	..	..	..	..	..	..
1.1.4 Paiement par catégories d'assurance, primes brutes (non-vie)								
L'assurance automobile	..	..	..	..	..	..	..	..
Les assurances transport (y compris maritime et aérien)	..	..	..	..	..	..	..	..
L'assurance de fret	..	..	..	..	..	..	..	..
L'assurance incendie et des dommages aux bien	..	..	..	..	..	..	..	..
L'assurance des pertes pécuniaires	..	..	..	..	..	..	..	..
L'assurance de la responsabilité civile générale	..	..	..	..	..	..	..	..
Les assurances accidents et maladie	..	..	..	..	..	..	..	..
***dont :** Maladie*	..	..	..	..	..	..	..	..
Autres assurances non-vie	..	..	..	..	..	..	..	..
Réassurance obligatoire	..	..	..	..	..	..	..	..
Total assurance non-vie	4 510	4 480	4 719	4 680	..	5 665	6 266	6 460
1.2 Paiements bruts des sinistres								
Vie								
Entreprises nationales	..	..	..	..	..	..	..	..
Entreprises sous contrôle étranger	..	..	..	..	..	..	..	..
Succursales d'entreprises étrangères	..	..	..	..	..	..	..	..
Ensemble des entreprises	738	837	895	1 437	..	1 360	1 303	1 399
Non-vie								
Entreprises nationales	..	..	..	..	..	..	..	..
Entreprises sous contrôle étranger	..	..	..	..	..	..	..	..
Succursales d'entreprises étrangères	..	..	..	..	..	..	..	..
Ensemble des entreprises	2 531	2 821	2 925	2 802	..	9 531	4 539	5 642
Mixtes								
Entreprises nationales	..	..	..	..	..	..	..	..
Entreprises sous contrôle étranger	..	..	..	..	..	..	..	..
Succursales d'entreprises étrangères	..	..	..	..	..	..	..	..
Ensemble des entreprises	..	..	..	..	..	..	..	..
dont :								
Vie	..	..	..	..	..	..	..	..
Entreprises nationales	..	..	..	..	..	..	..	..
Entreprises sous contrôle étranger	..	..	..	..	..	..	..	..
Succursales d'entreprises étrangères	..	..	..	..	..	..	..	..
Ensemble des entreprises	..	..	..	..	..	..	..	..
Non-vie	..	..	..	..	..	..	..	..
Entreprises nationales	..	..	..	..	..	..	..	..
Entreprises sous contrôle étranger	..	..	..	..	..	..	..	..
Succursales d'entreprises étrangères	..	..	..	..	..	..	..	..
Ensemble des entreprises	..	..	..	..	..	..	..	..
Total								
Entreprises nationales	..	..	..	..	..	..	..	..
Entreprises sous contrôle étranger	..	..	..	..	..	..	..	..
Succursales d'entreprises étrangères	..	..	..	..	..	..	..	..
Ensemble des entreprises	3 269	3 658	3 820	4 239	..	10 891	5 842	7 041

Nouvelle-Zélande
Tableau 1. Agrégats sélectionnés *(suite)*

Millions NZD

	2007	2008	2009	2010	2011	2012	2013	2014
1.3 Commissions								
Vie								
Entreprises nationales	..	..	..	..	..	..	..	..
Entreprises sous contrôle étranger	..	..	..	..	..	..	..	..
Succursales d'entreprises étrangères	..	..	..	..	..	..	..	..
Ensemble des entreprises	..	..	..	..	..	..	..	..
Non-vie								
Entreprises nationales	..	..	..	..	..	..	..	..
Entreprises sous contrôle étranger	..	..	..	..	..	..	..	..
Succursales d'entreprises étrangères	..	..	..	..	..	..	..	..
Ensemble des entreprises	..	..	..	..	..	..	..	..
Mixtes								
Entreprises nationales	..	..	..	..	..	..	..	..
Entreprises sous contrôle étranger	..	..	..	..	..	..	..	..
Succursales d'entreprises étrangères	..	..	..	..	..	..	..	..
Ensemble des entreprises	..	..	..	..	..	..	..	..
dont :								
Vie	..	..	..	..	..	..	..	..
Entreprises nationales	..	..	..	..	..	..	..	..
Entreprises sous contrôle étranger	..	..	..	..	..	..	..	..
Succursales d'entreprises étrangères	..	..	..	..	..	..	..	..
Ensemble des entreprises	..	..	..	..	..	..	..	..
Non-vie	..	..	..	..	..	..	..	..
Entreprises nationales	..	..	..	..	..	..	..	..
Entreprises sous contrôle étranger	..	..	..	..	..	..	..	..
Succursales d'entreprises étrangères	..	..	..	..	..	..	..	..
Ensemble des entreprises	..	..	..	..	..	..	..	..
Total								
Entreprises nationales	..	..	..	..	..	..	..	..
Entreprises sous contrôle étranger	..	..	..	..	..	..	..	..
Succursales d'entreprises étrangères	..	..	..	..	..	..	..	..
Ensemble des entreprises	..	..	..	..	..	..	..	..
1.4 Dépenses brutes d'exploitation								
Vie								
Entreprises nationales	..	..	..	..	..	..	..	..
Entreprises sous contrôle étranger	..	..	..	..	..	..	..	..
Succursales d'entreprises étrangères	..	..	..	..	..	..	..	..
Ensemble des entreprises	2 298	2 052	2 161	2 403	..	2 169	2 151	2 384
Non-vie								
Entreprises nationales	..	..	..	..	..	..	..	..
Entreprises sous contrôle étranger	..	..	..	..	..	..	..	..
Succursales d'entreprises étrangères	..	..	..	..	..	..	..	..
Ensemble des entreprises	3 645	4 044	4 202	4 213	..	12 070	6 102	7 490
Mixtes								
Entreprises nationales	..	..	..	..	..	..	..	..
Entreprises sous contrôle étranger	..	..	..	..	..	..	..	..
Succursales d'entreprises étrangères	..	..	..	..	..	..	..	..
Ensemble des entreprises	..	..	..	..	..	..	..	..
dont :								
Vie	..	..	..	..	..	..	..	..
Entreprises nationales	..	..	..	..	..	..	..	..
Entreprises sous contrôle étranger	..	..	..	..	..	..	..	..
Succursales d'entreprises étrangères	..	..	..	..	..	..	..	..
Ensemble des entreprises	..	..	..	..	..	..	..	..
Non-vie	..	..	..	..	..	..	..	..
Entreprises nationales	..	..	..	..	..	..	..	..
Entreprises sous contrôle étranger	..	..	..	..	..	..	..	..
Succursales d'entreprises étrangères	..	..	..	..	..	..	..	..
Ensemble des entreprises	..	..	..	..	..	..	..	..
Total								
Entreprises nationales	..	..	..	..	..	..	..	..
Entreprises sous contrôle étranger	..	..	..	..	..	..	..	..
Succursales d'entreprises étrangères	..	..	..	..	..	..	..	..
Ensemble des entreprises	5 943	6 096	6 364	6 616	..	14 239	8 253	9 874

Nouvelle-Zélande
Tableau 1. Agrégats sélectionnés *(suite)*

Millions NZD

	2007	2008	2009	2010	2011	2012	2013	2014
1.5 Opérations à l'étranger par succursale, primes brutes								
Vie								
Succursales et agences	..	..	..	..	..	..	..	..
Filiales	..	..	..	..	..	..	..	..
Total	..	..	..	..	..	..	..	..
Non-vie								
Succursales et agences	..	..	..	..	..	..	..	..
Filiales	..	..	..	..	..	..	..	..
Total	..	..	..	..	..	..	..	..
Mixtes								
Succursales et agences	..	..	..	..	..	..	..	..
Filiales	..	..	..	..	..	..	..	..
Total	..	..	..	..	..	..	..	..
dont :								
Vie								
Succursales et agences	..	..	..	..	..	..	..	..
Filiales	..	..	..	..	..	..	..	..
Total	..	..	..	..	..	..	..	..
Non-vie								
Succursales et agences	..	..	..	..	..	..	..	..
Filiales	..	..	..	..	..	..	..	..
Total	..	..	..	..	..	..	..	..
Total								
Succursales et agences	..	..	..	..	..	..	..	..
Filiales	..	..	..	..	..	..	..	..
Total	..	..	..	..	..	..	..	..

.. Non disponible

Note : Voir les métadonnées détaillées sur : http://metalinks.oecd.org/isy/20160419/820e.

Nouvelle-Zélande
Tableau 2. Nombre d'entreprises et d'employés

	2007	2008	2009	2010	2011	2012	2013	2014
2.1 Nombre d'entreprises								
Vie								
Entreprises nationales	..	..	..	..	..	..	..	..
Entreprises sous contrôle étranger	..	..	..	..	..	..	..	..
Succursales d'entreprises étrangères	..	..	..	..	..	..	..	..
Ensemble des entreprises	41	43	42	42	..	43	37	43
Non-vie								
Entreprises nationales	..	..	..	..	..	..	..	..
Entreprises sous contrôle étranger	..	..	..	..	..	..	..	..
Succursales d'entreprises étrangères	..	..	..	..	..	..	..	..
Ensemble des entreprises	162	165	152	147	..	142	130	145
Mixtes								
Entreprises nationales	..	..	..	..	..	..	..	..
Entreprises sous contrôle étranger	..	..	..	..	..	..	..	..
Succursales d'entreprises étrangères	..	..	..	..	..	..	..	..
Ensemble des entreprises	..	..	..	..	..	..	..	..
Réassurance								
Entreprises nationales	..	..	..	..	..	..	..	..
Entreprises sous contrôle étranger	..	..	..	..	..	..	..	..
Succursales d'entreprises étrangères	..	..	..	..	..	..	..	..
Ensemble des entreprises	..	..	..	..	..	..	..	..
Total								
Entreprises nationales	..	..	..	..	..	..	..	..
Entreprises sous contrôle étranger	..	..	..	..	..	..	..	..
Succursales d'entreprises étrangères	..	..	..	..	..	..	..	..
Ensemble des entreprises	203	208	194	189	..	185	167	188
2.2 Nombre d'employés								
Entreprises d'assurance	..	..	..	..	..	..	10 780	10 720
Intermédiaires	..	..	..	..	..	..	..	..
Total	9 360	9 320	9 550	9 650	..	10 640	10 780	..

.. Non disponible

Note : Voir les métadonnées détaillées sur : http://metalinks.oecd.org/isy/20160419/820e.

Norvège
Tableau 1. Agrégats sélectionnés

Millions NOK

	2007	2008	2009	2010	2011	2012	2013	2014
1.1 Opérations d'assurance conclues dans le pays déclarant								
1.1.1 Opérations d'assurance, par intérêt								
Primes brutes								
Entreprises nationales	100 449	111 714	34 066	99 610	106 973	119 751	119 149	134 884
Entreprises sous contrôle étranger	7 565	7 568	943	6 299	6 388	8 589	8 948	11 029
Succursales d'entreprises étrangères	15 523	24 690	24 349	24 719	26 383	30 039	30 872	31 867
Ensemble des entreprises	115 971	136 405	58 415	124 329	133 356	149 790	150 021	166 751
Primes cédées								
Entreprises nationales	6 157	6 381	6 897	..	..	6 252	6 396	6 891
Entreprises sous contrôle étranger	809	760	170	..	..	316	173	198
Succursales d'entreprises étrangères	1 435	1 811	1 647	..	..	4 290	4 219	4 653
Ensemble des entreprises	7 592	8 193	8 544	..	..	10 542	10 614	11 544
Primes nettes émises								
Entreprises nationales	93 168	105 333	27 169	..	..	113 499	112 754	127 993
Entreprises sous contrôle étranger	6 756	6 808	774	..	..	8 273	8 775	10 832
Succursales d'entreprises étrangères	14 087	22 879	22 702	..	..	25 749	26 653	27 213
Ensemble des entreprises	107 257	128 212	49 871	..	..	139 248	139 407	155 206
1.1.2 Opérations d'assurance par risque à l'étranger, primes brutes								
Vie	..	..	..	..	..	31	..	..
Non-vie	..	2 964	3 711	2 779	1 556	7 352	6 202	11 468
Mixtes total	x	x	x	x	x	x	x	x
Total	..	2 964	3 711	2 779	1 556	7 383	6 202	11 468
1.1.3 Paiement par catégories d'assurance, primes brutes (vie)								
Rentes	..	..	..	..	..	..	..	..
Unit linked	..	..	..	..	..	..	..	..
Autre assurance vie	..	..	..	..	..	..	..	..
Total assurance vie	70 751	..	75 256	66 586	71 577	81 742	81 299	92 185
***dont :** Contrats de retraite*	..	..	..	..	..	69 652	66 873	..
1.1.4 Paiement par catégories d'assurance, primes brutes (non-vie)								
L'assurance automobile	13 930	14 969	8 855	10 409	10 787	19 403	..	20 378
Les assurances transport (y compris maritime et aérien)	11 119	5 672	8 752	3 974	4 009	9 581	..	6 574
L'assurance de fret	0	..	..	..	..	..	..	x
L'assurance incendie et des dommages aux bien	12 051	13 339	7 903	9 470	10 811	17 738	..	18 195
L'assurance des pertes pécuniaires	268	57	72	119	125	585	..	127
L'assurance de la responsabilité civile générale	1 059	1 149	578	647	686	1 755	..	1 695
Les assurances accidents et maladie	4 950	5 567	3 084	3 205	3 229	6 111	..	5 608
***dont :** Maladie*	..	..	..	..	..	..	..	x
Autres assurances non-vie	6 075	4 359	2 988	5 993	5 967	12 875	..	21 989
Réassurance obligatoire	177	169	2 988	..	..	..	..	x
Total assurance non-vie	49 451	45 281	..	33 817	35 615	68 048	..	74 566
1.2 Paiements bruts des sinistres								
Vie								
Entreprises nationales	68 885	64 231	45 863	40 443	40 252	45 033	45 143	45 742
Entreprises sous contrôle étranger	6 532	5 436	3 530	3 309	2 723	3 120	3 186	3 150
Succursales d'entreprises étrangères	1 251	498	671	405	494	482	692	476
Ensemble des entreprises	70 136	64 729	46 534	40 848	40 746	45 515	45 835	46 218
Non-vie								
Entreprises nationales	21 478	20 197	21 538	21 364	26 292	28 356	23 486	30 742
Entreprises sous contrôle étranger	914	1 238	931	441	342	542	.. c	.. c
Succursales d'entreprises étrangères	11 787	16 241	16 567	16 445	17 552	24 549	20 026	22 287
Ensemble des entreprises	33 266	36 438	38 105	37 809	43 844	52 905	43 512	53 030
Mixtes, ensemble des entreprises	x	x	x	x	x	x	x	x
Total								
Entreprises nationales	90 363	84 428	67 401	61 807	66 544	73 389	68 629	76 485
Entreprises sous contrôle étranger	7 446	6 674	4 461	3 750	3 065	3 662	3 186	3 150
Succursales d'entreprises étrangères	13 038	16 739	17 238	16 850	18 046	25 031	20 718	22 763
Ensemble des entreprises	103 402	101 167	84 639	78 657	84 590	98 420	89 347	99 248
1.3 Commissions								
Vie								
Entreprises nationales	..	2 166	..	..	..	692	774	839
Entreprises sous contrôle étranger	..	49	..	..	..	152	179	202
Succursales d'entreprises étrangères	..	32	..	..	..	0	0	0
Ensemble des entreprises	..	2 198	..	..	..	692	774	839
Non-vie								
Entreprises nationales	697	554	..	..	..	1 507	1 536	2 204
Entreprises sous contrôle étranger	138	110	..	..	..	35	.. c	.. c
Succursales d'entreprises étrangères	285	366	..	..	..	1 101	1 084	1 099
Ensemble des entreprises	982	920	..	..	..	2 608	2 619	3 303
Mixtes, ensemble des entreprises	x	x	x	x	x	x	x	x
Total								
Entreprises nationales	697	2 720	..	..	..	2 199	2 310	3 043
Entreprises sous contrôle étranger	138	159	..	..	..	187	179	202
Succursales d'entreprises étrangères	285	398	..	..	..	1 101	1 084	1 099
Ensemble des entreprises	982	3 118	..	..	..	3 300	3 393	4 142

Norvège
Tableau 1. Agrégats sélectionnés (suite)

Millions NOK

	2007	2008	2009	2010	2011	2012	2013	2014
1.4 Dépenses brutes d'exploitation								
Vie								
Entreprises nationales	5 704	5 713	6 636	6 839	5 818	7 019	6 688	7 205
Entreprises sous contrôle étranger	557	596	622	646	688	692	185	807
Succursales d'entreprises étrangères	153	341	132	151	144	0	126	162
Ensemble des entreprises	5 857	6 054	6 768	6 990	5 962	7 019	6 814	7 367
Non-vie								
Entreprises nationales	5 999	4 723	5 501	5 703	6 155	5 527	5 925	6 585
Entreprises sous contrôle étranger	189	108	149	141	76	48	.. c	.. c
Succursales d'entreprises étrangères	4 572	5 261	5 495	5 451	5 121	4 765	4 203	5 318
Ensemble des entreprises	10 571	9 984	10 996	11 154	11 276	10 292	10 128	11 903
Mixtes, ensemble des entreprises	x	x	x	x	x	x	x	x
Total								
Entreprises nationales	11 703	10 436	12 137	12 542	11 973	12 546	12 613	13 790
Entreprises sous contrôle étranger	746	704	771	787	764	740	185	807
Succursales d'entreprises étrangères	4 725	5 602	5 627	5 602	5 265	4 765	4 329	5 480
Ensemble des entreprises	16 428	16 038	17 764	18 144	17 238	17 311	16 942	19 270
1.5 Opérations à l'étranger par succursale, primes brutes								
Vie								
Succursales et agences	..	..	..	89	..	..	.. c	..
Filiales	..	..	..	..	..	..	..	..
Total	..	..	..	89	..	..	.. c	..
Non-vie								
Succursales et agences	..	..	2 446	2 977	2 476	2 454	1 134	4 636
Filiales	..	..	..	..	..	..	.. c	.. c
Total	..	..	2 446	2 977	2 476	2 454	1 134	4 636
Mixtes total	x	x	x	x	x	x	x	x
Total								
Succursales et agences	..	..	2 446	3 066	2 476	2 454	1 134	4 636
Filiales	..	..	..	..	..	..	..	..
Total	..	..	2 446	3 066	2 476	2 454	1 134	4 636

.. Non disponible ; c Donnée confidentielle ; x Sans objet

Note : Voir les métadonnées détaillées sur : http://metalinks.oecd.org/isy/20160419/b3ec.

Norvège
Tableau 2. Nombre d'entreprises et d'employés

	2007	2008	2009	2010	2011	2012	2013	2014
2.1 Nombre d'entreprises								
Vie								
Entreprises nationales	10	11	..	12	12	10	12	10
Entreprises sous contrôle étranger	2	2	..	2	2	2	2	2
Succursales d'entreprises étrangères	9	9	..	10	10	9	9	7
Ensemble des entreprises	19	20	..	22	22	19	21	17
Non-vie								
Entreprises nationales	76	78	78	77	76	63	59	59
Entreprises sous contrôle étranger	2	2	2	1	1	1	1	1
Succursales d'entreprises étrangères	35	28	28	24	21	25	25	22
Ensemble des entreprises	111	106	106	101	97	88	84	81
Mixtes, ensemble des entreprises	-	-	-	-	-	-	-	-
Réassurance								
Entreprises nationales	2	1	1	..	..	..	..	..
Entreprises sous contrôle étranger	1	0	0	..	..	..	..	..
Succursales d'entreprises étrangères	0	0	0	..	..	..	..	..
Ensemble des entreprises	2	1	1	..	..	..	..	..
Total								
Entreprises nationales	88	..	..	89	88	73	71	69
Entreprises sous contrôle étranger	5	..	..	3	3	3	3	3
Succursales d'entreprises étrangères	44	..	..	34	31	34	34	29
Ensemble des entreprises	132	..	..	123	119	107	105	98
2.2 Nombre d'employés								
Entreprises d'assurance	5 347	..	..	9 753	..	..	..	..
Intermédiaires	..	..	..	..	..	..	..	..
Total	5 347	..	..	9 753	..	..	..	..

.. Non disponible ; - Néant

Note : Voir les métadonnées détaillées sur : http://metalinks.oecd.org/isy/20160419/b3ec.

Pologne
Tableau 1. Agrégats sélectionnés

Millions PLN

	2007	2008	2009	2010	2011	2012	2013	2014
1.1 Opérations d'assurance conclues dans le pays déclarant								
1.1.1 Opérations d'assurance, par intérêt								
Primes brutes								
Entreprises nationales	43 725	59 292	51 343	54 164	57 151	62 627	57 863	54 927
Entreprises sous contrôle étranger	24 584	30 567	26 758	29 135	31 683	35 100	31 562	30 425
Succursales d'entreprises étrangères	69	75	62	..	..	..	..	..
Ensemble des entreprises	43 725	59 367	51 405	54 164	57 151	62 627	57 863	54 927
Primes cédées								
Entreprises nationales	2 152	1 826	2 406	3 393	3 852	4 598	4 214	4 170
Entreprises sous contrôle étranger	1 664	1 515	1 687	2 043	4 647	4 224	3 664	3 533
Succursales d'entreprises étrangères	-	0	0	..	..	..	..	..
Ensemble des entreprises	2 152	1 826	2 406	3 393	3 852	4 598	4 214	4 170
Primes nettes émises								
Entreprises nationales	41 573	57 466	48 937	50 771	53 299	58 029	53 649	50 757
Entreprises sous contrôle étranger	22 920	29 052	25 071	27 092	27 036	30 876	27 898	26 892
Succursales d'entreprises étrangères	-	75	62	..	..	..	..	..
Ensemble des entreprises	41 573	57 541	48 999	50 771	53 299	58 029	53 649	50 757
1.1.2 Opérations d'assurance par risque à l'étranger, primes brutes								
Vie	0	12	..	0	..	..	..	..
Non-vie	329	11	..	202	..	..	..	..
Mixtes total	x	x	x	x	x	x	x	x
Total	329	23	..	203	..	..	..	..
1.1.3 Paiement par catégories d'assurance, primes brutes (vie)								
Rentes	45	62	71	83	98	99	107	114
Unit linked	11 958	6 289	6 458	8 120	10 307	12 046	13 052	12 600
Autre assurance vie	13 453	32 587	23 685	23 150	21 415	24 203	18 082	15 933
Total assurance vie	25 457	38 938	30 214	31 354	31 820	36 348	31 241	28 646
***dont :** Contrats de retraite*	256	303	294	329	376	371	396	356
1.1.4 Paiement par catégories d'assurance, primes brutes (non-vie)								
L'assurance automobile	11 191	12 488	12 209	12 932	14 543	14 780	13 945	13 397
Les assurances transport (y compris maritime et aérien)	164	150	171	163	232	256	267	275
L'assurance de fret	114	113	92	96	107	119	117	126
L'assurance incendie et des dommages aux bien	1 926	3 428	3 892	4 334	5 056	5 441	5 973	5 715
L'assurance des pertes pécuniaires	1 260	1 290	1 617	1 593	1 631	1 526	1 858	2 149
L'assurance de la responsabilité civile générale	953	987	1 129	1 302	1 459	1 773	1 891	1 964
Les assurances accidents et maladie	1 177	1 551	1 510	1 621	1 688	1 801	1 926	2 007
***dont :** Maladie*	199	297	279	1 269	1 245	513	612	656
Autres assurances non-vie	1 506	338	452	698	575	554	622	627
Réassurance obligatoire	..	0	0	0	..	..	..	..
Total assurance non-vie	18 292	20 641	21 073	22 739	25 291	26 250	26 599	26 260
1.2 Paiements bruts des sinistres								
Vie								
Entreprises nationales	10 430	19 360	27 702	22 585	26 069	25 917	23 087	20 360
Entreprises sous contrôle étranger	4 768	9 713	12 880	10 545	12 116	13 331	10 927	9 783
Succursales d'entreprises étrangères	..	0	0	..	..	..	..	..
Ensemble des entreprises	10 430	19 360	27 702	22 585	26 069	25 917	23 087	20 360
Non-vie								
Entreprises nationales	9 203	10 233	12 471	14 169	13 738	14 046	13 711	13 811
Entreprises sous contrôle étranger	3 874	4 901	6 690	8 017	8 128	8 890	8 434	8 579
Succursales d'entreprises étrangères	..	37	37	..	..	..	..	..
Ensemble des entreprises	9 203	10 270	12 508	14 169	13 738	14 046	13 711	13 811
Mixtes, ensemble des entreprises	x	x	x	x	x	x	x	x
Total								
Entreprises nationales	19 633	29 593	40 172	36 754	39 807	39 963	36 798	34 171
Entreprises sous contrôle étranger	8 642	14 614	19 570	18 562	20 244	22 221	19 362	18 363
Succursales d'entreprises étrangères	..	37	37	..	..	..	..	..
Ensemble des entreprises	19 633	29 630	40 209	36 754	39 807	39 963	36 798	34 171
1.3 Commissions								
Vie								
Entreprises nationales	1 906	206	44	3 006	3 245	70	93	203
Entreprises sous contrôle étranger	1 562	163	48	2 485	2 591	69	70	191
Succursales d'entreprises étrangères	..	0	0	..	..	..	..	..
Ensemble des entreprises	1 906	206	44	3 006	3 245	70	93	203
Non-vie								
Entreprises nationales	2 120	421	434	3 490	4 015	657	740	651
Entreprises sous contrôle étranger	1 157	290	347	2 202	2 659	648	606	594
Succursales d'entreprises étrangères	..	0	0	..	..	..	..	..
Ensemble des entreprises	2 120	421	434	3 490	4 015	657	740	651
Mixtes, ensemble des entreprises	x	x	x	x	x	x	x	x
Total								
Entreprises nationales	4 027	628	478	6 496	7 260	727	833	854
Entreprises sous contrôle étranger	2 718	453	395	4 688	5 250	717	676	785
Succursales d'entreprises étrangères	..	-	0	..	..	..	..	..
Ensemble des entreprises	4 027	628	478	6 496	7 260	727	833	854

Pologne
Tableau 1. Agrégats sélectionnés (*suite*)

Millions PLN

	2007	2008	2009	2010	2011	2012	2013	2014
1.4 Dépenses brutes d'exploitation								
Vie								
Entreprises nationales	4 482	13 631	6 554	5 295	5 605	6 416	6 146	6 588
Entreprises sous contrôle étranger	3 174	11 188	4 669	3 777	3 944	4 244	3 831	4 369
Succursales d'entreprises étrangères	..	0	0	..	..	..	..	..
Ensemble des entreprises	4 482	13 631	6 554	5 295	5 605	6 416	6 146	6 588
Non-vie								
Entreprises nationales	5 092	8 491	8 816	6 791	7 276	7 733	7 775	8 018
Entreprises sous contrôle étranger	2 462	4 390	4 874	3 958	4 549	5 225	5 090	5 135
Succursales d'entreprises étrangères	..	28	27	..	..	..	..	..
Ensemble des entreprises	5 092	8 520	8 843	6 791	7 276	7 733	7 775	8 018
Mixtes, ensemble des entreprises	x	x	x	x	x	x	x	x
Total								
Entreprises nationales	9 574	22 122	15 369	12 086	12 882	14 149	13 921	14 606
Entreprises sous contrôle étranger	5 636	15 578	9 543	7 734	8 493	9 469	8 921	9 504
Succursales d'entreprises étrangères	..	28	27	..	..	..	..	..
Ensemble des entreprises	9 574	22 151	15 397	12 086	12 882	14 149	13 921	14 606
1.5 Opérations à l'étranger par succursale, primes brutes								
Vie								
Succursales et agences	8	0	..	14	19	26	..	79
Filiales	..	0	..	..	..	..	..	..
Total	8	0	..	14	19	26	..	79
Non-vie								
Succursales et agences	0	0	..	14	62	53	..	98
Filiales	..	0	..	..	49	..	..	..
Total	0	0	..	14	111	53	..	98
Mixtes total	x	x	x	x	x	x	x	x
Total								
Succursales et agences	8	-	..	29	82	79	..	177
Filiales	..	-	..	..	49	..	..	..
Total	8	-	..	29	130	79	..	177

.. Non disponible ; - Néant ; x Sans objet

Note : Voir les métadonnées détaillées sur : http://metalinks.oecd.org/isy/20160419/11ee.

Pologne
Tableau 2. Nombre d'entreprises et d'employés

	2007	2008	2009	2010	2011	2012	2013	2014
2.1 Nombre d'entreprises								
Vie								
Entreprises nationales	33	31	31	30	28	28	27	26
Entreprises sous contrôle étranger	24	24	22	23	22	23	21	19
Succursales d'entreprises étrangères	0	0	0	..	2	..	..	..
Ensemble des entreprises	33	31	31	30	30	28	27	26
Non-vie								
Entreprises nationales	35	35	33	32	32	30	30	30
Entreprises sous contrôle étranger	21	25	22	21	22	21	19	19
Succursales d'entreprises étrangères	1	1	1	..	11	..	..	..
Ensemble des entreprises	36	36	34	32	43	30	30	30
Mixtes, ensemble des entreprises	-	-	-	-	-	-	-	-
Réassurance								
Entreprises nationales	1	1	1	1	1	1	1	1
Entreprises sous contrôle étranger	0	0	0	1	1	1	1	1
Succursales d'entreprises étrangères	0	0	0	..	..	..	..	..
Ensemble des entreprises	1	1	1	1	1	1	1	1
Total								
Entreprises nationales	69	67	65	63	61	59	58	57
Entreprises sous contrôle étranger	45	49	44	45	45	45	41	39
Succursales d'entreprises étrangères	1	1	1	..	13	..	..	..
Ensemble des entreprises	70	68	66	63	74	59	58	57
2.2 Nombre d'employés								
Entreprises d'assurance	36 201	36 062	36 877	35 803	37 239	37 205	37 187	35 922
Intermédiaires	64 668	58 240	60 789	62 347	68 168	58 879	69 621	58 004
Total	100 869	94 302	97 666	98 150	105 407	96 083	106 808	93 926

.. Non disponible ; - Néant

Note : Voir les métadonnées détaillées sur : http://metalinks.oecd.org/isy/20160419/11ee.

Portugal
Tableau 1. Agrégats sélectionnés

Millions EUR

	2007	2008	2009	2010	2011	2012	2013	2014
1.1 Opérations d'assurance conclues dans le pays déclarant								
1.1.1 Opérations d'assurance, par intérêt								
Primes brutes								
Entreprises nationales	13 599	15 283	14 111	15 816	11 165	10 553	12 802	14 051
Entreprises sous contrôle étranger	1 952	2 033	2 067	1 758	1 676	1 553	1 617	8 737
Succursales d'entreprises étrangères	86	88	89	75	73	-	-	-
Ensemble des entreprises	13 668	15 369	14 200	15 891	11 238	10 553	12 802	14 051
Primes cédées								
Entreprises nationales	930	1 006	992	1 013	982	1 096	1 144	1 118
Entreprises sous contrôle étranger	168	187	189	80	153	130	140	836
Succursales d'entreprises étrangères	19	23	28	26	23	-	-	-
Ensemble des entreprises	949	1 029	1 020	1 039	1 005	1 096	1 144	1 118
Primes nettes émises								
Entreprises nationales	12 669	14 278	7 184	14 802	10 183	9 457	11 658	12 933
Entreprises sous contrôle étranger	1 785	1 846	1 806	1 678	1 523	1 423	1 477	7 902
Succursales d'entreprises étrangères	67	65	61	49	50	-	-	-
Ensemble des entreprises	12 736	14 343	7 245	14 851	10 232	9 457	11 658	12 933
1.1.2 Opérations d'assurance par risque à l'étranger, primes brutes								
Vie	0	0	5	0	0	2	3	13
Non-vie	2	4	5	1	2	15	14	13
Mixtes	..	..	76	0	0	54	64	92
dont :								
Vie	..	..	38	0	0	27	27	53
Non-vie	..	..	38	0	0	27	38	39
Total	3	4	85	1	2	72	81	118
1.1.3 Paiement par catégories d'assurance, primes brutes (vie)								
Rentes	31	92	37	33	19	46	79	64
Unit linked	3 658	4 586	2 908	2 389	1 954	1 999	1 851	1 966
Autre assurance vie	5 516	6 237	7 094	9 414	5 240	4 633	7 094	8 220
Total Assurance Vie	9 206	10 915	10 039	11 835	7 213	6 678	9 023	10 249
***dont :** Contrats de retraite*	..	..	..	..	..	..	..	..
1.1.4 Paiement par catégories d'assurance, primes brutes (non-vie)								
L'assurance automobile	1 903	1 769	1 563	1 454	1 447	1 353	1 277	1 256
Les assurances transport (y compris maritime et aérien)	45	44	44	37	35	35	33	29
L'assurance de fret	33	32	26	26	26	25	25	24
L'assurance incendie et des dommages aux bien	673	690	684	657	686	702	700	699
L'assurance des pertes pécuniaires	52	70	66	53	54	63	69	70
L'assurance de la responsabilité civile générale	93	97	95	93	90	89	84	87
Les assurances accidents et maladie	1 525	1 611	1 522	1 504	1 480	1 430	1 413	1 452
***dont :** Maladie*	630	729	756	806	820	838	862	896
Autres assurances non-vie	140	142	150	165	170	177	178	183
Réassurance obligatoire	0	0	0	0	0	0	0	0
Total assurance non-vie	4 463	4 454	4 149	3 988	3 988	3 874	3 778	3 802
1.2 Paiements bruts des sinistres								
Vie								
Entreprises nationales	6 665	9 939	4 687	3 782	6 935	4 875	4 518	5 254
Entreprises sous contrôle étranger	466	580	410	457	505	461	374	2 667
Succursales d'entreprises étrangères	43	92	-	0	0	0	0	0
Ensemble des entreprises	6 708	10 031	4 687	3 782	6 935	4 875	4 518	5 254
Non-vie								
Entreprises nationales	2 879	2 953	1 636	1 628	1 588	1 471	1 446	1 407
Entreprises sous contrôle étranger	916	903	678	518	424	385	376	1 174
Succursales d'entreprises étrangères	11	17	15	0	0	0	0	0
Ensemble des entreprises	2 900	2 970	1 652	1 628	1 588	1 471	1 446	1 407
Mixtes								
Entreprises nationales	..	..	4 859	7 074	7 987	5 927	5 427	5 201
Entreprises sous contrôle étranger	..	..	415	474	517	541	562	3 991
Succursales d'entreprises étrangères	..	..	57	43	43	0	0	0
Ensemble des entreprises	..	..	4 916	7 116	8 030	5 927	5 427	5 201
dont :								
Vie	..	..	3 598	5 828	6 661	4 616	4 067	3 895
Entreprises nationales	..	..	3 542	5 787	6 621	4 616	4 067	3 895
Entreprises sous contrôle étranger	..	..	129	151	173	184	167	2 904
Succursales d'entreprises étrangères	..	..	55	41	41	0	0	0
Ensemble des entreprises	..	..	3 598	5 828	6 661	4 616	4 067	3 895
Non-vie	..	..	1 319	1 288	1 369	1 311	1 360	1 306
Entreprises nationales	..	..	1 317	1 286	1 367	1 311	1 360	1 306
Entreprises sous contrôle étranger	..	..	286	323	344	357	395	1 087
Succursales d'entreprises étrangères	..	..	2	2	2	0	0	0
Ensemble des entreprises	..	..	1 319	1 288	1 369	1 311	1 360	1 306
Total								
Entreprises nationales	9 544	12 892	11 183	12 485	16 510	12 274	11 391	11 861
Entreprises sous contrôle étranger	1 382	1 483	1 503	1 449	1 446	1 387	1 312	7 832
Succursales d'entreprises étrangères	55	109	72	43	43	-	-	-
Ensemble des entreprises	9 608	13 001	11 255	12 527	16 553	12 274	11 391	11 861

Portugal
Tableau 1. Agrégats sélectionnés *(suite)*

Millions EUR

	2007	2008	2009	2010	2011	2012	2013	2014
1.3 Commissions								
Vie								
Entreprises nationales	138	170	61	69	38	47	144	40
Entreprises sous contrôle étranger	10	12	11	9	9	7	7	15
Succursales d'entreprises étrangères	13	21	-	0	0	0	0	0
Ensemble des entreprises	151	191	61	69	38	47	144	40
Non-vie								
Entreprises nationales	336	367	188	179	155	157	156	153
Entreprises sous contrôle étranger	121	127	91	58	44	40	38	117
Succursales d'entreprises étrangères	2	2	0	0	0	0	0	0
Ensemble des entreprises	337	368	188	179	155	157	156	153
Mixtes								
Entreprises nationales	..	..	259	256	273	272	291	301
Entreprises sous contrôle étranger	..	..	57	63	76	81	99	208
Succursales d'entreprises étrangères	..	..	23	22	20	0	0	0
Ensemble des entreprises	..	..	282	277	293	272	291	301
dont :								
Vie	..	..	124	119	114	87	98	100
Entreprises nationales	..	..	103	99	96	87	98	100
Entreprises sous contrôle étranger	..	..	20	19	20	21	28	42
Succursales d'entreprises étrangères	..	..	22	20	18	0	0	0
Ensemble des entreprises	..	..	124	119	114	87	98	100
Non-vie	..	..	158	158	179	185	193	201
Entreprises nationales	..	..	156	157	177	185	193	201
Entreprises sous contrôle étranger	..	..	37	44	56	60	71	165
Succursales d'entreprises étrangères	..	..	2	2	2	0	0	0
Ensemble des entreprises	..	..	158	158	179	185	193	201
Total								
Entreprises nationales	474	537	508	504	466	476	591	493
Entreprises sous contrôle étranger	131	139	159	131	130	128	144	339
Succursales d'entreprises étrangères	14	22	23	22	20	-	-	-
Ensemble des entreprises	488	559	532	525	486	476	591	493
1.4 Dépenses brutes d'exploitation								
Vie								
Entreprises nationales	392	442	241	234	202	206	314	212
Entreprises sous contrôle étranger	72	74	32	37	37	36	33	136
Succursales d'entreprises étrangères	19	28	-	0	0	0	0	0
Ensemble des entreprises	411	470	241	234	202	206	314	212
Non-vie								
Entreprises nationales	1 137	1 133	568	555	528	511	496	495
Entreprises sous contrôle étranger	363	384	253	179	155	144	133	398
Succursales d'entreprises étrangères	7	10	2	0	0	0	0	0
Ensemble des entreprises	1 144	1 143	570	555	528	511	496	495
Mixtes								
Entreprises nationales	..	..	739	689	710	723	715	717
Entreprises sous contrôle étranger	..	..	185	163	190	200	198	541
Succursales d'entreprises étrangères	..	..	36	38	39	0	0	0
Ensemble des entreprises	..	..	775	727	750	723	715	717
dont :								
Vie	..	..	271	270	258	221	234	230
Entreprises nationales	..	..	240	238	226	221	234	230
Entreprises sous contrôle étranger	..	..	49	45	48	49	48	125
Succursales d'entreprises étrangères	..	..	31	32	32	0	0	0
Ensemble des entreprises	..	..	271	270	258	221	234	230
Non-vie	..	..	504	457	492	502	481	487
Entreprises nationales	..	..	499	451	484	502	481	487
Entreprises sous contrôle étranger	..	..	136	118	142	151	151	416
Succursales d'entreprises étrangères	..	..	5	6	7	0	0	0
Ensemble des entreprises	..	..	504	457	492	502	481	487
Total								
Entreprises nationales	1 529	1 575	1 547	1 478	1 440	1 440	1 525	1 425
Entreprises sous contrôle étranger	436	458	471	379	381	380	364	1 076
Succursales d'entreprises étrangères	26	37	39	38	39	-	-	-
Ensemble des entreprises	1 555	1 612	1 586	1 516	1 480	1 440	1 525	1 425

Portugal
Tableau 1. Agrégats sélectionnés *(suite)*

Millions EUR

	2007	2008	2009	2010	2011	2012	2013	2014
1.5 Opérations à l'étranger par succursale, primes brutes								
Vie								
Succursales et agences	89	57	5 |	4	6	2	3	13
Filiales	0	0	0	0	0	0	0	0
Total	89	57	5 |	4	6	2	3	13
Non-vie								
Succursales et agences	32	49	5 |	7	8	14	12	12
Filiales	0	0	0	0	0	0	0	0
Total	32	48	5 |	7	8	14	12	12
Mixtes								
Succursales et agences	..	..	76 |	79	55	54	64	92
Filiales	..	..	0	0	0	0	0	0
Total	..	..	76 |	79	55	54	64	92
dont :								
Vie	..	..	38 |	40	28	27	27	53
Succursales et agences	..	..	38 |	40	28	27	27	53
Filiales	..	..	0	0	0	0	0	0
Total	..	..	38 |	40	28	27	27	53
Non-vie	..	..	38 |	39	27	27	38	39
Succursales et agences	..	..	38 |	39	27	27	38	39
Filiales	..	..	0	0	0	0	0	0
Total	..	..	38 |	39	27	27	38	39
Total								
Succursales et agences	121	106	85	89	69	70	79	117
Filiales	-	-	-	-	-	-	-	-
Total	121	105	85	89	69	70	79	117

.. Non disponible ; - Néant ; | Rupture de série

Note : Voir les métadonnées détaillées sur : http://metalinks.oecd.org/isy/20160419/fa37.

Portugal
Tableau 2. Nombre d'entreprises et d'employés

	2007	2008	2009	2010	2011	2012	2013	2014
2.1 Nombre d'entreprises								
Vie								
Entreprises nationales	15	15	15	15	14	14	14	16
Entreprises sous contrôle étranger	5	5	5	6	5	5	5	10
Succursales d'entreprises étrangères	6	7	6	6	6	6	5	5
Ensemble des entreprises	21	22	21	21	20	20	19	21
Non-vie								
Entreprises nationales	26	26	24	23	21	21	21	21
Entreprises sous contrôle étranger	8	7	7	6	5	4	4	15
Succursales d'entreprises étrangères	26	23	27	26	24	25	24	23
Ensemble des entreprises	52	49	51	49	45	46	45	44
Mixtes								
Entreprises nationales	6	6	6	7	7	6	6	5
Entreprises sous contrôle étranger	3	2	2	2	2	2	2	3
Succursales d'entreprises étrangères	4	5	7	5	5	5	6	6
Ensemble des entreprises	10	11	13	12	12	11	12	11
Réassurance								
Entreprises nationales	1	1	1	1	1	1	1	1
Entreprises sous contrôle étranger	0	0	0	0	0	0	0	1
Succursales d'entreprises étrangères	0	0	0	0	0	0	0	0
Ensemble des entreprises	1	1	1	1	1	1	1	1
Total								
Entreprises nationales	48	48	46	46	43	42	42	43
Entreprises sous contrôle étranger	16	14	14	14	12	11	11	29
Succursales d'entreprises étrangères	36	35	40	37	35	36	35	34
Ensemble des entreprises	84	83	86	83	78	78	77	77
2.2 Nombre d'employés								
Entreprises d'assurance	11 197	11 525	10 300	10 565	10 937	8 807	9 224	9 252
Intermédiaires	25 947	27 424	27 139	25 897	25 397	24 624	24 207	23 465
Total	37 144	38 949	37 439	36 462	36 334	33 431	33 431	32 717

Note : Voir les métadonnées détaillées sur : http://metalinks.oecd.org/isy/20160419/fa37.

République slovaque
Tableau 1. Agrégats sélectionnés

Millions EUR

	2007	2008	2009	2010	2011	2012	2013	2014
1.1 Opérations d'assurance conclues dans le pays déclarant								
1.1.1 Opérations d'assurance, par intérêt								
Primes brutes								
Entreprises nationales	1 698	2 046	1 985	2 015	2 040	2 036	2 082	2 106
Entreprises sous contrôle étranger	1 562	1 895	1 846	1 861	1 875	1 863	1 901	1 918
Succursales d'entreprises étrangères	..	..	93	109	114	121	146	142
Ensemble des entreprises	1 698	2 046	2 078	2 124	2 154	2 157	2 228	2 248
Primes cédées								
Entreprises nationales	288	259	244	263	294	294	298	314
Entreprises sous contrôle étranger	269	240	228	241	268	267	268	283
Succursales d'entreprises étrangères	..	..	15	16	17	17	19	17
Ensemble des entreprises	288	259	259	279	312	311	316	331
Primes nettes émises								
Entreprises nationales	1 410	1 787	1 741	1 752	1 746	1 742	1 785	1 792
Entreprises sous contrôle étranger	1 294	1 654	1 618	1 607	1 606	1 596	1 633	1 635
Succursales d'entreprises étrangères	..	..	78	93	96	104	127	126
Ensemble des entreprises	1 410	1 787	1 819	1 845	1 842	1 846	1 912	1 917
1.1.2 Opérations d'assurance par risque à l'étranger, primes brutes								
Vie	..	..	..	..	..	..	..	..
Non-vie	..	..	..	..	..	..	..	..
Mixtes	..	..	..	..	..	..	..	..
dont :								
Vie	..	..	..	..	..	..	..	..
Non-vie	..	..	..	..	..	..	..	..
Total	..	..	..	..	..	..	..	..
1.1.3 Paiement par catégories d'assurance, primes brutes (vie)								
Rentes	..	629	623	637	619	607	649	623
Unit linked	..	336	284	315	338	409	423	417
Autre assurance vie	..	105	122	128	137	146	164	180
Total Assurance Vie	..	1 071	1 029	1 079	1 094	1 162	1 236	1 220
***dont :** Contrats de retraite*	..	20	19	16	15	13	12	12
1.1.4 Paiement par catégories d'assurance, primes brutes (non-vie)								
L'assurance automobile	548	612	578	579	568	548	528	532
Les assurances transport (y compris maritime et aérien)	7	8	6	6	6	7	6	6
L'assurance de fret	9	10	9	8	8	8	8	8
L'assurance incendie et des dommages aux bien	189	214	227	235	248	247	250	257
L'assurance des pertes pécuniaires	9	12	13	23	25	24	27	33
L'assurance de la responsabilité civile générale	47	57	52	67	65	68	73	78
Les assurances accidents et maladie	24	31	32	40	38	40	45	49
***dont :** Maladie*	1	2	2	2	2	2	2	2
Autres assurances non-vie	24	28	27	29	31	32	34	35
Réassurance obligatoire	..	5	12	12	19	21	21	32
Total assurance non-vie	855	975	956	997	1 009	996	992	1 028
1.2 Paiements bruts des sinistres								
Vie								
Entreprises nationales	318	451	73 |	84	97	93	91	107
Entreprises sous contrôle étranger	262	380	73 |	84	97	93	91	107
Succursales d'entreprises étrangères	..	..	2	1	0	0	0	0
Ensemble des entreprises	318	451	75 |	85	97	93	91	108
Non-vie								
Entreprises nationales	391	488	4 |	5	5	1	0	0
Entreprises sous contrôle étranger	363	456	4 |	5	5	1	0	0
Succursales d'entreprises étrangères	..	..	15	27	24	44	27	29
Ensemble des entreprises	391	488	19 |	32	29	45	27	29
Mixtes								
Entreprises nationales	..	..	957 |	1 043	1 075	1 083	1 117	1 084
Entreprises sous contrôle étranger	..	..	850 |	922	945	948	979	948
Succursales d'entreprises étrangères	..	..	3	3	5	12	14	16
Ensemble des entreprises	..	..	959 |	1 046	1 079	1 094	1 131	1 099
dont :								
Vie	..	..	480 |	528	566	640	658	646
Entreprises nationales	..	..	478 |	525	562	632	647	634
Entreprises sous contrôle étranger	..	..	400 |	431	463	527	544	533
Succursales d'entreprises étrangères	..	..	1	3	4	8	11	12
Ensemble des entreprises	..	..	480 |	528	566	640	658	646
Non-vie	..	..	480 |	518	513	455	473	453
Entreprises nationales	..	..	479 |	518	513	451	470	450
Entreprises sous contrôle étranger	..	..	449 |	490	483	421	435	415
Succursales d'entreprises étrangères	..	..	1	0	0	4	4	3
Ensemble des entreprises	..	..	480 |	518	513	455	473	453
Total								
Entreprises nationales	708	939	1 034	1 132	1 177	1 176	1 208	1 191
Entreprises sous contrôle étranger	625	836	927	1 010	1 047	1 042	1 070	1 055
Succursales d'entreprises étrangères	..	..	20	30	30	55	42	44
Ensemble des entreprises	708	939	1 054	1 162	1 206	1 232	1 249	1 236

République slovaque
Tableau 1. Agrégats sélectionnés *(suite)*

Millions EUR

	2007	2008	2009	2010	2011	2012	2013	2014
1.3 Commissions								
Vie								
Entreprises nationales	96	96	25	22	26	28	29	33
Entreprises sous contrôle étranger	89	90	25	22	26	28	29	33
Succursales d'entreprises étrangères	..	..	0	0	1	1	1	1
Ensemble des entreprises	96	96	25	22	27	29	30	34
Non-vie								
Entreprises nationales	106	135	1	1	2	1	0	0
Entreprises sous contrôle étranger	99	128	1	1	2	1	0	0
Succursales d'entreprises étrangères	..	..	6	9	9	11	13	15
Ensemble des entreprises	106	135	8	10	11	12	13	15
Mixtes								
Entreprises nationales	..	..	218	221	230	238	251	259
Entreprises sous contrôle étranger	..	..	210	210	219	225	238	244
Succursales d'entreprises étrangères	..	..	21	18	17	17	18	4
Ensemble des entreprises	..	..	238	239	247	255	269	264
dont :								
Vie	..	..	107	98	97	102	107	95
Entreprises nationales	..	..	86	80	82	86	93	95
Entreprises sous contrôle étranger	..	..	85	77	79	81	90	91
Succursales d'entreprises étrangères	..	..	20	17	16	16	14	0
Ensemble des entreprises	..	..	107	98	97	102	107	95
Non-vie	..	..	132	141	149	154	162	168
Entreprises nationales	..	..	131	141	149	152	158	164
Entreprises sous contrôle étranger	..	..	125	133	141	143	149	153
Succursales d'entreprises étrangères	..	..	1	1	1	2	4	4
Ensemble des entreprises	..	..	132	141	149	154	162	168
Total								
Entreprises nationales	203	231	244	244	258	266	279	292
Entreprises sous contrôle étranger	188	218	236	233	247	253	267	277
Succursales d'entreprises étrangères	..	..	27	27	27	30	32	21
Ensemble des entreprises	203	231	271	271	285	296	311	313
1.4 Dépenses brutes d'exploitation								
Vie								
Entreprises nationales	220	263	52	50	58	58	57	63
Entreprises sous contrôle étranger	207	249	52	50	58	58	57	63
Succursales d'entreprises étrangères	..	..	1	1	2	3	2	2
Ensemble des entreprises	220	263	53	51	60	60	59	65
Non-vie								
Entreprises nationales	253	308	6	6	6	2	0	0
Entreprises sous contrôle étranger	239	291	6	6	6	2	0	0
Succursales d'entreprises étrangères	..	..	18	20	23	26	30	31
Ensemble des entreprises	253	308	24	26	29	28	30	31
Mixtes								
Entreprises nationales	..	..	488	488	492	510	522	529
Entreprises sous contrôle étranger	..	..	468	463	465	481	492	498
Succursales d'entreprises étrangères	..	..	27	45	23	29	28	7
Ensemble des entreprises	..	..	515	532	515	539	549	536
dont :								
Vie	..	..	230	219	212	231	228	212
Entreprises nationales	..	..	205	196	190	207	207	212
Entreprises sous contrôle étranger	..	..	199	184	180	195	197	202
Succursales d'entreprises étrangères	..	..	25	24	22	24	21	1
Ensemble des entreprises	..	..	230	219	212	231	228	212
Non-vie	..	..	285	313	302	308	321	324
Entreprises nationales	..	..	283	292	301	303	314	317
Entreprises sous contrôle étranger	..	..	269	279	285	286	295	295
Succursales d'entreprises étrangères	..	..	2	21	1	5	7	6
Ensemble des entreprises	..	..	285	313	302	308	321	324
Total								
Entreprises nationales	474	571	546	543	555	569	578	592
Entreprises sous contrôle étranger	446	540	526	518	529	541	549	561
Succursales d'entreprises étrangères	..	..	46	66	48	57	60	40
Ensemble des entreprises	474	571	592	610	603	627	639	632

République slovaque
Tableau 1. Agrégats sélectionnés *(suite)*

Millions EUR

	2007	2008	2009	2010	2011	2012	2013	2014
1.5 Opérations à l'étranger par succursale, primes brutes								
Vie								
Succursales et agences	0	0	- |	0	0	0	0	0
Filiales	-	-	- |	0	0	0	0	1
Total	0	0	- |	0	0	0	0	1
Non-vie								
Succursales et agences	7	9	- |	0	0	0	0	0
Filiales	1	3	- |	0	0	0	0	0
Total	9	13	- |	0	0	0	0	0
Mixtes								
Succursales et agences	..	..	1 |	0	0	1	1	2
Filiales	..	..	4 |	4	4	3	3	4
Total	..	..	4 |	4	4	4	5	6
dont :								
Vie	..	..	- |	0	0	0	0	0
Succursales et agences	..	..	- |	0	0	0	0	0
Filiales	..	..	- |	0	0	0	0	0
Total	..	..	- |	0	0	0	0	0
Non-vie	..	..	4 |	4	4	4	5	6
Succursales et agences	..	..	1 |	0	0	1	1	2
Filiales	..	..	4 |	4	4	3	3	4
Total	..	..	4 |	4	4	4	5	6
Total								
Succursales et agences	7	9	1	-	-	1	1	2
Filiales	1	3	4	4	4	3	3	5
Total	9	13	4	4	4	4	5	7

.. Non disponible ; - Néant ; | Rupture de série

Note : Voir les métadonnées détaillées sur : http://metalinks.oecd.org/isy/20160419/f60f.

République slovaque
Tableau 2. Nombre d'entreprises et d'employés

	2007	2008	2009	2010	2011	2012	2013	2014
2.1 Nombre d'entreprises								
Vie								
Entreprises nationales	5	6	6	6	6	5	5	5
Entreprises sous contrôle étranger	4	6	6	6	6	5	5	5
Succursales d'entreprises étrangères	2	2	2	2	2	1	1	1
Ensemble des entreprises	7	8	8	8	8	6	6	6
Non-vie								
Entreprises nationales	4	4	2	2	2	1	0	0
Entreprises sous contrôle étranger	4	4	2	2	2	1	0	0
Succursales d'entreprises étrangères	7	9	10	12	13	16	17	17
Ensemble des entreprises	11	13	12	14	15	17	17	17
Mixtes								
Entreprises nationales	14	13	12	12	12	12	12	12
Entreprises sous contrôle étranger	11	10	10	10	10	10	10	10
Succursales d'entreprises étrangères	2	1	2	1	2	2	2	2
Ensemble des entreprises	16	14	14	13	14	14	14	14
Réassurance								
Entreprises nationales	0	0	0	0	0	0	0	0
Entreprises sous contrôle étranger	0	0	0	0	0	0	0	0
Succursales d'entreprises étrangères	0	0	0	1	1	1	1	1
Ensemble des entreprises	0	0	0	1	1	1	1	1
Total								
Entreprises nationales	23	23	20	20	20	18	17	17
Entreprises sous contrôle étranger	19	20	18	18	18	16	15	15
Succursales d'entreprises étrangères	11	12	14	16	18	20	21	21
Ensemble des entreprises	34	35	34	36	38	38	38	38
2.2 Nombre d'employés								
Entreprises d'assurance	6 804	6 386	6 359	6 213	6 087	5 878	5 778	5 937
Intermédiaires	22 743	951	1 268	962	1 020	1 373	..	1 358
Total	29 547	..	7 627	7 175	7 107	7 251	..	7 295

.. Non disponible

Note : Voir les métadonnées détaillées sur : http://metalinks.oecd.org/isy/20160419/f60f.

Slovénie
Tableau 1. Agrégats sélectionnés

Millions EUR

	2007	2008	2009	2010	2011	2012	2013	2014
1.1 Opérations d'assurance conclues dans le pays déclarant								
1.1.1 Opérations d'assurance, par intérêt								
Primes brutes								
Entreprises nationales	1 894	2 017	2 174	2 178	2 184	2 192	2 114	2 095
Entreprises sous contrôle étranger	169	173	151	164	169	166	166	166
Succursales d'entreprises étrangères	-	1	..	..	..	..	..	..
Ensemble des entreprises	1 643	1 947	2 174	2 178	2 184	2 192	2 114	2 095
Primes cédées								
Entreprises nationales	178	191	294	277	279	283	258	274
Entreprises sous contrôle étranger	38	10	36	41	40	27	27	28
Succursales d'entreprises étrangères	-	-	..	..	..	..	..	..
Ensemble des entreprises	178	191	294	277	279	283	258	274
Primes nettes émises								
Entreprises nationales	1 716	1 827	1 880	1 901	1 905	1 909	1 856	1 821
Entreprises sous contrôle étranger	131	163	115	123	128	139	140	137
Succursales d'entreprises étrangères	-	1	..	..	..	..	..	..
Ensemble des entreprises	1 716	1 828	1 880	1 901	1 905	1 909	1 856	1 821
1.1.2 Opérations d'assurance par risque à l'étranger, primes brutes								
Vie	..	1	1	0	0	0	..	..
Non-vie	..	1	-	..	..	..	0	0
Mixtes	..	..	1	0	0	2	2	1
dont :								
Vie	..	..	-	..	..	..	0	0
Non-vie	..	..	1	0	0	2	1	1
Total	..	2	1	1	0	2	2	2
1.1.3 Paiement par catégories d'assurance, primes brutes (vie)								
Rentes	7	7	..	..	..	..	..	..
Unit linked	351	377	219	231	228	219	201	195
Autre assurance vie	251	258	258	254	252	266	273	284
Total Assurance Vie	609	642	477	485	479	485	473	479
dont : *Contrats de retraite*	138	164	120	52	51	65	45	37
1.1.4 Paiement par catégories d'assurance, primes brutes (non-vie)								
L'assurance automobile	522	555	646	627	601	559	513	495
Les assurances transport (y compris maritime et aérien)	7	8	15	14	15	18	15	16
L'assurance de fret	8	8	13	15	15	15	14	13
L'assurance incendie et des dommages aux bien	175	198	366	377	389	396	370	372
L'assurance des pertes pécuniaires	47	48	43	51	50	48	49	56
L'assurance de la responsabilité civile générale	43	48	54	54	58	61	63	65
Les assurances accidents et maladie	476	501	538	528	544	580	585	574
dont : *Maladie*	368	390	415	409	428	467	480	470
Autres assurances non-vie	7	10	22	25	32	30	31	24
Réassurance obligatoire	..	..	..	0	0	0	..	0
Total assurance non-vie	1 285	1 376	1 697	1 691	1 704	1 706	1 641	1 616
1.2 Paiements bruts des sinistres								
Vie								
Entreprises nationales	161	178	15	22	35	40	31	36
Entreprises sous contrôle étranger	26	31	0	0	0	0	0	1
Succursales d'entreprises étrangères	0	0	..	..	..	..	..	..
Ensemble des entreprises	161	178	15	22	35	40	31	36
Non-vie								
Entreprises nationales	861	1 027	452	456	443	463	482	449
Entreprises sous contrôle étranger	22	33	0	0	0	..	..	..
Succursales d'entreprises étrangères	0	0	..	..	..	..	..	..
Ensemble des entreprises	861	1 027	452	456	443	463	482	449
Mixtes								
Entreprises nationales	..	..	942	889	878	902	951	941
Entreprises sous contrôle étranger	..	..	62	72	77	84	93	90
Succursales d'entreprises étrangères	..	..	..	..	..	..	..	..
Ensemble des entreprises	..	..	942	889	878	902	951	941
dont :								
Vie	..	..	148	186	229	259	299	304
Entreprises nationales	..	..	148	186	229	259	299	304
Entreprises sous contrôle étranger	..	..	28	35	41	47	51	50
Succursales d'entreprises étrangères	..	..	..	..	..	..	..	..
Ensemble des entreprises	..	..	148	186	229	259	299	304
Non-vie	..	..	794	704	649	642	651	637
Entreprises nationales	..	..	794	704	649	642	651	637
Entreprises sous contrôle étranger	..	..	35	37	36	38	42	41
Succursales d'entreprises étrangères	..	..	..	..	..	..	..	..
Ensemble des entreprises	..	..	794	704	649	642	651	637
Total								
Entreprises nationales	1 022	1 205	1 408	1 368	1 355	1 404	1 464	1 426
Entreprises sous contrôle étranger	48	64	63	72	78	85	93	91
Succursales d'entreprises étrangères	-	-	..	..	..	..	..	..
Ensemble des entreprises	1 022	1 205	1 408	1 368	1 355	1 404	1 464	1 426

Slovénie
Tableau 1. Agrégats sélectionnés (*suite*)

Millions EUR

	2007	2008	2009	2010	2011	2012	2013	2014
1.3 Commissions								
Vie								
Entreprises nationales	40	48	11 |	8	7	6	3	3
Entreprises sous contrôle étranger	11	11	0 |	0	0	0	0	0
Succursales d'entreprises étrangères	0	0	..	..	..	..	..	..
Ensemble des entreprises	40	48	11 |	8	7	6	3	3
Non-vie								
Entreprises nationales	34	38	2 |	2	2	2	4	7
Entreprises sous contrôle étranger	5	5	0 |	0	0	..	..	..
Succursales d'entreprises étrangères	0	0	..	..	..	..	..	..
Ensemble des entreprises	34	38	2 |	2	2	2	4	7
Mixtes								
Entreprises nationales	..	..	63 |	70	90	80	84	86
Entreprises sous contrôle étranger	..	..	15 |	17	19	19	19	20
Succursales d'entreprises étrangères	..	..	..	..	..	..	..	..
Ensemble des entreprises	..	..	63 |	70	90	80	84	86
dont :								
Vie	..	..	22 |	26	36	27	32	32
Entreprises nationales	..	..	22 |	26	36	27	32	32
Entreprises sous contrôle étranger	..	..	8 |	8	9	10	10	10
Succursales d'entreprises étrangères	..	..	..	..	..	..	..	..
Ensemble des entreprises	..	..	22 |	26	36	27	32	32
Non-vie	..	..	42 |	44	53	53	52	54
Entreprises nationales	..	..	42 |	44	53	53	52	54
Entreprises sous contrôle étranger	..	..	7 |	9	9	9	9	10
Succursales d'entreprises étrangères	..	..	..	..	..	..	..	..
Ensemble des entreprises	..	..	42 |	44	53	53	52	54
Total								
Entreprises nationales	74	86	76	80	99	89	91	96
Entreprises sous contrôle étranger	16	16	16	17	19	20	19	20
Succursales d'entreprises étrangères	-	-	..	..	..	..	..	..
Ensemble des entreprises	74	86	76	80	99	89	91	96
1.4 Dépenses brutes d'exploitation								
Vie								
Entreprises nationales	100	115	31 |	27	26	28	14	15
Entreprises sous contrôle étranger	22	25	1 |	2	1	2	2	1
Succursales d'entreprises étrangères	0	0	..	..	..	..	..	..
Ensemble des entreprises	100	115	31 |	27	26	28	14	15
Non-vie								
Entreprises nationales	251	266	84 |	80	74	80	81	86
Entreprises sous contrôle étranger	11	12	1 |	1	1	..	..	..
Succursales d'entreprises étrangères	0	0	..	..	..	..	..	..
Ensemble des entreprises	251	266	84 |	80	74	80	81	86
Mixtes								
Entreprises nationales	..	..	302 |	354	356	361	366	362
Entreprises sous contrôle étranger	..	..	44 |	31	52	56	47	57
Succursales d'entreprises étrangères	..	..	..	..	..	..	..	..
Ensemble des entreprises	..	..	302 |	354	356	361	366	362
dont :								
Vie	..	..	47 |	86	91	93	104	99
Entreprises nationales	..	..	47 |	86	91	93	104	99
Entreprises sous contrôle étranger	..	..	23 |	20	26	28	26	27
Succursales d'entreprises étrangères	..	..	..	..	..	..	..	..
Ensemble des entreprises	..	..	47 |	86	91	93	104	99
Non-vie	..	..	256 |	267	265	269	263	263
Entreprises nationales	..	..	256 |	267	265	269	263	263
Entreprises sous contrôle étranger	..	..	20 |	11	26	28	21	30
Succursales d'entreprises étrangères	..	..	..	..	..	..	..	..
Ensemble des entreprises	..	..	256 |	267	265	269	263	263
Total								
Entreprises nationales	351	381	417	460	456	469	461	462
Entreprises sous contrôle étranger	33	37	46	34	55	57	49	59
Succursales d'entreprises étrangères	-	-	..	..	..	..	..	..
Ensemble des entreprises	351	381	417	460	456	469	461	462

Slovénie
Tableau 1. Agrégats sélectionnés *(suite)*

Millions EUR

	2007	2008	2009	2010	2011	2012	2013	2014
1.5 Opérations à l'étranger par succursale, primes brutes								
Vie								
Succursales et agences	0	1	1 |	0	0	..	..	..
Filiales	0	..	0	..	..	..	..	..
Total	0	1	1 |	0	0	..	..	..
Non-vie								
Succursales et agences	0	1	..	..	..	..	..	..
Filiales	0	..	0	..	..	..	..	..
Total	0	1	..	..	..	..	..	..
Mixtes								
Succursales et agences	..	..	1 |	0	0	..	..	..
Filiales	..	..	0	..	..	..	..	..
Total	..	..	1 |	0	0	..	..	..
dont :								
Vie	..	..	..	..	..	..	..	..
Succursales et agences	..	..	..	..	..	..	..	..
Filiales	..	..	0	..	..	..	..	..
Total	..	..	..	..	..	..	..	..
Non-vie	..	..	1 |	0	0	..	..	..
Succursales et agences	..	..	1 |	0	0	..	..	..
Filiales	..	..	0	..	..	..	..	..
Total	..	..	1 |	0	0	..	..	..
Total								
Succursales et agences	-	2	1	0	0	..	..	..
Filiales	-	..	-	..	..	..	..	..
Total	-	2	1	0	0	..	..	..

.. Non disponible ; - Néant ; | Rupture de série

Note : Voir les métadonnées détaillées sur : http://metalinks.oecd.org/isy/20160419/8c7a.

Slovénie
Tableau 2. Nombre d'entreprises et d'employés

	2007	2008	2009	2010	2011	2012	2013	2014
2.1 Nombre d'entreprises								
Vie								
Entreprises nationales	4	4	3	3	4	4	3	3
Entreprises sous contrôle étranger	0	0	1	1	1	1	1	1
Succursales d'entreprises étrangères	0	0	0	0	0	0	0	0
Ensemble des entreprises	4	4	3	3	4	4	3	3
Non-vie								
Entreprises nationales	4	4	4	4	4	3	3	3
Entreprises sous contrôle étranger	1	1	1	1	1	0	0	0
Succursales d'entreprises étrangères	0	0	1	1	1	3	4	4
Ensemble des entreprises	4	4	5	5	5	6	7	7
Mixtes								
Entreprises nationales	8	8	8	8	8	8	8	8
Entreprises sous contrôle étranger	4	4	3	3	3	3	3	3
Succursales d'entreprises étrangères	3	3	2	2	2	2	2	2
Ensemble des entreprises	11	11	10	10	10	10	10	10
Réassurance								
Entreprises nationales	2	2	2	2	2	2	2	2
Entreprises sous contrôle étranger	0	0	0	0	0	0	0	0
Succursales d'entreprises étrangères	0	0	0	0	0	0	0	0
Ensemble des entreprises	2	2	2	2	2	2	2	2
Total								
Entreprises nationales	18	18	17	17	18	17	16	16
Entreprises sous contrôle étranger	5	5	5	5	5	4	4	4
Succursales d'entreprises étrangères	3	3	3	3	3	5	6	6
Ensemble des entreprises	21	21	20	20	21	22	22	22
2.2 Nombre d'employés								
Entreprises d'assurance	6 148	6 331	6 306	..	..	..	..	..
Intermédiaires	4 749	4 726	6 230	..	..	..	..	..
Total	10 897	11 057	12 536	..	..	..	..	..

.. Non disponible

Note : Voir les métadonnées détaillées sur : http://metalinks.oecd.org/isy/20160419/8c7a.

Espagne
Tableau 1. Agrégats sélectionnés

Millions EUR

	2007	2008	2009	2010	2011	2012	2013	2014
1.1 Opérations d'assurance conclues dans le pays déclarant								
1.1.1 Opérations d'assurance, par intérêt								
Primes brutes								
Entreprises nationales	57 516	62 614	61 178	57 485	61 922	56 608	58 110	57 662
Entreprises sous contrôle étranger	16 122	8 880	9 940	8 322	8 045	14 689	12 578	12 542
Succursales d'entreprises étrangères	149	143	127	135	133	117	-	-
Ensemble des entreprises	57 245	62 420	61 305	57 620	62 055	56 725	58 110	57 662
Primes cédées								
Entreprises nationales	5 692	5 871	4 886	4 333	4 305	4 235	5 831	5 019
Entreprises sous contrôle étranger	2 107	1 635	1 590	482	793	1 094	1 058	923
Succursales d'entreprises étrangères	58	53	42	44	44	42	-	-
Ensemble des entreprises	5 650	5 924	4 928	4 377	4 349	4 277	5 831	5 019
Primes nettes émises								
Entreprises nationales	51 824	56 743	56 292	53 154	57 617	52 373	52 279	52 643
Entreprises sous contrôle étranger	14 015	7 245	8 349	7 576	7 252	13 594	11 520	11 620
Succursales d'entreprises étrangères	91	90	86	91	89	75	-	-
Ensemble des entreprises	51 915	56 833	56 377	53 245	57 706	52 448	52 279	52 643
1.1.2 Opérations d'assurance par risque à l'étranger, primes brutes								
Vie	..	..	..	..	1	16	22	7
Non-vie	..	..	..	..	73	138	79	73
Mixtes	..	..	..	..	79	54	52	44
dont :								
Vie	..	..	..	..	42	39	42	34
Non-vie	..	..	..	..	36	16	10	9
Total	..	..	..	..	153	209	153	123
1.1.3 Paiement par catégories d'assurance, primes brutes (vie)								
Rentes	19 519	..	0	6 097	8 992	7 052	7 946	6 406
Unit linked	3 816	5 469	4 340	4 760	4 077	3 748	3 062	2 816
Autre assurance vie	..	22 020	24 811	16 510	16 704	15 828	14 865	16 021
Total Assurance Vie	23 335	27 489	29 151	27 367	29 773	26 629	25 873	25 244
***dont :** Contrats de retraite*	..	..	0	..	..	..	..	..
1.1.4 Paiement par catégories d'assurance, primes brutes (non-vie)								
L'assurance automobile	12 473	12 228	11 451	10 731	10 698	9 961	9 610	9 445
Les assurances transport (y compris maritime et aérien)	438	410	389	356	480	329	390	361
L'assurance de fret	343	392	216	194	268	194	294	268
L'assurance incendie et des dommages aux bien	2 583	2 727	1 298	1 147	2 701	913	2 246	2 315
L'assurance des pertes pécuniaires	435	415	338	298	359	311	175	178
L'assurance de la responsabilité civile générale	2 013	1 955	1 623	1 283	1 274	1 096	1 077	1 009
Les assurances accidents et maladie	6 479	7 000	7 003	6 501	7 630	7 629	7 888	8 227
***dont :** Maladie*	5 436	5 799	6 034	5 611	6 650	6 777	7 031	7 356
Autres assurances non-vie	9 145	9 804	9 789	9 709	10 410	10 502	10 531	10 558
Réassurance obligatoire	..	..	..	..	0	0	0	0
Total assurance non-vie	33 909	34 931	32 107	30 219	33 820	30 933	32 211	32 362
1.2 Paiements bruts des sinistres								
Vie								
Entreprises nationales	22 836	26 044	6 202	6 082	12 763	15 189	14 147	16 884
Entreprises sous contrôle étranger	6 176	3 003	1 425	1 414	1 996	2 127	1 814	1 728
Succursales d'entreprises étrangères	31	55	-	0	0	0	0	0
Ensemble des entreprises	22 867	26 099	6 202	6 082	12 763	15 189	14 147	16 884
Non-vie								
Entreprises nationales	19 914	21 983	10 761	7 982	9 573	9 489	9 463	9 233
Entreprises sous contrôle étranger	6 768	4 633	2 988	1 406	4 025	3 926	3 947	3 691
Succursales d'entreprises étrangères	4	7	-	0	0	0	0	0
Ensemble des entreprises	19 918	21 990	10 761	7 982	9 573	9 489	9 463	9 233
Mixtes								
Entreprises nationales	..	..	30 439	32 008	23 611	22 204	21 477	21 285
Entreprises sous contrôle étranger	..	..	3 594	3 607	5 663	6 495	5 208	5 035
Succursales d'entreprises étrangères	..	..	52	55	63	49	0	0
Ensemble des entreprises	..	..	30 491	32 063	23 674	22 252	21 477	21 285
dont :								
Vie	..	..	18 600	19 737	11 327	11 547	9 702	9 938
Entreprises nationales	..	..	18 559	19 702	11 288	11 511	9 702	9 938
Entreprises sous contrôle étranger	..	..	1 255	1 286	2 437	3 836	2 320	2 492
Succursales d'entreprises étrangères	..	..	41	35	38	36	0	0
Ensemble des entreprises	..	..	18 600	19 737	11 327	11 547	9 702	9 938
Non-vie	..	..	11 890	12 326	12 347	10 705	11 775	11 348
Entreprises nationales	..	..	11 880	12 306	12 323	10 693	11 775	11 348
Entreprises sous contrôle étranger	..	..	2 339	1 321	3 226	2 659	2 888	2 543
Succursales d'entreprises étrangères	..	..	10	20	24	12	0	0
Ensemble des entreprises	..	..	11 890	12 326	12 347	10 705	11 775	11 348
Total								
Entreprises nationales	42 750	48 027	47 402	46 072	45 947	46 882	45 088	47 403
Entreprises sous contrôle étranger	12 944	7 636	8 007	6 427	11 684	12 548	10 968	10 453
Succursales d'entreprises étrangères	35	62	52	55	63	49	-	-
Ensemble des entreprises	42 785	48 089	47 454	46 127	46 009	46 930	45 088	47 403

Espagne
Tableau 1. Agrégats sélectionnés *(suite)*

Millions EUR

	2007	2008	2009	2010	2011	2012	2013	2014
1.3 Commissions								
Vie								
Entreprises nationales	..	..	..	..	..	..	..	660
Entreprises sous contrôle étranger	..	..	..	..	..	..	..	86
Succursales d'entreprises étrangères	..	..	..	..	..	..	..	0
Ensemble des entreprises	..	..	..	..	..	..	..	660
Non-vie								
Entreprises nationales	..	..	..	..	..	..	..	1 472
Entreprises sous contrôle étranger	..	..	..	..	..	..	..	642
Succursales d'entreprises étrangères	..	..	..	..	..	..	..	0
Ensemble des entreprises	..	..	..	..	..	..	..	1 472
Mixtes								
Entreprises nationales	..	..	..	..	..	..	..	2 270
Entreprises sous contrôle étranger	..	..	..	..	..	..	..	669
Succursales d'entreprises étrangères	..	..	..	..	..	..	..	0
Ensemble des entreprises	..	..	..	..	..	..	..	2 270
dont :								
Vie	..	..	..	..	..	..	..	418
Entreprises nationales	..	..	..	..	..	..	..	418
Entreprises sous contrôle étranger	..	..	..	..	..	..	..	94
Succursales d'entreprises étrangères	..	..	..	..	..	..	..	0
Ensemble des entreprises	..	..	..	..	..	..	..	418
Non-vie	..	..	..	..	..	..	..	1 852
Entreprises nationales	..	..	..	..	..	..	..	1 852
Entreprises sous contrôle étranger	..	..	..	..	..	..	..	576
Succursales d'entreprises étrangères	..	..	..	..	..	..	..	0
Ensemble des entreprises	..	..	..	..	..	..	..	1 852
Total								
Entreprises nationales	..	..	..	..	..	..	..	4 403
Entreprises sous contrôle étranger	..	..	..	..	..	..	..	1 398
Succursales d'entreprises étrangères	..	..	..	..	..	..	..	-
Ensemble des entreprises	..	..	..	..	..	..	..	4 403
1.4 Dépenses brutes d'exploitation								
Vie								
Entreprises nationales	1 872	2 015	473	1 778	171	220	968	994
Entreprises sous contrôle étranger	590	341	185	207	42	39	201	190
Succursales d'entreprises étrangères	38	33	-	31	0	0	0	0
Ensemble des entreprises	1 910	2 048	473	1 809	171	220	968	994
Non-vie								
Entreprises nationales	8 101	8 583	3 441	6 317	487	491	3 046	2 880
Entreprises sous contrôle étranger	2 720	1 929	1 024	517	254	242	1 272	1 289
Succursales d'entreprises étrangères	26	29	1	41	0	0	0	0
Ensemble des entreprises	8 127	8 612	3 442	6 358	487	491	3 046	2 880
Mixtes								
Entreprises nationales	..	..	16 805	..	622	564	5 322	5 034
Entreprises sous contrôle étranger	..	..	3 132	..	140	120	1 152	1 070
Succursales d'entreprises étrangères	..	..	39	..	6	5	1	0
Ensemble des entreprises	..	..	16 844	..	628	569	5 323	5 034
dont :								
Vie	..	..	1 380	..	119	87	809	797
Entreprises nationales	..	..	1 354	..	117	85	809	797
Entreprises sous contrôle étranger	..	..	122	..	25	26	162	178
Succursales d'entreprises étrangères	..	..	26	..	2	2	0	0
Ensemble des entreprises	..	..	1 380	..	119	87	809	797
Non-vie	..	..	15 464	..	509	482	4 515	4 237
Entreprises nationales	..	..	15 451	..	506	479	4 514	4 237
Entreprises sous contrôle étranger	..	..	3 010	..	116	94	990	892
Succursales d'entreprises étrangères	..	..	13	..	4	3	1	0
Ensemble des entreprises	..	..	15 464	..	509	482	4 515	4 237
Total								
Entreprises nationales	9 973	10 598	20 719	8 095	1 280	1 275	9 337	8 907
Entreprises sous contrôle étranger	3 310	2 270	4 341	724	436	401	2 625	2 549
Succursales d'entreprises étrangères	64	62	40	72	6	5	1	-
Ensemble des entreprises	10 037	10 660	20 759	8 167	1 286	1 280	9 338	8 907

Espagne
Tableau 1. Agrégats sélectionnés *(suite)*

Millions EUR

	2007	2008	2009	2010	2011	2012	2013	2014
1.5 Opérations à l'étranger par succursale, primes brutes								
Vie								
Succursales et agences	291	357	..	..	938	323	274	..
Filiales	..	..	..	..	..	..	..	..
Total	291	357	..	..	..	..	..	..
Non-vie								
Succursales et agences	609	616	..	..	296	419	592	654
Filiales	..	..	..	..	..	..	..	..
Total	609	616	..	..	..	..	..	..
Mixtes								
Succursales et agences	..	..	..	..	759	135	885	1 286
Filiales	..	..	..	..	..	..	..	..
Total	..	..	..	..	..	..	..	..
dont :								
Vie	..	..	..	..	..	..	..	..
Succursales et agences	..	..	..	..	157	23	212	559
Filiales	..	..	..	..	..	..	..	..
Total	..	..	..	..	..	..	..	..
Non-vie	..	..	..	..	..	..	..	..
Succursales et agences	..	..	..	..	602	113	673	728
Filiales	..	..	..	..	..	..	..	..
Total	..	..	..	..	..	..	..	..
Total								
Succursales et agences	900	973	..	..	1 994	878	1 751	1 940
Filiales	..	..	..	..	..	..	..	..
Total	900	973	..	..	..	..	..	..

.. Non disponible ; - Néant ; | Rupture de série

Note : Voir les métadonnées détaillées sur : http://metalinks.oecd.org/isy/20160419/eef0.

Espagne
Tableau 2. Nombre d'entreprises et d'employés

	2007	2008	2009	2010	2011	2012	2013	2014
2.1 Nombre d'entreprises								
Vie								
Entreprises nationales	84	90	89	93	89	84	83	79
Entreprises sous contrôle étranger	15	6	7	6	11	10	10	9
Succursales d'entreprises étrangères	0	0	0	0	0	0	0	0
Ensemble des entreprises	84	90	89	93	89	84	83	79
Non-vie								
Entreprises nationales	153	151	149	141	140	136	132	127
Entreprises sous contrôle étranger	19	16	15	14	19	18	19	19
Succursales d'entreprises étrangères	0	0	0	1	0	0	0	0
Ensemble des entreprises	153	151	149	142	140	136	132	127
Mixtes								
Entreprises nationales	50	50	56	51	47	46	47	45
Entreprises sous contrôle étranger	10	9	9	8	10	10	8	8
Succursales d'entreprises étrangères	2	2	2	1	2	2	1	1
Ensemble des entreprises	52	52	58	52	49	48	48	46
Réassurance								
Entreprises nationales	2	2	0	0	2	2	2	3
Entreprises sous contrôle étranger	1	0	0	0	..	0	0	0
Succursales d'entreprises étrangères	0	0	0	0	0	0	0	0
Ensemble des entreprises	2	2	0	0	2	2	2	3
Total								
Entreprises nationales	289	293	294	285	278	268	264	254
Entreprises sous contrôle étranger	45	31	31	28	40	38	37	36
Succursales d'entreprises étrangères	2	2	2	2	2	2	1	1
Ensemble des entreprises	291	295	296	287	280	270	265	255
2.2 Nombre d'employés								
Entreprises d'assurance	48 099	49 203	48 203	48 116	46 557	46 439	46 324	45 535
Intermédiaires	3 027	3 013	3 015	3 006	..	..	121 427	129 549
Total	51 126	52 216	51 218	51 122	..	..	167 751	175 084

.. Non disponible

Note : Voir les métadonnées détaillées sur : http://metalinks.oecd.org/isy/20160419/eef0.

Suède
Tableau 1. Agrégats sélectionnés

Millions SEK

	2007	2008	2009	2010	2011	2012	2013	2014
1.1 Opérations d'assurance conclues dans le pays déclarant								
1.1.1 Opérations d'assurance, par intérêt								
Primes brutes								
Entreprises nationales	186 432	196 465	194 904	184 684	182 225	167 132	177 197	205 475
Entreprises sous contrôle étranger	65 864	64 660	65 563	65 344	63 298	65 752	66 854	73 194
Succursales d'entreprises étrangères	23 428	10 725	..	..	..	..	..	10 260
Ensemble des entreprises	209 860	207 190	194 904	184 684	182 225	167 132	177 197	215 735
Primes cédées								
Entreprises nationales	13 705	14 732	14 966	13 654	12 870	13 068	12 967	14 611
Entreprises sous contrôle étranger	4 526	4 754	5 382	4 475	4 583	5 428	4 727	3 700
Succursales d'entreprises étrangères	..	..	..	..	..	..	..	..
Ensemble des entreprises	13 705	14 732	14 966	13 654	12 870	13 068	12 967	14 611
Primes nettes émises								
Entreprises nationales	172 727	181 735	179 938	171 029	169 355	154 064	164 230	190 864
Entreprises sous contrôle étranger	61 339	59 905	60 181	60 869	58 715	60 324	62 127	69 494
Succursales d'entreprises étrangères	23 428	10 725	..	..	..	..	..	10 260
Ensemble des entreprises	196 155	192 460	179 938	171 029	169 355	154 064	164 230	201 124
1.1.2 Opérations d'assurance par risque à l'étranger, primes brutes								
Vie	704	642	..	..	..	..	..	581
Non-vie	27 681	29 517	..	..	..	..	..	28 134
Mixtes total	x	x	x	x	x	x	x	x
Total	28 385	30 159	..	..	..	..	..	28 715
1.1.3 Paiement par catégories d'assurance, primes brutes (vie)								
Rentes	61 857	66 290	79 771	70 960	72 263	73 378	73 377	94 617
Unit linked	12 075	11 987	5 642	5 742	3 790	1 708	1 188	1 087
Autre assurance vie	12 517	12 743	12 579	12 610	13 615	13 229	13 591	13 738
Total assurance vie	86 448	91 020	97 992	89 312	89 668	88 315	88 156	109 442
***dont :** Contrats de retraite*	..	..	..	..	..	..	..	..
1.1.4 Paiement par catégories d'assurance, primes brutes (non-vie)								
L'assurance automobile	..	..	..	..	..	..	..	30 360
Les assurances transport (y compris maritime et aérien)	..	..	..	..	..	..	..	2 627
L'assurance de fret	..	..	..	..	..	..	..	x
L'assurance incendie et des dommages aux bien	..	..	..	..	..	..	..	29 146
L'assurance des pertes pécuniaires	..	..	..	..	..	..	..	459
L'assurance de la responsabilité civile générale	..	..	..	..	..	..	..	4 045
Les assurances accidents et maladie	..	..	..	..	..	..	..	5 674
***dont :** Maladie*	..	..	..	..	..	..	..	..
Autres assurances non-vie	..	..	..	..	..	..	..	9 165
Réassurance obligatoire	..	..	..	..	..	..	..	13 811
Total assurance non-vie	98 957	104 497	95 932	94 518	91 819	76 947	84 766	95 287
1.2 Paiements bruts des sinistres								
Vie								
Entreprises nationales	48 318	49 183	51 762	50 681	53 464	58 780	64 657	60 930
Entreprises sous contrôle étranger	12 188	9 015	9 493	7 837	7 533	3 499	6 337	6 055
Succursales d'entreprises étrangères	2 706	..	..	..	..	..	..	5 999
Ensemble des entreprises	51 024	49 183	61 255	50 681	53 464	58 780	64 657	66 929
Non-vie								
Entreprises nationales	61 973	66 492	69 046	67 685	68 400	69 882	69 100	75 805
Entreprises sous contrôle étranger	29 308	30 482	31 968	31 815	31 370	31 639	31 398	31 024
Succursales d'entreprises étrangères	2 650	3 417	..	..	..	..	..	5 328
Ensemble des entreprises	64 623	69 909	..	67 685	68 400	69 882	69 100	81 133
Mixtes, ensemble des entreprises	x	x	x	x	x	x	x	x
Total								
Entreprises nationales	110 291	115 675	120 808	118 366	121 864	128 662	133 757	136 735
Entreprises sous contrôle étranger	41 496	39 497	41 461	39 652	38 903	35 138	37 735	37 079
Succursales d'entreprises étrangères	5 356	3 417	..	..	..	..	..	11 327
Ensemble des entreprises	115 647	119 092	61 255	118 366	121 864	128 662	133 757	148 062
1.3 Commissions								
Vie								
Entreprises nationales	3 655	3 652	..	..	..	..	..	4 167
Entreprises sous contrôle étranger	1 071	1 068	..	..	..	..	..	1 302
Succursales d'entreprises étrangères	154	..	..	..	..	..	..	121
Ensemble des entreprises	3 809	3 652	..	..	..	..	..	4 288
Non-vie								
Entreprises nationales	2 697	2 964	..	..	..	..	..	4 168
Entreprises sous contrôle étranger	1 466	1 585	..	..	..	..	..	2 049
Succursales d'entreprises étrangères	580	182	..	..	..	..	..	786
Ensemble des entreprises	3 277	3 146	..	..	..	..	..	4 954
Mixtes, ensemble des entreprises	x	x	x	x	x	x	x	x
Total								
Entreprises nationales	6 352	6 616	..	..	..	..	..	8 335
Entreprises sous contrôle étranger	2 537	2 653	..	..	..	..	..	3 351
Succursales d'entreprises étrangères	734	182	..	..	..	..	..	907
Ensemble des entreprises	7 086	6 798	..	..	..	..	..	9 242

Suède
Tableau 1. Agrégats sélectionnés *(suite)*

Millions SEK

	2007	2008	2009	2010	2011	2012	2013	2014
1.4 Dépenses brutes d'exploitation								
Vie								
Entreprises nationales	10 170	10 640	10 158	10 514	10 785	11 509	12 115	12 738
Entreprises sous contrôle étranger	3 090	2 966	2 736	3 264	3 488	3 557	3 630	3 639
Succursales d'entreprises étrangères	..	..	..	..	..	..	..	..
Ensemble des entreprises	10 170	10 640	12 894	10 514	10 785	11 509	12 115	12 738
Non-vie								
Entreprises nationales	14 665	14 870	15 208	15 117	14 468	14 989	15 004	16 878
Entreprises sous contrôle étranger	7 990	7 795	8 235	8 189	7 262	7 138	7 248	8 238
Succursales d'entreprises étrangères	..	..	..	..	..	..	..	..
Ensemble des entreprises	14 665	14 870	23 443	15 117	14 468	14 989	15 004	16 878
Mixtes, ensemble des entreprises	x	x	x	x	x	x	x	x
Total								
Entreprises nationales	24 835	25 510	25 366	25 631	25 253	26 498	27 119	29 616
Entreprises sous contrôle étranger	11 080	10 761	10 971	11 453	10 750	10 695	10 878	11 877
Succursales d'entreprises étrangères	..	..	..	..	..	..	..	..
Ensemble des entreprises	24 835	25 510	36 337	25 631	25 253	26 498	27 119	29 616
1.5 Opérations à l'étranger par succursale, primes brutes								
Vie								
Succursales et agences	..	..	435	315	108	234	..	243
Filiales	..	..	..	..	..	..	..	..
Total	..	..	..	..	108	234	..	243
Non-vie								
Succursales et agences	..	..	19 022	19 011	18 526	18 948	..	18 630
Filiales	..	..	..	..	..	..	..	..
Total	..	..	..	..	18 526	18 948	..	18 630
Mixtes total	x	x	x	x	x	x	x	x
Total								
Succursales et agences	..	..	19 457	19 326	18 634	19 182	..	18 873
Filiales	..	..	..	..	..	..	..	..
Total	..	..	..	..	18 634	19 182	..	18 873

.. Non disponible ; x Sans objet

Note : Voir les métadonnées détaillées sur : http://metalinks.oecd.org/isy/20160419/1547.

Suède
Tableau 2. Nombre d'entreprises et d'employés

	2007	2008	2009	2010	2011	2012	2013	2014
2.1 Nombre d'entreprises								
Vie								
Entreprises nationales	44	44	45	39	39	39	39	39
Entreprises sous contrôle étranger	8	9	9	7	8	9	8	8
Succursales d'entreprises étrangères	6	9	9	9	5	5	5	6
Ensemble des entreprises	50	53	54	48	44	44	44	45
Non-vie								
Entreprises nationales	132	141	149	150	139	131	130	130
Entreprises sous contrôle étranger	15	17	17	18	18	46	44	34
Succursales d'entreprises étrangères	23	37	37	39	31	32	32	28
Ensemble des entreprises	155	178	186	189	170	163	162	158
Mixtes, ensemble des entreprises	-	-	-	-	-	-	-	-
Réassurance								
Entreprises nationales	5	5	5	3	3	2	1	1
Entreprises sous contrôle étranger	1	1	1	1	2	0	0	0
Succursales d'entreprises étrangères	0	0	0	..	..	0	..	0
Ensemble des entreprises	5	5	5	3	3	2	1	1
Total								
Entreprises nationales	181	190	199	192	181	172	170	170
Entreprises sous contrôle étranger	24	27	27	26	28	55	52	42
Succursales d'entreprises étrangères	29	46	46	48	36	37	37	34
Ensemble des entreprises	210	236	245	240	217	209	207	204
2.2 Nombre d'employés								
Entreprises d'assurance	19 929	20 501	19 940	19 017	18 848	19 158	19 059	19 573
Intermédiaires	2 000	2 000	2 000	2 000	2 000	2 000	2 000	3 849
Total	21 929	22 501	21 940	21 017	20 848	21 158	21 059	..

.. Non disponible ; - Néant

Note : Voir les métadonnées détaillées sur : http://metalinks.oecd.org/isy/20160419/1547.

Suisse
Tableau 1. Agrégats sélectionnés

Millions CHF

	2007	2008	2009	2010	2011	2012	2013	2014
1.1 Opérations d'assurance conclues dans le pays déclarant								
1.1.1 Opérations d'assurance, par intérêt								
Primes brutes								
Entreprises nationales	54 778	62 134	60 259	61 448	61 417	63 507	66 569	66 312
Entreprises sous contrôle étranger	20 068	..	..	13 162	13 600	14 322	15 423	14 214
Succursales d'entreprises étrangères	1 309	410	1 973	2 834	2 062	2 331	2 267	1 923
Ensemble des entreprises	54 600	61 787	62 232	64 282	63 479	65 838	68 836	68 235
Primes cédées								
Entreprises nationales	-3 267	3 070	3 872	4 802	4 000	4 479	4 536	4 346
Entreprises sous contrôle étranger	-973	..	..	1 289	1 024	1 219	963	831
Succursales d'entreprises étrangères	..	..	380	442	467	487	532	533
Ensemble des entreprises	474	3 070	4 252	5 244	4 467	4 965	5 068	4 879
Primes nettes émises								
Entreprises nationales	63 795	79 401	56 387	56 646	57 417	59 028	62 033	61 966
Entreprises sous contrôle étranger	19 095	..	..	11 873	12 577	13 102	14 460	13 383
Succursales d'entreprises étrangères	332	410	1 593	2 392	1 595	1 845	1 735	1 390
Ensemble des entreprises	28 746	32 062	57 980	59 038	59 012	60 873	63 768	63 356
1.1.2 Opérations d'assurance par risque à l'étranger, primes brutes								
Vie	6 938	2 408	..	..	..	..	..	..
Non-vie	23 904	10 485	..	..	..	..	..	..
Mixtes total	x	x	x	x	x	x	x	x
Total	30 842	12 893	..	..	..	..	..	..
1.1.3 Paiement par catégories d'assurance, primes brutes (vie)								
Rentes	1 158	1 192	1 254	873	737	677	564	441
Unit linked	2 562	2 665	2 797	3 052	2 423	2 637	2 403	1 730
Autre assurance vie	24 989	28 158	25 378	26 239	27 397	27 841	29 707	30 478
Total assurance vie	28 709	32 015	29 429	30 164	30 557	31 155	32 675	32 649
***dont** : Contrats de retraite*	19 890	20 536	19 748	..	..	..	..	..
1.1.4 Paiement par catégories d'assurance, primes brutes (non-vie)								
L'assurance automobile	5 370	5 397	9 480	6 357	6 382	6 526	6 556	6 580
Les assurances transport (y compris maritime et aérien)	467	466	3 379	964	804	968	1 060	876
L'assurance de fret	..	..	..	..	..	..	..	..
L'assurance incendie et des dommages aux bien	3 472	3 547	15 102	7 335	7 457	8 150	8 206	8 123
L'assurance des pertes pécuniaires	253	277	1 293	885	832	932	1 042	1 096
L'assurance de la responsabilité civile générale	1 895	1 853	6 360	3 550	3 243	3 514	3 558	3 658
Les assurances accidents et maladie	9 139	13 549	12 789	12 540	12 551	13 093	13 889	13 414
***dont** : Maladie*	-6 318	10 731	9 019	9 182	9 383	9 656	9 911	9 934
Autres assurances non-vie	719	780	1 032	1 073	1 036	1 151	1 351	1 378
Réassurance obligatoire	4 575	4 304	4 816	..	..	..	..	..
Total assurance non-vie	25 890	30 173	54 251	32 704	32 306	34 334	35 661	35 125
1.2 Paiements bruts des sinistres								
Vie								
Entreprises nationales	30 731	31 104	28 255	25 420	27 182	25 817	27 624	27 943
Entreprises sous contrôle étranger	..	..	..	7 127	7 354	7 060	8 854	7 917
Succursales d'entreprises étrangères	2	14	19	44	104	186	306	3
Ensemble des entreprises	30 733	31 118	28 274	25 464	27 286	26 003	27 930	27 946
Non-vie								
Entreprises nationales	13 918	14 492	15 676	15 122	15 548	20 279	19 735	20 149
Entreprises sous contrôle étranger	..	..	..	1 962	1 974	2 292	2 171	2 281
Succursales d'entreprises étrangères	186	219	518	85	404	667	798	874
Ensemble des entreprises	14 104	14 711	16 194	15 207	15 952	20 946	20 533	21 023
Mixtes, ensemble des entreprises	x	x	x	x	x	x	x	x
Total								
Entreprises nationales	44 649	45 596	43 931	40 542	42 730	46 096	47 359	48 092
Entreprises sous contrôle étranger	..	..	..	9 090	9 328	9 352	11 025	10 198
Succursales d'entreprises étrangères	188	233	537	129	509	853	1 104	877
Ensemble des entreprises	44 837	45 829	44 468	40 671	43 238	46 949	48 463	48 969
1.3 Commissions								
Vie								
Entreprises nationales	..	949	947	906	848	875	904	920
Entreprises sous contrôle étranger	..	6	..	109	107	103	148	114
Succursales d'entreprises étrangères	..	303	3	9	8	8	11	0
Ensemble des entreprises	..	1 252	950	915	856	883	915	920
Non-vie								
Entreprises nationales	..	2 113	2 005	2 052	1 886	1 955	2 067	1 597
Entreprises sous contrôle étranger	..	73	..	471	450	442	372	381
Succursales d'entreprises étrangères	..	1 957	49	76	85	88	95	91
Ensemble des entreprises	..	4 070	2 054	2 128	1 970	2 043	2 162	1 688
Mixtes, ensemble des entreprises	x	x	x	x	x	x	x	x
Total								
Entreprises nationales	..	3 062	2 952	2 958	2 734	2 830	2 971	2 517
Entreprises sous contrôle étranger	..	79	..	581	557	545	520	495
Succursales d'entreprises étrangères	..	2 260	52	85	92	96	106	91
Ensemble des entreprises	..	5 322	3 004	3 043	2 826	2 926	3 077	2 608

Suisse
Tableau 1. Agrégats sélectionnés *(suite)*

Millions CHF

	2007	2008	2009	2010	2011	2012	2013	2014
1.4 Dépenses brutes d'exploitation								
Vie								
Entreprises nationales	3 283	2 330	2 505	2 382	2 444	1 390	1 289	1 364
Entreprises sous contrôle étranger	426	378	366	395	450	239	176	209
Succursales d'entreprises étrangères	0	6	6	12	11	4	4	2
Ensemble des entreprises	3 283	2 336	2 518	2 394	2 455	1 394	1 293	1 366
Non-vie								
Entreprises nationales	11 623	7 664	7 943	7 677	7 179	3 835	3 745	5 520
Entreprises sous contrôle étranger	779	1 062	1 088	1 063	1 039	371	416	420
Succursales d'entreprises étrangères	0	140	162	459	408	80	100	108
Ensemble des entreprises	11 623	7 804	8 267	8 136	7 588	3 915	3 845	5 628
Mixtes, ensemble des entreprises	x	x	x	x	x	x	x	x
Total								
Entreprises nationales	14 906	9 994	10 448	10 059	9 624	5 225	5 034	6 884
Entreprises sous contrôle étranger	1 205	1 440	1 454	1 458	1 489	610	592	629
Succursales d'entreprises étrangères	-	146	168	471	419	84	104	110
Ensemble des entreprises	14 906	10 140	10 785	10 530	10 043	5 309	5 138	6 994
1.5 Opérations à l'étranger par succursale, primes brutes								
Vie								
Succursales et agences	6 938	2 408	2 668	2 219	2 036	2 006	1 967	1 794
Filiales	..	..	..	..	..	..	..	..
Total	6 938	2 408	2 668	2 219	2 036	2 006	1 967	1 794
Non-vie								
Succursales et agences	23 904	10 485	18 286	16 881	13 446	15 417	15 563	15 331
Filiales	..	..	..	..	..	..	..	..
Total	23 904	10 485	18 286	16 881	13 446	15 417	15 563	15 331
Mixtes total	x	x	x	x	x	x	x	x
Total								
Succursales et agences	30 842	12 893	20 954	19 100	15 482	17 423	17 531	17 125
Filiales	..	..	..	..	..	..	..	..
Total	30 842	12 893	20 954	19 100	15 482	17 423	17 531	17 125

.. Non disponible ; - Néant ; x Sans objet

Note : Voir les métadonnées détaillées sur : http://metalinks.oecd.org/isy/20160419/df75.

Suisse
Tableau 2. Nombre d'entreprises et d'employés

	2007	2008	2009	2010	2011	2012	2013	2014
2.1 Nombre d'entreprises								
Vie								
Entreprises nationales	22	22	21	21	20	19	19	18
Entreprises sous contrôle étranger	..	..	..	1	1	1	1	1
Succursales d'entreprises étrangères	4	4	4	4	4	4	4	3
Ensemble des entreprises	26	26	25	25	24	23	23	21
Non-vie								
Entreprises nationales	78	79	79	79	79	81	80	79
Entreprises sous contrôle étranger	..	..	..	6	6	6	6	6
Succursales d'entreprises étrangères	39	43	46	47	45	42	44	48
Ensemble des entreprises	117	122	125	126	124	123	124	127
Mixtes, ensemble des entreprises	-	-	-	-	-	-	-	-
Réassurance								
Entreprises nationales	71	70	68	62	62	61	62	62
Entreprises sous contrôle étranger	..	..	..	8	7	7	7	7
Succursales d'entreprises étrangères	..	..	..	..	..	..	..	..
Ensemble des entreprises	71	70	68	62	62	61	62	62
Total								
Entreprises nationales	171	171	168	162	161	161	161	159
Entreprises sous contrôle étranger	..	..	..	15	14	14	14	14
Succursales d'entreprises étrangères	43	47	50	51	49	46	48	51
Ensemble des entreprises	214	218	218	213	210	207	209	210
2.2 Nombre d'employés								
Entreprises d'assurance	39 861	39 001	41 130	..	..	..	..	..
Intermédiaires	..	..	..	..	..	..	..	..
Total	..	..	41 130	..	..	..	..	..

.. Non disponible ; - Néant

Note : Voir les métadonnées détaillées sur : http://metalinks.oecd.org/isy/20160419/df75.

Turquie
Tableau 1. Agrégats sélectionnés

Millions TRY

	2007	2008	2009	2010	2011	2012	2013	2014
1.1 Opérations d'assurance conclues dans le pays déclarant								
1.1.1 Opérations d'assurance, par intérêt								
Primes brutes								
Entreprises nationales	10 930	11 775	13 097	14 958	17 131	20 427	25 084	26 872
Entreprises sous contrôle étranger	3 425	6 602	6 828	7 525	8 956	10 122	14 981	15 528
Succursales d'entreprises étrangères	1	4	8	27	32	46	68	77
Ensemble des entreprises	10 931	11 779	13 105	14 985	17 164	20 473	25 152	26 949
Primes cédées								
Entreprises nationales	3 109	3 236	3 412	3 443	4 287	4 483	6 077	6 686
Entreprises sous contrôle étranger	1 089	1 772	1 822	1 834	2 229	2 192	3 458	3 510
Succursales d'entreprises étrangères	1	3	6	21	22	33	49	57
Ensemble des entreprises	3 110	3 239	3 418	3 464	4 309	4 516	6 126	6 743
Primes nettes émises								
Entreprises nationales	7 821	8 539	9 685	11 515	12 845	15 944	19 006	20 186
Entreprises sous contrôle étranger	2 336	4 830	5 006	5 691	6 728	7 931	11 522	12 018
Succursales d'entreprises étrangères	0	1	2	6	10	13	20	20
Ensemble des entreprises	7 821	8 540	9 687	11 521	12 854	15 957	19 026	20 206
1.1.2 Opérations d'assurance par risque à l'étranger, primes brutes								
Vie	..	..	..	..	..	..	..	3 280
Non-vie	..	..	..	..	..	..	..	22 711
Mixtes	..	..	..	..	..	..	..	958
dont :								
Vie	..	..	..	..	..	..	..	24
Non-vie	..	..	..	..	..	..	..	934
Total	..	..	..	..	..	..	..	26 948
1.1.3 Paiement par catégories d'assurance, primes brutes (vie)								
Rentes	1 331	..	..	..	..	..	..	..
Unit linked	..	..	..	..	..	..	..	..
Autre assurance vie	..	..	..	..	..	..	..	..
Total Assurance Vie	1 331	..	..	2 576	3 087	3 107	3 354	3 895
***dont :** Contrats de retraite*	..	..	..	..	..	..	..	..
1.1.4 Paiement par catégories d'assurance, primes brutes (non-vie)								
L'assurance automobile	4 778	4 913	5 058	5 867	6 761	8 091	10 411	10 648
Les assurances transport (y compris maritime et aérien)	144	163	245	185	268	263	253	321
L'assurance de fret	306	313	286	327	359	378	416	530
L'assurance incendie et des dommages aux bien	1 620	2 635	3 236	3 401	3 783	4 390	5 512	6 992
L'assurance des pertes pécuniaires	0	83	112	135	204	228	302	318
L'assurance de la responsabilité civile générale	203	233	265	407	386	420	508	679
Les assurances accidents et maladie	2 155	1 831	2 040	2 413	2 657	2 897	3 352	4 010
***dont :** Maladie*	1 032	1 326	1 499	1 810	1 999	2 227	2 472	0
Autres assurances non-vie	325	32	37	44	77	61	74	147
Réassurance obligatoire	0	..	..	..	..	..	..	..
Total assurance non-vie	9 532	10 203	11 280	12 778	14 496	16 727	20 828	23 645
1.2 Paiements bruts des sinistres								
Vie								
Entreprises nationales	1 019	1 242	1 787 |	1 787	1 935	2 037	2 355	2 085
Entreprises sous contrôle étranger	205	461	817 |	817	582	483	1 128	760
Succursales d'entreprises étrangères	0	..	0	0	..	..	..	..
Ensemble des entreprises	1 019	1 242	1 787 |	1 787	1 935	2 037	2 355	2 085
Non-vie								
Entreprises nationales	5 330	5 782	5 960 |	6 142	7 968	9 163	9 440	11 314
Entreprises sous contrôle étranger	1 627	3 253	3 705 |	3 978	4 786	5 327	6 301	7 496
Succursales d'entreprises étrangères	0	1	10	0	2	3	11	10
Ensemble des entreprises	5 330	5 783	5 970 |	6 143	7 969	9 166	9 451	11 325
Mixtes								
Entreprises nationales	..	..	1 334 |	1 344	..	..	619	592
Entreprises sous contrôle étranger	..	..	69 |	82	..	..	..	..
Succursales d'entreprises étrangères	..	..	0	0	..	..	..	..
Ensemble des entreprises	..	..	1 334 |	1 344	0	721	619	592
dont :								
Vie	..	..	7 |	10	0	6	7	11
Entreprises nationales	..	..	7 |	10	..	..	7	11
Entreprises sous contrôle étranger	..	..	0 |	0	..	..	..	..
Succursales d'entreprises étrangères	..	..	0	0	..	..	..	..
Ensemble des entreprises	..	..	7 |	10	0	6	7	11
Non-vie	..	..	1 328 |	1 334	0	715	612	581
Entreprises nationales	..	..	1 328 |	1 334	..	..	612	581
Entreprises sous contrôle étranger	..	..	69 |	82	..	..	..	..
Succursales d'entreprises étrangères	..	..	0	0	..	..	..	..
Ensemble des entreprises	..	..	1 328 |	1 334	0	715	612	581
Total								
Entreprises nationales	6 349	7 024	9 081	9 273	9 903	11 200	12 413	13 991
Entreprises sous contrôle étranger	1 832	3 714	4 591	4 877	5 369	5 810	7 429	8 256
Succursales d'entreprises étrangères	-	1	10	0	2	3	11	10
Ensemble des entreprises	6 349	7 025	9 092	9 273	9 905	11 924	12 425	14 001

Turquie
Tableau 1. Agrégats sélectionnés *(suite)*

Millions TRY

	2007	2008	2009	2010	2011	2012	2013	2014
1.3 Commissions								
Vie								
Entreprises nationales	126	..	..	..	..	..	..	..
Entreprises sous contrôle étranger	54	..	..	..	..	..	..	..
Succursales d'entreprises étrangères	0	..	..	..	..	..	..	..
Ensemble des entreprises	126	..	..	..	..	..	..	..
Non-vie								
Entreprises nationales	1 462	..	..	..	..	..	..	..
Entreprises sous contrôle étranger	517	..	..	..	..	..	..	..
Succursales d'entreprises étrangères	0	..	..	..	..	..	..	..
Ensemble des entreprises	1 462	..	..	..	..	..	..	..
Mixtes								
Entreprises nationales	..	..	..	..	..	..	..	..
Entreprises sous contrôle étranger	..	..	..	..	..	..	..	..
Succursales d'entreprises étrangères	..	..	..	..	..	..	..	..
Ensemble des entreprises	..	..	..	..	..	..	..	..
dont :								
Vie	..	..	..	..	..	..	..	..
Entreprises nationales	..	..	..	..	..	..	..	..
Entreprises sous contrôle étranger	..	..	..	..	..	..	..	..
Succursales d'entreprises étrangères	..	..	..	..	..	..	..	..
Ensemble des entreprises	..	..	..	..	..	..	..	..
Non-vie	..	..	..	..	..	..	..	..
Entreprises nationales	..	..	..	..	..	..	..	..
Entreprises sous contrôle étranger	..	..	..	..	..	..	..	..
Succursales d'entreprises étrangères	..	..	..	..	..	..	..	..
Ensemble des entreprises	..	..	..	..	..	..	..	..
Total								
Entreprises nationales	1 588	..	..	..	..	..	..	..
Entreprises sous contrôle étranger	571	..	..	..	..	..	..	..
Succursales d'entreprises étrangères	-	..	..	..	..	..	..	..
Ensemble des entreprises	1 588	..	..	..	..	..	..	..
1.4 Dépenses brutes d'exploitation								
Vie								
Entreprises nationales	246	425	586 |	717	836	978	2 009	1 198
Entreprises sous contrôle étranger	89	170	273 |	287	361	422	1 242	765
Succursales d'entreprises étrangères	0	..	0	0	..	..	..	..
Ensemble des entreprises	246	425	586 |	717	836	978	2 009	1 198
Non-vie								
Entreprises nationales	1 710	1 629	1 975 |	2 336	2 859	3 230	3 726	4 309
Entreprises sous contrôle étranger	562	963	1 290 |	1 585	1 827	1 976	2 564	2 944
Succursales d'entreprises étrangères	1	2	4	4	8	12	19	20
Ensemble des entreprises	1 711	1 631	1 979 |	2 340	2 867	3 242	3 745	4 329
Mixtes								
Entreprises nationales	..	..	391 |	421	..	..	..	..
Entreprises sous contrôle étranger	..	..	19 |	16	..	..	..	..
Succursales d'entreprises étrangères	..	..	0	0	..	..	..	..
Ensemble des entreprises	..	..	391 |	421	0	285	294	289
dont :								
Vie	..	..	6 |	7	0	8	10	8
Entreprises nationales	..	..	6 |	7	..	..	..	..
Entreprises sous contrôle étranger	..	..	0 |	0	..	..	..	..
Succursales d'entreprises étrangères	..	..	0	0	..	..	..	..
Ensemble des entreprises	..	..	6 |	7	0	8	10	8
Non-vie	..	..	385 |	414	0	277	284	281
Entreprises nationales	..	..	385 |	414	..	..	..	..
Entreprises sous contrôle étranger	..	..	19 |	16	..	..	..	..
Succursales d'entreprises étrangères	..	..	0	0	..	..	..	..
Ensemble des entreprises	..	..	385 |	414	0	277	284	281
Total								
Entreprises nationales	1 956	2 054	2 952	3 473	3 694	4 209	5 735	5 507
Entreprises sous contrôle étranger	651	1 133	1 582	1 888	2 188	2 399	3 806	3 708
Succursales d'entreprises étrangères	1	2	4	4	8	12	19	20
Ensemble des entreprises	1 957	2 057	2 956	3 478	3 702	4 506	6 048	5 816

Turquie
Tableau 1. Agrégats sélectionnés *(suite)*

Millions TRY

	2007	2008	2009	2010	2011	2012	2013	2014
1.5 Opérations à l'étranger par succursale, primes brutes								
Vie								
Succursales et agences	..	..	..	..	..	..	..	..
Filiales	..	..	..	..	..	..	..	..
Total	..	..	..	..	..	..	..	..
Non-vie								
Succursales et agences	..	..	..	..	..	..	..	..
Filiales	..	..	..	..	..	..	..	..
Total	..	..	..	..	..	..	..	..
Mixtes								
Succursales et agences	..	..	..	..	..	..	..	..
Filiales	..	..	..	..	..	..	..	..
Total	..	..	..	..	..	..	..	..
dont :								
Vie	..	..	..	..	..	..	..	..
Succursales et agences	..	..	..	..	..	..	..	..
Filiales	..	..	..	..	..	..	..	..
Total	..	..	..	..	..	..	..	..
Non-vie	..	..	..	..	..	..	..	..
Succursales et agences	..	..	..	..	..	..	..	..
Filiales	..	..	..	..	..	..	..	..
Total	..	..	..	..	..	..	..	..
Total								
Succursales et agences	..	..	..	..	..	..	..	..
Filiales	..	..	..	..	..	..	..	..
Total	..	..	..	..	..	..	..	..

.. Non disponible ; - Néant ; | Rupture de série

Note : Voir les métadonnées détaillées sur : http://metalinks.oecd.org/isy/20160419/c302.

Turquie
Tableau 2. Nombre d'entreprises et d'employés

	2007	2008	2009	2010	2011	2012	2013	2014
2.1 Nombre d'entreprises								
Vie								
Entreprises nationales	21	22	21	23	24	23	24	25
Entreprises sous contrôle étranger	9	14	13	14	14	13	16	16
Succursales d'entreprises étrangères	0	0	0	0	..	0	..	0
Ensemble des entreprises	21	22	21	23	24	23	24	25
Non-vie								
Entreprises nationales	15	24	27	29	33	33	34	36
Entreprises sous contrôle étranger	7	15	17	19	23	22	22	24
Succursales d'entreprises étrangères	1	1	2	2	2	2	2	2
Ensemble des entreprises	16	25	29	31	35	35	36	38
Mixtes								
Entreprises nationales	12	5	3	3	..	0	..	0
Entreprises sous contrôle étranger	5	2	1	1	..	0	..	0
Succursales d'entreprises étrangères	0	0	0	0	..	0	..	0
Ensemble des entreprises	12	5	3	3	..	0	..	0
Réassurance								
Entreprises nationales	1	1	1	1	2	1	1	1
Entreprises sous contrôle étranger	0	0	0	0	..	0	..	0
Succursales d'entreprises étrangères	0	0	0	0	..	0	..	0
Ensemble des entreprises	1	1	1	1	2	1	1	1
Total								
Entreprises nationales	49	52	52	56	59	57	59	62
Entreprises sous contrôle étranger	21	31	31	34	37	35	38	40
Succursales d'entreprises étrangères	1	1	2	2	2	2	2	2
Ensemble des entreprises	50	53	54	58	61	59	61	64
2.2 Nombre d'employés								
Entreprises d'assurance	14 950	15 841	15 610	15 412	10 123	17 304	18 297	19 305
Intermédiaires	..	24 511	26 567	16 282	16 706	16 994	15 603	15 587
Total	..	40 352	42 177	31 694	26 829	34 298	33 900	34 892

.. Non disponible

Note : Voir les métadonnées détaillées sur : http://metalinks.oecd.org/isy/20160419/c302.

Royaume-Uni
Tableau 1. Agrégats sélectionnés

Millions GBP

	2007	2008	2009	2010	2011	2012	2013	2014
1.1 Opérations d'assurance conclues dans le pays déclarant								
1.1.1 Opérations d'assurance, par intérêt								
Primes brutes								
Entreprises nationales	309 420	235 382	216 268	206 167	208 608	230 559	215 494	219 832
Entreprises sous contrôle étranger	69 672	54 861	59 431	54 294	60 570	75 289	69 361	57 959
Succursales d'entreprises étrangères	12 711	11 941	3 659	4 258	3 204	2 735	2 237	2 407
Ensemble des entreprises	322 131	247 323	219 927	210 425	211 811	233 294	217 731	222 239
Primes cédées								
Entreprises nationales	29 092	24 289	20 851	21 397	24 305	28 545	27 456	33 780
Entreprises sous contrôle étranger	5 281	6 885	7 612	7 143	7 946	8 285	9 270	11 048
Succursales d'entreprises étrangères	126	438	407	403	356	179	53	47
Ensemble des entreprises	29 218	24 726	21 259	21 800	24 661	28 724	27 509	33 827
Primes nettes émises								
Entreprises nationales	280 327	211 094	195 417	184 770	184 303	202 014	188 038	186 052
Entreprises sous contrôle étranger	64 391	47 977	51 820	47 151	52 623	67 004	60 091	46 911
Succursales d'entreprises étrangères	12 585	11 503	3 252	3 855	2 847	2 555	2 184	2 361
Ensemble des entreprises	292 913	222 597	198 669	188 625	187 150	204 570	190 222	188 412
1.1.2 Opérations d'assurance par risque à l'étranger, primes brutes								
Vie	..	..	..	..	..	..	..	..
Non-vie	..	..	..	..	..	..	..	..
Mixtes	..	..	..	..	..	..	..	..
dont :								
Vie	..	..	..	..	..	..	..	..
Non-vie	..	..	..	..	..	..	..	..
Total	..	..	..	..	..	..	..	..
1.1.3 Paiement par catégories d'assurance, primes brutes (vie)								
Rentes	40 345	42 435	36 105	33 344	31 964	..	20 899	22 295
Unit linked	185 329	120 695	106 589	99 537	98 203	..	112 727	114 296
Autre assurance vie	33 525	23 205	19 124	16 864	14 777	..	9 393	11 834
Total Assurance Vie	259 200	186 336	161 818	149 745	144 943	163 481	143 018	148 425
dont : *Contrats de retraite*	200 955	144 750	135 559	126 173	125 482	143 813	104 333	132 542
1.1.4 Paiement par catégories d'assurance, primes brutes (non-vie)								
L'assurance automobile	12 638	12 615	10 929	12 112	12 786	12 643	12 133	12 069
Les assurances transport (y compris maritime et aérien)	2 957	3 215	3 049	3 351	3 513	3 634	3 805	3 098
L'assurance de fret	626	667	706	674	718	778	942	885
L'assurance incendie et des dommages aux bien	15 256	16 531	15 008	15 322	15 413	16 087	16 500	15 969
L'assurance des pertes pécuniaires	6 121	5 357	4 737	5 512	5 498	5 707	5 717	5 966
L'assurance de la responsabilité civile générale	8 424	10 854	8 732	8 747	8 561	8 750	10 218	10 593
Les assurances accidents et maladie	6 452	6 876	7 156	7 244	6 907	7 287	7 895	7 662
dont : *Maladie*	..	..	..	..	..	..	..	..
Autres assurances non-vie	1 729	2 564	2 523	2 486	2 815	2 442	2 859	2 962
Réassurance obligatoire	..	..	..	..	..	..	..	..
Total assurance non-vie	54 202	58 679	52 840	55 448	56 212	57 328	60 070	59 206
1.2 Paiements bruts des sinistres								
Vie								
Entreprises nationales	199 578	170 688	160 384	156 626	162 040	166 655	166 084	161 503
Entreprises sous contrôle étranger	47 821	36 812	39 273	35 287	36 240	51 269	42 535	26 653
Succursales d'entreprises étrangères	3	4	3	3	5	4	-1	4
Ensemble des entreprises	199 582	170 692	160 387	156 629	162 044	166 658	166 083	161 507
Non-vie								
Entreprises nationales	31 342	30 148	29 473	30 795	31 223	30 566	33 152	32 079
Entreprises sous contrôle étranger	10 616	11 471	12 349	14 747	15 499	16 160	17 593	17 062
Succursales d'entreprises étrangères	1 250	2 220	1 572	1 764	2 082	1 785	1 405	1 469
Ensemble des entreprises	32 592	32 368	31 045	32 560	33 305	32 351	34 557	33 548
Mixtes								
Entreprises nationales	19 584	21 287	18 478	18 662	19 413	20 735	21 625	22 527
Entreprises sous contrôle étranger	1 411	2 371	1 937	1 293	1 006	615	754	2 170
Succursales d'entreprises étrangères	7 756	13 435	2 979	2 272	880	1 729	0	0
Ensemble des entreprises	27 340	34 721	21 457	20 934	20 293	22 464	21 625	22 527
dont :								
Vie	26 176	33 367	20 265	19 734	19 063	21 386	20 366	21 254
Entreprises nationales	18 466	19 974	17 330	17 499	18 219	19 657	20 366	21 254
Entreprises sous contrôle étranger	1 157	1 930	1 666	1 040	721	342	326	1 876
Succursales d'entreprises étrangères	7 710	13 393	2 935	2 235	845	1 729	0	0
Ensemble des entreprises	26 176	33 367	20 265	19 734	19 063	21 386	20 366	21 254
Non-vie	1 164	1 354	1 192	1 200	1 229	1 077	1 259	1 273
Entreprises nationales	1 118	1 313	1 148	1 164	1 194	1 077	1 259	1 273
Entreprises sous contrôle étranger	253	441	272	253	284	273	428	294
Succursales d'entreprises étrangères	46	42	44	36	35	0	0	0
Ensemble des entreprises	1 164	1 354	1 192	1 200	1 229	1 077	1 259	1 273
Total								
Entreprises nationales	250 504	222 122	208 335	206 083	212 675	217 956	220 861	216 108
Entreprises sous contrôle étranger	59 847	50 654	53 560	51 327	52 744	68 043	60 882	45 885
Succursales d'entreprises étrangères	9 009	15 659	4 553	4 039	2 967	3 517	1 404	1 474
Ensemble des entreprises	259 513	237 781	212 889	210 122	215 642	221 473	222 265	217 582

Royaume-Uni
Tableau 1. Agrégats sélectionnés *(suite)*

Millions GBP

	2007	2008	2009	2010	2011	2012	2013	2014
1.3 Commissions								
Vie								
Entreprises nationales	..	..	..	..	..	..	..	..
Entreprises sous contrôle étranger	..	..	..	..	..	..	..	..
Succursales d'entreprises étrangères	..	..	..	..	..	..	..	..
Ensemble des entreprises	..	..	..	..	..	..	..	..
Non-vie								
Entreprises nationales	..	..	..	..	..	..	..	..
Entreprises sous contrôle étranger	..	..	..	..	..	..	..	..
Succursales d'entreprises étrangères	..	..	..	..	..	..	..	..
Ensemble des entreprises	..	..	..	..	..	..	..	..
Mixtes								
Entreprises nationales	..	..	..	..	..	..	..	..
Entreprises sous contrôle étranger	..	..	..	..	..	..	..	..
Succursales d'entreprises étrangères	..	..	..	..	..	..	..	..
Ensemble des entreprises	..	..	..	..	..	..	..	..
dont :								
Vie	..	..	..	..	..	..	..	..
Entreprises nationales	..	..	..	..	..	..	..	..
Entreprises sous contrôle étranger	..	..	..	..	..	..	..	..
Succursales d'entreprises étrangères	..	..	..	..	..	..	..	..
Ensemble des entreprises	..	..	..	..	..	..	..	..
Non-vie	..	..	..	..	..	..	..	..
Entreprises nationales	..	..	..	..	..	..	..	..
Entreprises sous contrôle étranger	..	..	..	..	..	..	..	..
Succursales d'entreprises étrangères	..	..	..	..	..	..	..	..
Ensemble des entreprises	..	..	..	..	..	..	..	..
Total								
Entreprises nationales	..	..	..	..	..	..	..	..
Entreprises sous contrôle étranger	..	..	..	..	..	..	..	..
Succursales d'entreprises étrangères	..	..	..	..	..	..	..	..
Ensemble des entreprises	..	..	..	..	..	..	..	..
1.4 Dépenses brutes d'exploitation								
Vie								
Entreprises nationales	6 397	6 540	6 397	6 464	6 488	6 511	6 453	6 694
Entreprises sous contrôle étranger	613	706	748	740	989	961	976	929
Succursales d'entreprises étrangères	1	2	1	1	1	1	0	1
Ensemble des entreprises	6 398	6 542	6 398	6 466	6 489	6 512	6 453	6 695
Non-vie								
Entreprises nationales	5 852	5 949	5 894	5 985	6 110	6 843	7 125	6 782
Entreprises sous contrôle étranger	1 999	2 281	2 702	2 892	2 921	3 168	3 589	3 549
Succursales d'entreprises étrangères	71	129	128	152	152	200	167	174
Ensemble des entreprises	5 922	6 078	6 022	6 137	6 262	7 044	7 292	6 956
Mixtes								
Entreprises nationales	1 953	2 055	1 644	1 701	1 936	1 856	1 978	2 127
Entreprises sous contrôle étranger	265	307	198	262	261	195	172	277
Succursales d'entreprises étrangères	79	77	73	77	79	22	0	0
Ensemble des entreprises	2 032	2 132	1 717	1 778	2 015	1 877	1 978	2 127
dont :								
Vie	1 807	1 852	1 549	1 542	1 751	1 637	1 736	1 874
Entreprises nationales	1 755	1 806	1 507	1 501	1 709	1 616	1 736	1 874
Entreprises sous contrôle étranger	151	158	164	163	156	102	91	185
Succursales d'entreprises étrangères	52	46	42	41	42	22	0	0
Ensemble des entreprises	1 807	1 852	1 549	1 542	1 751	1 637	1 736	1 874
Non-vie	226	280	168	236	264	240	242	252
Entreprises nationales	198	249	137	200	227	240	242	252
Entreprises sous contrôle étranger	113	149	34	98	105	94	82	92
Succursales d'entreprises étrangères	27	31	31	36	37	0	0	0
Ensemble des entreprises	226	280	168	236	264	240	242	252
Total								
Entreprises nationales	14 201	14 544	13 934	14 150	14 534	15 209	15 556	15 602
Entreprises sous contrôle étranger	2 877	3 294	3 648	3 893	4 171	4 324	4 737	4 754
Succursales d'entreprises étrangères	152	208	202	230	233	224	167	175
Ensemble des entreprises	14 353	14 752	14 137	14 381	14 767	15 433	15 723	15 777

Royaume-Uni
Tableau 1. Agrégats sélectionnés (suite)

Millions GBP

	2007	2008	2009	2010	2011	2012	2013	2014
1.5 Opérations à l'étranger par succursale, primes brutes								
Vie								
Succursales et agences	..	..	..	..	..	..	..	..
Filiales	..	..	..	..	..	..	..	..
Total	..	..	..	..	..	..	..	..
Non-vie								
Succursales et agences	..	..	..	..	..	..	..	..
Filiales	..	..	..	..	..	..	..	..
Total	..	..	..	..	..	..	..	..
Mixtes								
Succursales et agences	..	..	..	..	..	..	..	..
Filiales	..	..	..	..	..	..	..	..
Total	..	..	..	..	..	..	..	..
dont :								
Vie	..	..	..	..	..	..	..	..
Succursales et agences	..	..	..	..	..	..	..	..
Filiales	..	..	..	..	..	..	..	..
Total	..	..	..	..	..	..	..	..
Non-vie	..	..	..	..	..	..	..	..
Succursales et agences	..	..	..	..	..	..	..	..
Filiales	..	..	..	..	..	..	..	..
Total	..	..	..	..	..	..	..	..
Total								
Succursales et agences	..	..	..	..	..	..	..	..
Filiales	..	..	..	..	..	..	..	..
Total	..	..	..	..	..	..	..	..

.. Non disponible

Note : Voir les métadonnées détaillées sur : http://metalinks.oecd.org/isy/20160419/61a5.

Royaume-Uni
Tableau 2. Nombre d'entreprises et d'employés

	2007	2008	2009	2010	2011	2012	2013	2014
2.1 Nombre d'entreprises								
Vie								
Entreprises nationales	184	184	184	184	184	184	183	181
Entreprises sous contrôle étranger	15	15	15	15	15	15	15	14
Succursales d'entreprises étrangères	1	1	1	1	1	1	1	1
Ensemble des entreprises	185	185	185	185	185	185	184	182
Non-vie								
Entreprises nationales	246	247	257	245	242	234	227	214
Entreprises sous contrôle étranger	101	103	106	106	107	104	99	92
Succursales d'entreprises étrangères	9	17	18	16	16	15	10	12
Ensemble des entreprises	255	264	275	261	258	249	237	226
Mixtes								
Entreprises nationales	21	21	21	21	21	21	21	25
Entreprises sous contrôle étranger	7	7	7	7	7	7	7	8
Succursales d'entreprises étrangères	2	2	2	2	2	2	2	2
Ensemble des entreprises	23	23	23	23	23	23	23	27
Réassurance								
Entreprises nationales	41	36	34	32	31	31	30	29
Entreprises sous contrôle étranger	20	20	20	20	20	19	18	16
Succursales d'entreprises étrangères	3	2	2	2	2	2	2	2
Ensemble des entreprises	44	38	36	34	33	33	32	31
Total								
Entreprises nationales	492	488	496	482	478	470	461	449
Entreprises sous contrôle étranger	143	145	148	148	149	145	139	130
Succursales d'entreprises étrangères	15	22	23	21	21	20	15	17
Ensemble des entreprises	507	510	519	503	499	490	476	466
2.2 Nombre d'employés								
Entreprises d'assurance	..	..	..	..	..	..	..	..
Intermédiaires	..	..	..	..	..	..	..	..
Total	..	..	..	..	..	..	..	..

.. Non disponible

Note : Voir les métadonnées détaillées sur : http://metalinks.oecd.org/isy/20160419/61a5.

États-Unis
Tableau 1. Agrégats sélectionnés

Millions USD

	2007	2008	2009	2010	2011	2012	2013	2014
1.1 Opérations d'assurance conclues dans le pays déclarant								
1.1.1 Opérations d'assurance, par intérêt								
Primes brutes								
Entreprises nationales	1 992 948	2 038 442	2 028 861	2 034 932	2 154 120	2 278 908	2 289 259	2 430 627
Entreprises sous contrôle étranger	433 229	429 902	431 708	335 832	349 856	317 074	321 246	330 660
Succursales d'entreprises étrangères	645	670	643	629	731	909	662	696
Ensemble des entreprises	1 993 593	2 039 112	2 029 504	2 035 562	2 154 851	2 279 817	2 289 921	2 431 323
Primes cédées								
Entreprises nationales	541 137	556 929	604 210	531 114	560 386	601 133	657 662	609 531
Entreprises sous contrôle étranger	212 961	220 244	208 658	163 993	170 330	140 316	175 424	134 223
Succursales d'entreprises étrangères	205	242	244	244	254	298	275	287
Ensemble des entreprises	541 342	557 172	604 454	531 358	560 640	601 431	657 937	609 818
Primes nettes émises								
Entreprises nationales	1 451 811	1 481 512	1 424 661	1 503 818	1 593 733	1 677 776	1 631 597	1 821 096
Entreprises sous contrôle étranger	220 268	209 658	223 050	171 839	179 526	176 758	145 822	196 437
Succursales d'entreprises étrangères	440	428	399	386	478	611	387	409
Ensemble des entreprises	1 452 251	1 481 940	1 425 050	1 504 204	1 594 211	1 678 387	1 631 984	1 821 505
1.1.2 Opérations d'assurance par risque à l'étranger, primes brutes								
Vie	..	..	27 652	34 018	..	38 347	22 113	..
Non-vie	..	..	22 055	..	..	..	..	..
Mixtes total	x	x	x	x	x	x	x	x
Total	..	..	49 707	34 018	..	38 347	22 113	..
1.1.3 Paiement par catégories d'assurance, primes brutes (vie)								
Rentes	..	..	249 674	237 782	255 059	272 564	248 568	261 327
Unit linked	..	..	161 885	..	..	..	..	..
Autre assurance vie	..	..	765 602	762 172	811 561	557 259	533 515	527 280
Total assurance vie	..	..	1 015 276	999 954	1 066 620	829 823	782 083	788 607
***dont :** Contrats de retraite*	..	..	880	..	..	..	..	..
1.1.4 Paiement par catégories d'assurance, primes brutes (non-vie)								
L'assurance automobile	317 709	318 559	312 719	312 705	315 167	329 520	342 548	379 889
Les assurances transport (y compris maritime et aérien)	6 204	4 169	3 667	3 452	3 337	3 545	3 245	3 070
L'assurance de fret	32 613	30 951	28 429	27 363	28 836	31 107	33 819	36 319
L'assurance incendie et des dommages aux bien	180 826	193 119	197 856	200 755	215 618	224 336	232 328	243 389
L'assurance des pertes pécuniaires	38 495	40 890	39 109	35 251	34 165	34 967	35 133	33 690
L'assurance de la responsabilité civile générale	197 580	186 615	173 097	170 571	172 997	183 263	191 562	204 069
Les assurances accidents et maladie	435 375	451 561	471 470	482 830	516 841	550 291	566 173	646 938
***dont :** Maladie*	..	..	..	..	..	..	..	..
Autres assurances non-vie	5 979	2 526	4 328	3 532	3 018	3 179	3 505	3 780
Réassurance obligatoire	..	..	..	..	0	..	..	0
Total assurance non-vie	1 214 781	1 228 390	1 230 674	1 236 459	1 289 979	1 360 207	1 408 312	1 551 144
1.2 Paiements bruts des sinistres								
Vie								
Entreprises nationales	295 623	313 965	318 554	330 925	345 963	356 040	369 618	357 201
Entreprises sous contrôle étranger	63 620	65 976	67 878	60 398	61 430	66 275	66 267	69 748
Succursales d'entreprises étrangères	1 930	2 193	2 319	2 293	0	0	0	0
Ensemble des entreprises	297 553	316 158	320 873	333 218	345 963	356 040	369 618	357 201
Non-vie								
Entreprises nationales	733 962	815 237	838 670	827 860	..	920 214	917 856	980 750
Entreprises sous contrôle étranger	128 757	157 560	145 857	94 274	..	80 801	84 201	76 540
Succursales d'entreprises étrangères	276	363	416	309	..	723	234	240
Ensemble des entreprises	734 237	815 600	839 086	828 168	..	920 937	918 090	980 990
Mixtes, ensemble des entreprises	x	x	x	x	x	x	x	x
Total								
Entreprises nationales	1 029 585	1 129 202	1 157 224	1 158 785	3 701 852	1 276 254	1 287 474	1 337 951
Entreprises sous contrôle étranger	192 377	223 536	213 735	154 672	601 184	147 076	150 468	146 288
Succursales d'entreprises étrangères	2 206	2 556	2 735	2 602	2 253	723	234	240
Ensemble des entreprises	1 031 790	1 131 758	1 159 959	1 161 386	3 704 105	1 276 977	1 287 708	1 338 191
1.3 Commissions								
Vie								
Entreprises nationales	..	..	39 925	..	..	..	..	53 082
Entreprises sous contrôle étranger	..	..	9 784	..	..	..	..	11 165
Succursales d'entreprises étrangères	..	..	0	..	..	..	..	0
Ensemble des entreprises	..	..	39 925	..	..	..	..	53 082
Non-vie								
Entreprises nationales	..	..	99 023	..	..	..	..	..
Entreprises sous contrôle étranger	..	..	9 858	..	..	..	..	..
Succursales d'entreprises étrangères	..	..	1	..	..	..	..	..
Ensemble des entreprises	..	..	99 024	..	..	..	..	..
Mixtes, ensemble des entreprises	x	x	x	x	x	x	x	x
Total								
Entreprises nationales	..	..	138 948	..	..	..	..	53 082
Entreprises sous contrôle étranger	..	..	19 642	..	..	..	..	11 165
Succursales d'entreprises étrangères	..	..	1	..	..	..	..	-
Ensemble des entreprises	..	..	138 949	..	..	..	..	53 082

États-Unis
Tableau 1. Agrégats sélectionnés *(suite)*

Millions USD

	2007	2008	2009	2010	2011	2012	2013	2014
1.4 Dépenses brutes d'exploitation								
Vie								
Entreprises nationales	68 257	71 210	71 693	74 311	66 258	67 534	65 424	67 225
Entreprises sous contrôle étranger	16 885	17 703	15 873	12 817	9 782	9 962	9 814	10 285
Succursales d'entreprises étrangères	876	548	578	565	0	0	0	0
Ensemble des entreprises	69 133	71 758	72 271	74 876	66 258	67 534	65 424	67 225
Non-vie								
Entreprises nationales	227 869	228 093	231 186	233 968	239 829	250 270	261 844	281 766
Entreprises sous contrôle étranger	34 777	37 120	33 838	27 537	28 759	22 153	23 185	23 274
Succursales d'entreprises étrangères	200	241	237	238	283	312	165	194
Ensemble des entreprises	228 068	228 335	231 423	234 207	240 112	250 582	262 009	281 960
Mixtes, ensemble des entreprises	x	x	x	x	x	x	x	x
Total								
Entreprises nationales	296 126	299 303	302 879	308 279	306 087	317 804	327 268	348 991
Entreprises sous contrôle étranger	51 662	54 823	49 711	40 354	38 542	32 115	32 999	33 559
Succursales d'entreprises étrangères	1 076	789	815	803	283	312	165	194
Ensemble des entreprises	297 201	300 093	303 694	309 083	306 370	318 116	327 433	349 185
1.5 Opérations à l'étranger par succursale, primes brutes								
Vie								
Succursales et agences	..	..	0	0	..	..	..	..
Filiales	..	..	27 652	0	..	..	..	..
Total	..	..	27 652	0	..	..	..	..
Non-vie								
Succursales et agences	..	..	0	..	..	..	..	..
Filiales	..	..	22 055	..	..	..	..	..
Total	..	..	22 055	..	..	..	..	..
Mixtes total	x	x	x	x	x	x	x	x
Total								
Succursales et agences	..	..	-	-	..	..	..	..
Filiales	..	..	49 707	-	..	..	..	..
Total	..	..	49 707	-	..	..	..	..

.. Non disponible ; - Néant ; x Sans objet

Note : Voir les métadonnées détaillées sur : http://metalinks.oecd.org/isy/20160419/32a0.

États-Unis
Tableau 2. Nombre d'entreprises et d'employés

	2007	2008	2009	2010	2011	2012	2013	2014
2.1 Nombre d'entreprises								
Vie								
Entreprises nationales	1 019	995	944	902	904	904	995	1 031
Entreprises sous contrôle étranger	94	93	103	166	168	162	156	158
Succursales d'entreprises étrangères	..	0	2	0	..	..	..	..
Ensemble des entreprises	1 019	995	946	902	904	904	995	1 031
Non-vie								
Entreprises nationales	3 289	3 326	3 479	3 441	3 426	3 428	3 425	3 404
Entreprises sous contrôle étranger	332	379	344	373	388	407	403	404
Succursales d'entreprises étrangères	10	10	19	7	8	9	11	9
Ensemble des entreprises	3 299	3 326	3 498	3 448	3 434	3 437	3 436	3 413
Mixtes, ensemble des entreprises	-	-	-	-	-	-	-	-
Réassurance								
Entreprises nationales	173	166	266	257	251	250	247	234
Entreprises sous contrôle étranger	40	38	81	84	73	62	65	64
Succursales d'entreprises étrangères	2	2	1	2	1	1	1	1
Ensemble des entreprises	175	168	267	259	252	251	248	235
Total								
Entreprises nationales	4 481	4 477	4 689	4 600	4 581	4 582	4 667	4 669
Entreprises sous contrôle étranger	466	510	528	623	629	631	624	626
Succursales d'entreprises étrangères	12	12	22	9	9	10	12	10
Ensemble des entreprises	4 493	4 489	4 711	4 609	4 590	4 592	4 679	4 679
2.2 Nombre d'employés								
Entreprises d'assurance	..	..	..	..	..	..	..	..
Intermédiaires	..	..	..	..	..	..	..	..
Total	..	..	..	..	..	..	..	..

.. Non disponible ; - Néant

Note : Voir les métadonnées détaillées sur : http://metalinks.oecd.org/isy/20160419/32a0.

Statistiques de l'OCDE sur les assurances 2015

ANNEXE A

Opérations à l'étranger des assureurs de l'UE/EEE par des succursales et des agences

Tableau A1. **Assurance-vie, 2014**

Millions de monnaie nationale

Assurance-vie	Autriche	Belgique	Danemark	Finlande	France	Allemagne	Grèce	Islande	Irlande	Italie	Luxembourg	Pays-Bas	Norvège	Portugal	Espagne	Suède	Royaume-Uni
	EUR	EUR	DKK	EUR	EUR	EUR	EUR	ISK	EUR	EUR	EUR	EUR	NOK	EUR	EUR	SEK	GBP
Autriche	x	..	..	..	13.3	94.7	..	..	-	-	1.4	..	..	-	-	..	..
Belgique	0.1	x	..	..	204.1	..	..	..	-	-	-	..	..	-	1.6	..	..
Danemark	-	..	x	..	..	..	..	..	-	-	-	..	..	-	-	35.0	..
Finlande	-	..	..	x	..	..	..	..	-	-	-	..	..	-	-	15.0	..
France	0.1	0.9	..	..	x	..	..	..	686.0	-	1 149.3	..	..	25.9	178.7	..	..
Allemagne	81.3	..	..	..	200.1	x	..	..	785.0	-	325.9	..	..	-	8.0	..	..
Grèce	-	..	..	..	0.1	..	x	..	-	-	-	..	..	-	-	..	..
Islande	-	..	..	..	..	26.3	..	x	-	-	-	..	..	-	-	..	..
Irlande	-	..	..	..	498.3	..	..	..	x	-	0.0	..	..	-	-	..	..
Italie	14.8	0.3	..	..	294.7	..	..	..	2 893.0	x	1 040.2	..	..	-	184.6	..	..
Luxembourg	0.0	15.1	..	..	..	0.2	..	..	-	-	x	..	..	3.5	-	..	..
Pays-Bas	0.0	..	..	..	..	37.5	..	..	-	-	-	x	..	-	-	..	..
Norvège	-	..	..	..	..	..	..	..	-	-	-	..	x	-	-	193.0	..
Portugal	-	..	..	..	27.1	..	..	..	63.0	-	-	..	..	x	167.3	..	..
Espagne	0.0	0.4	..	..	131.4	..	..	..	243.0	-	4.6	..	..	24.6	x	..	..
Suède	0.0	..	..	107.0	..	..	..	..	8.0	-	2.7	..	..	-	-	x	..
Royaume-Uni	0.0	1.6	..	..	..	37.6	..	..	1 292.0	92.9	-	..	..	-	0.1	..	x
Total de l'UE 15 + EEE	**96.3**	**18.3**	**..**	**107.0**	**1 369.1**	**196.4**	**..**	**..**	**5 970.0**	**92.9**	**2 524.1**	**..**	**..**	**54.1**	**540.4**	**243.0**	**..**
Total autres pays OCDE	-	..	..	..	..	..	..	..	-	0.2	335.3	..	..	-	-	..	..
Total des pays hors OCDE	13.4	..	..	..	..	..	..	..	-	81.8	-	..	..	12.1	18.1	..	..
Total	**109.7**	**18.3**	**..**	**107.0**	**1 369.1**	**196.4**	**..**	**..**	**5 970.0**	**174.9**	**2 859.4**	**..**	**..**	**66.1**	**558.5**	**243.0**	**..**

Tableau A2. **Assurance non-vie, 2014**

Millions de monnaie nationale

Assurance Non-vie	Autriche	Belgique	Danemark	Finlande	France	Allemagne	Grèce	Islande	Irlande	Italie	Luxembourg	Pays-Bas	Norvège	Portugal	Espagne	Suède	Royaume-Uni
	EUR	EUR	DKK	EUR	EUR	EUR	EUR	ISK	EUR	EUR	EUR	EUR	NOK	EUR	EUR	SEK	GBP
Autriche	x	..	..	..	99.4	161.1	..	..	-	2.0	-	14.0	..	-	-	..	..
Belgique	3.8	x	..	..	80.4	222.7	..	..	91.0	5.7	-	259.0	..	-	75.0	..	..
Danemark	0.2	24.9	x	..	8.6	47.6	..	..	24.0	0.3	-	71.0	2 905.9	-	-	3 555.0	..
Finlande	1.9	8.6	24.7	x	-	..	..	..	23.0	0.1	-	13.0	..	-	-	124.0	..
France	4.4	491.3	..	..	x	697.4	..	..	410.0	6.9	27.0	204.0	..	23.7	99.1	42.0	..
Allemagne	110.1	481.3	..	..	1 118.2	x	..	..	1 937.0	8.5	382.8	188.0	..	-	225.7	64.0	..
Grèce	0.3	3.3	..	..	26.5	19.4	x	..	-	4.0	-	10.0	..	-	14.1	..	..
Islande	-	..	..	..	..	0.3	..	x	-	-	-	-	..	-	-	..	..
Irlande	0.2	-0.5	..	..	135.2	7.4	..	..	x	0.7	-	16.0	..	-	35.4	..	..
Italie	163.5	212.4	..	..	848.6	291.1	..	..	1 341.0	x	60.6	107.0	..	-	221.0	..	..
Luxembourg	1.3	44.7	..	..	2.4	2.7	..	..	-	-	x	8.0	..	-	-	..	..
Pays-Bas	4.8	721.9	..	..	116.8	263.6	..	..	162.0	1.3	0.8	x	..	-	-	16.0	..
Norvège	0.2	7.0	9 261.2	..	..	40.8	..	..	36.0	0.8	-	22.0	x	-	-	14 053.0	..
Portugal	0.1	1.0	..	..	45.8	0.3	..	..	239.0	131.3	-	2.0	..	x	72.6	..	..
Espagne	1.2	97.3	..	..	311.3	235.6	..	..	1 036.0	9.8	41.1	30.0	..	16.1	x	..	..
Suède	9.2	14.7	..	..	3.6	5.7	..	..	116.0	1.0	16.5	28.0	1 594.1	-	6.4	x	..
Royaume-Uni	8.9	527.9	..	..	356.8	736.2	..	..	4 164.0	100.4	647.1	114.0	2.0	-	450.0	403.0	x
Total de l'UE 15 + EEE	**310.1**	**2 635.8**	**9 285.9**	**..**	**3 153.5**	**2 731.9**	**..**	**..**	**9 579.0**	**272.6**	**1 175.9**	**1 086.0**	**4 502.0**	**39.8**	**1 199.2**	**18 257.0**	**..**
Total autres pays OCDE	16.2	..	..	..	..	196.6	..	..	61.0	190.3	446.5	-	-	-	14.9	24.0	..
Total des pays hors OCDE	48.8	5.1	..	..	..	129.5	..	..	-	259.7	209.0	160.0	134.1	11.2	91.0	..	..
Total	**375.1**	**2 641.0**	**9 285.9**	**..**	**4 960.2**	**3 057.9**	**..**	**..**	**9 640.0**	**722.7**	**1 831.5**	**1 246.0**	**4 636.1**	**51.0**	**1 305.1**	**18 281.0**	**..**

ANNEXE B

Définitions des catégories d'assurance non-vie

(Les définitions sont fondées sur la classification des branches d'assurances commune aux pays Membres de l'OCDE)

BRANCHES	DÉFINITIONS
1. AUTOMOBILE	*CORPS DE VÉHICULES TERRESTRES* (autres que ferroviaires) Tout dommage subi par : • véhicules terrestres automoteurs, • véhicules terrestres non automoteurs. *RESPONSABILITÉ CIVILE VÉHICULES TERRESTRES AUTOMOTEURS* Toute responsabilité résultant de l'emploi de véhicules terrestres automoteurs (y compris la responsabilité du transporteur).
2. TRANSPORTS (y compris maritime et aviation)	*CORPS DE VÉHICULES FERROVIAIRES* Tout dommage subi par les véhicules ferroviaires. *CORPS DE VÉHICULES AÉRIENS* Tout dommage subi par les véhicules aériens. *CORPS DE VÉHICULES MARITIMES, LACUSTRES ET FLUVIAUX* Tout dommage subi par : • véhicules fluviaux, • véhicules lacustres, • véhicules maritimes. *RESPONSABILITÉ CIVILE VÉHICULES MARITIMES, LACUSTRES ET FLUVIAUX* Toute responsabilité résultant de l'emploi de véhicules fluviaux, lacustres et maritimes (y compris la responsabilité du transporteur).
3. FRET	*MARCHANDISES TRANSPORTÉES* (y compris les marchandises, bagages et tous autres biens) Tout dommage subi par les marchandises transportées ou bagages, quel que soit le moyen de transport.
4. INCENDIE ET DOMMAGES AUX BIENS	*INCENDIE ET ÉLÉMENTS NATURELS* Tout dommage subi par les biens (autres que les véhicules terrestres, les véhicules ferroviaires, les véhicules aériens, les navires et les marchandises transportées) lorsqu'il est causé par : • incendie, • explosion, • tempête, • éléments naturels autres que la tempête, • énergie nucléaire, • affaissement de terrain. *AUTRES DOMMAGES AUX BIENS* Tout dommage subi par les biens (autres que les véhicules terrestres, les véhicules ferroviaires, les véhicules aériens, les navires et les marchandises transportées) lorsque ce dommage est causé par la grêle ou la gelée, ainsi que par tout événement, tel le vol, autre que ceux compris sous incendie et éléments naturels.

BRANCHES	DÉFINITIONS
5. PERTES PÉCUNIAIRES	*CRÉDIT* • insolvabilité générale • crédit à l'exportation • vente à tempérament • crédit hypothécaire • crédit agricole *CAUTION* • caution directe • caution indirecte *PERTES PÉCUNIAIRES DIVERSES* • risques liés à l'emploi • insuffisance de recettes (générale) • mauvais temps • perte de bénéfices • persistance de frais généraux • dépenses commerciales imprévues • perte de la valeur vénale • pertes de loyers ou de revenus • pertes commerciales indirectes autres que celles mentionnées précédemment • pertes pécuniaires non commerciales • autres pertes pécuniaires
6. RESPONSABILITÉ CIVILE CIVILE GÉNÉRALE	*RESPONSABILITÉ CIVILE GÉNÉRALE* Toute responsabilité autre que responsabilité civile véhicules terrestres automoteurs, responsabilité civile véhicules aériens et responsabilité civile véhicules maritimes, lacustres et fluviaux définies ci-dessus.
7. ACCIDENTS ET MALADIE	*ACCIDENTS* (y compris les accidents du travail et les maladies professionnelles) • prestations forfaitaires • prestations indemnitaires • personnes transportées *MALADIE* • prestations forfaitaires • prestations indemnitaires • combinaisons
8. AUTRES ASSURANCES NON-VIE	*PROTECTION JURIDIQUE* Protection juridique et coûts des litiges *ASSISTANCE* *ASSURANCES DIVERSES*
9. RÉASSURANCES OBLIGATOIRES	

ANNEXE C

Secteur composite (mixte) dans l'OCDE et une sélection de pays non-OCDE

	Pays dans lesquels les entreprises composites opèrent	Disponibilité de données distinctes sur les entreprises composites
	Pays de l'OCDE	
Australie	Non	x
Autriche	Oui	Oui
Belgique	Oui	Oui
Canada[1]	Oui	Oui
Chili	Non	x
République tchèque	Oui	Oui
Danemark	Non	x
Estonie	Non	x
Finlande	Oui	Non
France	Oui	Oui
Allemagne	Non	x
Grèce	Oui	Oui
Hongrie	Oui	Oui
Islande[2]	Non	Non
Irlande	Non	x
Israël	Oui	Oui
Italie	Oui	Oui
Japon	Non	x
Corée	Non	x
Luxembourg[3]	Oui	Oui
Mexique	Oui	Oui
Pays-Bas	Non	x
Nouvelle-Zélande	Oui	Non
Norvège	Non	x
Pologne	Non	x
Portugal[4]	Oui	Oui
République slovaque	Oui	Oui
Slovénie	Oui	Oui
Espagne[5]	Oui	Oui
Suède	Non	x
Suisse	Non	x
Turquie	Oui	Oui
Royaume-Uni	Oui	Oui
États-Unis	Non	x

	Pays dans lesquels les entreprises composites opèrent	Disponibilité de données distinctes sur les entreprises composites
	Sélection de pays d'Afrique, d'Asie et d'Europe	
Hong Kong (Chine)	Oui	Non
Inde	Non	x
Indonésie	..	..
Lettonie	Non	x
Malaisie	Oui	Oui
Russie	Oui	Non
Singapour	Oui	Oui
Afrique du Sud	Oui	Oui
Thaïlande	Non	x
	Sélection de pays d'Amérique Latine	
Argentine	Oui	Oui
Bolivie	..	..
Brésil	Oui	Oui
Colombie	Non	x
Costa Rica	Oui	Oui
Cuba	..	..
El Salvador	Oui	Oui
Guatemala	Oui	Oui
Honduras	Oui	Oui
Nicaragua	Oui	Oui
Panama	Oui	Oui
Paraguay	Oui	Oui
Pérou	Oui	Oui
Porto Rico	..	..
Uruguay	Oui	Oui

1. Les compagnies d'assurance-vie sont autorisées à fournir une couverture pour les risques d'accident et de maladie. Les données relatives à leurs activités d'assurance-vie et non-vie (y compris accident et maladie) sont fournies séparément dans la catégorie composite.
2. Il n'y a pas d'entreprises composites, à l'exception de deux compagnies d'assurance-vie avec de faibles opérations dans l'assurance contre les accidents et la maladie. Mais elles sont classées parmi les entreprises d'assurance-vie.
3. Aucune compagnie officielle n'est autorisée à exercer à la fois dans le secteur vie et non-vie. Cependant, une filiale composite portugaise a une activité d'assurance sur le marché.
4. Pour les comptes de résultats (par exemple les primes), les données sont distinctes, mais pour l'information concernant le bilan et la solvabilité (par exemple le ratio de solvabilité, capital, ROE...) elles ne sont pas séparées.
5. Les entreprises mixtes opérant en Espagne doivent présenter les comptes techniques et non-techniques pour toutes les catégories d'assurance non-vie et vie séparément. Les données du bilan sont présentées ensemble, sans différenciation.

Source : Statistiques de l'OCDE sur les assurances.

ANNEXE D

Liste des sources administratives

	Source statistique	Website
	Pays de l'OCDE	
Australie	Autorité australienne de réglementation prudentielle (APRA)	*www.apra.gov.au*
Autriche	Autorité des marchés financiers (FMA)	*www.fma.gv.at*
Belgique	Banque nationale de Belgique (BNB)	*www.nbb.be*
Canada	Ministère des Finances Canada	*www.fin.gc.ca*
Chili	Surintendance des valeurs mobilières et des assurances (SVS)	*www.svs.cl*
République tchèque	Ministère des Finances	*www.mfcr.cz*
Danemark	Autorité danoise de surveillance financière (FTNET)	*www.finanstilsynet.dk*
Estonie	Ministère des Finances d'Estonie	*www.fin.ee*
Finlande	Statistiques Finlande	*www.stm.fi*
France	Autorité de Contrôle Prudentiel et de Résolution (ACPR)	*www.acpr.banque-france.fr*
Allemagne	Autorité fédérale de surveillance financière (BaFin)	*www.bafin.de*
Grèce	Banque de Grèce	*www.bankofgreece.gr*
Hongrie	Banque centrale de Hongrie (MNB)	*www.mnb.hu*
Islande	Autorité de surveillance financière (FME)	*www.fme.is*
Irlande	Ministère des Finances	*www.finance.gov.ie*
Israël	Ministère des Finances	*www.mof.gov.il*
Italie	Institut de surveillance des assurances (ISVAP)	*www.isvap.it*
Japon	Agences des services financiers (FSA)	*www.fsa.go.jp*
Corée	Commission des services financiers (FSC)	*www.fsc.go.kr*
Luxembourg	Commissariat aux assurances (CAA)	*www.commassu.lu*
Mexique	Commission des assurances et de la sûreté nationale (CNSF)	*www.cnsf.gob.mx*
Pays-Bas	Office néerlandais des statistiques (CBS)	*www.cbs.nl*
Nouvelle-Zélande	Office néo-zélandais des statistiques	*www.stats.govt.nz*
Norvège	Autorité norvégienne de surveillance financière (Finanstilsynet)	*www.finanstilsynet.no*
Pologne	Autorité polonaise de surveillance financière (KNF)	*www.knf.gov.pl*
Portugal	Autorité de surveillance des assurances et des retraites (ISP)	*www.isp.pt*
République slovaque	Banque nationale de Slovaquie (NBS)	*www.nbs.sk*
Slovénie	Ministère des Finances	*www.mgrt.gov.si*
Espagne	Ministère de l'Économie	*www.meh.es*
Suède	Bureau suédois des statistiques (SCB)	*www.scb.se*
Suisse	Secrétariat d'État aux questions financières internationales (SIF)	*www.sif.admin.ch*
Turquie	Sous-secrétariat au Trésor turc	*www.hazine.gov.tr*
Royaume-Uni	Banque d'Angleterre	*www.bankofengland.co.uk*
États-Unis	Association nationale des commissaires d'assurance (NAIC)	*www.naic.org*

	Source statistique	Website
	Sélection de pays d'Afrique, d'Asie et d'Europe	
Hong Kong (Chine)	Services financiers et Bureau du Trésor (FSTB)	*www.fstb.gov.hk*
Inde	Ministère des Finances	*www.finmin.nic.in*
Indonésie	Autorité des services financiers (OJK)	*www.ojk.go.id*
Lettonie	Commission des marchés financiers et de capitaux (FKTK)	*www.fktk.lv*
Malaisie	Banque centrale de Malaisie (BNM)	*www.bnm.gov.my*
Russie	Ministère des Finances de la Fédération de Russie	*www.minfin.ru*
Singapour	Autorité monétaire de Singapour (MAS)	*www.mas.gov.sg*
Afrique du Sud	Conseil des services financiers (FSB)	*www.fsb.co.za*
Thaïlande	Bureau de la commission des assurances (OIC)	*www.oic.or.th*
	Sélection de pays d'Amérique Latine	
Argentine	Surintendant des assurances (SSN)	*www.ssn.gob.ar*
Bolivie	Autorité de supervision et de contrôle des pensions et des assurances (APS)	*www.aps.gob.bo*
Brésil	Surintendant des Assurances Privées (SUSEP)	*www.susep.gov.br*
Colombie	Surintendance Financière de Colombie (SFC)	*www.superfinanciera.gov.co*
Costa Rica	Surintendance de l'assurance générale (SUGESE)	*www.sugese.fi.cr*
Cuba	Surintendant des Assurances de Cuba	*www.mfp.cu*
El Salvador	Surintendant du système financier (SSF)	*www.ssf.gob.sv*
Guatemala	Surintendant des banques (SIB)	*www.sib.gob.gt*
Honduras	Commission nationale des banques et des assurances (CNBS)	*www.cnbs.gob.hn*
Nicaragua	Surintendant des banques et des autres institutions financières (SIBOIF)	*www.siboif.gob.ni*
Panama	Surintendant des assurances et de la réassurance de Panama (SSRP)	*www.superseguros.gob.pa*
Paraguay	Surintendant des assurances – Banque centrale du Paraguay	*www.bcp.gov.py*
Pérou	Surintendant des banques, des assurances et des administrateurs des fonds de pension privés (SBS)	*www.sbs.gob.pe*
Porto Rico	Bureau du commissaire des assurances (OCS)	*www.ocs.gobierno.pr*
Uruguay	Banque centrale d'Uruguay	*www.bcu.gub.uy*

ORGANISATION DE COOPÉRATION ET DE DÉVELOPPEMENT ÉCONOMIQUES

L'OCDE est un forum unique en son genre où les gouvernements œuvrent ensemble pour relever les défis économiques, sociaux et environnementaux liés à la mondialisation. À l'avant-garde des efforts engagés pour comprendre les évolutions du monde actuel et les préoccupations qu'elles suscitent, l'OCDE aide les gouvernements à y faire face en menant une réflexion sur des thèmes tels que le gouvernement d'entreprise, l'économie de l'information et la problématique du vieillissement démographique. L'Organisation offre aux gouvernements un cadre leur permettant de confronter leurs expériences en matière d'action publique, de chercher des réponses à des problèmes communs, de recenser les bonnes pratiques et de travailler à la coordination des politiques nationales et internationales.

Les pays membres de l'OCDE sont : l'Allemagne, l'Australie, l'Autriche, la Belgique, le Canada, le Chili, la Corée, le Danemark, l'Espagne, l'Estonie, les États-Unis, la Finlande, la France, la Grèce, la Hongrie, l'Irlande, l'Islande, Israël, l'Italie, le Japon, le Luxembourg, le Mexique, la Norvège, la Nouvelle-Zélande, les Pays-Bas, la Pologne, le Portugal, la République slovaque, la République tchèque, le Royaume-Uni, la Slovénie, la Suède, la Suisse et la Turquie. L'Union européenne participe aux travaux de l'OCDE.

Les Éditions OCDE assurent une large diffusion aux travaux de l'Organisation. Ces derniers comprennent les résultats de l'activité de collecte de statistiques, les travaux de recherche menés sur des questions économiques, sociales et environnementales, ainsi que les conventions, les principes directeurs et les modèles développés par les pays membres.

ÉDITIONS OCDE, 2, rue André-Pascal, 75775 PARIS CEDEX 16
(21 2015 04 2 P) ISBN 978-92-64-25702-3 – 2016

www.ingramcontent.com/pod-product-compliance
Lightning Source LLC
LaVergne TN
LVHW080654011026
849160LV00014B/1429